BARRON'S

HOW TO PREPARE FOR THE SAT* II FRENCH

Renée White, M.A. French
Modern and Classical Languages Department
Greenhill School
Dallas, Texas

*SAT is a registered trademark of the College Entrance Examination Board, which does not endorse this book and compact disc.

To my husband, for always being there for me and for encouraging me.
To my mother and my children, for having faith in me.
To my grandchildren, may they always keep their love for learning.

With love

All inquiries should be addressed to:
Barron's Educational Series, Inc.
250 Wireless Boulevard
Hauppauge, New York 11788
http://www.barronseduc.com

International Standard Book No. 0-7641-1891-9 (Book)
International Standard Book No. 0-7641-7621-8 (Book with compact audio disc)

Library of Congress Catalog Card No. 2002037917

Library of Congress Cataloging-in-Publication Data

White, Renée, 1938–
How to prepare for the SAT II French / Renée White.
p. cm.
Includes index.
ISBN 0-7641-1891-9
1. French language—Examinations—Study guides.
2. Scholastic Assessment Test—Study guides. I. Title: How to prepare for the SAT 2 French. II. Title: How to prepare for the SAT Two French. III. Title.

PC2119.W48 2003
448'.0076—dc21 2002037917

PRINTED IN THE UNITED STATES OF AMERICA

9 8 7 6 5 4 3

CONTENTS

PREFACE

NOTE: *It is important for the students to remember that, in the past, the College Board would only release a student's best score to prospective colleges. However, they now grant access to all SAT's scores to prospective colleges, provided the student has authorized the release of the information.*

How to Prepare for the SAT II: French is a complete program designed for students who are preparing for either the SAT II: French Subject Test or the SAT II: French Subject Test with Listening. The book is divided in six parts, each structured to assist the student in developing the skills necessary for taking these tests.

It is important that you read the introduction very carefully as it describes test-taking strategies.

Part One consists of seven chapters, each containing a series of practice exercises dealing with one section of the test. After completing the exercises in each chapter, you should look at the answers with their respective explanations. These can be found at the end of the chapter. For more in-depth explanations, refer to Part Three of the book, which is the grammar section. If some questions are too difficult, then make sure that you redo them after completing the section. It is a good idea to make a list of those questions and go over them a few times until you feel comfortable. If, as an example, you see that you had too many mistakes in the vocabulary section, then try to devote more time to studying vocabulary, both in your regular schoolbook and in this text.

Part Two contains sample tests. There are four French Subject Tests and four French Subject Tests with Listening. These tests are similar to the actual SAT tests that you will be taking. It is therefore a good idea to time yourself while taking these tests. The answers and the scripts are located in Part Four, and you can refer to them after having taken the test. All answers include explanations.

Part Three is the grammar review section. It is crucial that you study this section *very carefully*. A solid knowledge of grammar is required for success on the test.

Part Four contains the answers to the sample tests with explanations as well as the scripts for the listening portion of the tests. It is a good idea to listen to the dialogues or monologues while looking at the scripts after having taken the test. You should retake at a later time any portion in which you made several mistakes.

Part Five is a section on vocabulary, idioms, and false cognates. To improve your vocabulary, study the lists in any fashion that you prefer (vocabulary cards, lists, and the like). You may want to study a few vocabulary words in each section first or tackle one section of words at a time. But remember one important thing: Since everything in French is either masculine or feminine (including things), *study every noun with its article*. The basic idioms included in this section are often used in various tests and you need to know them. The section on false cognates is extremely important because most tests will include a few questions with false cognates.

Part Six is a glossary to which you may refer while studying.

This book is meant to help you. Studying the techniques and practicing as well as taking the sample tests will allow you to be more comfortable when taking the actual SAT II: French Test. However, success requires more than a cursory review of the various sections. Complete each practice exercise carefully, look at the correct answers, and list your mistakes. Then check the grammar section in order to improve your review.

When working with this book, remember, above all, that you can work at your own pace, you are both the teacher and the student, and you can judge your progress on your own. So enjoy this learning experience, and good luck on your SAT II: French Test!

INTRODUCTION

TEST-TAKING STRATEGIES

The two French SAT tests have been designed to evaluate the reading skills of the students through multiple-choice questions testing vocabulary knowledge as well as structure and reading comprehension. The French Subject Test has been designed to evaluate the student's ability to understand written French. The French Subject Test with Listening has been designed to evaluate the ability of the student to understand spoken as well as written French.

STRUCTURE OF THE TESTS

- The French Subject Test is divided in four parts—A, B, C, and D. It takes one hour to complete and consists of 85–90 multiple-choice questions
- The French Test with Listening is divided into a listening section and a reading section. The listening section consists of three parts—A, B, and C. The reading section consists of four parts—A, B, C, and D. This test also takes one hour to complete and contains 85 to 90 multiple-choice questions.

French Subject Test

- Part A consists of incomplete statements followed by suggested completions. You are to select the most appropriate answer and fill in the oval on the answer sheet. These are vocabulary-in-context questions that include, apart from the vocabulary usually acquired in French class, some basic idiomatic expressions.
- Part B consists of sentences that contain a blank followed by multiple-choice questions. You are to select the answer that can form a grammatically correct sentence when inserted in the blank and then fill in the corresponding oval on your answer sheet. Note that, in some instances, answer A may have dashes indicating that no insertion is necessary to form a correct sentence.
- Part C consists of paragraphs containing blank spaces. There are four choices under each blank space. For some of the blanks, you must choose the word that best fits the meaning of the sentence. For some others, you must choose the completion that forms a grammatically correct sentence in the paragraph and then fill in the corresponding oval on the answer sheet.
- Part D consists of some reading selections that aim at evaluating your reading ability in French. Each selection is followed by questions or incomplete statements with four multiple-choice answers. You must choose the answer that best fits the reading selection and fill in the corresponding oval on the answer sheet.

French Subject Test with Listening

Section I—Listening

- Part A consists of a series of pictures or drawings for which you will hear four sentences. These sentences are not printed in the test booklet and are only spoken one time. While looking at the picture or drawing, you are to decide which sentence best describes that picture and then fill in the corresponding oval on the answer sheet.
- Part B consists of a series of short selections that are not printed in the booklet. However, in this section, the selections will be repeated. After each selection has been spoken, one or two questions will be asked about what you heard, followed by three answers. These answers are *not* printed in the test booklet and are only spoken *once*. You will then choose among the three answers which one best fits what you heard and fill in the oval on the answer sheet.
- Part C consists of longer dialogues or monologues, which are spoken only *once*. After listening to these selections, you will hear questions about them. The questions are also printed in the test booklet. You are to choose the answer that best fits the question and then fill in the oval on the answer sheet.

Section II—Reading

- Part A consists of a few incomplete statements followed by four possible choices. This part is similar to Part A in the French Subject Test but has fewer statements.
- Part B consists of a few sentences, which contain a blank, followed by questions with four possible choices. This part is similar to Part B in the French Subject Test but has fewer sentences.
- Part C consists of paragraphs containing blank spaces. This part is similar to Part C in the French Subject Test but has fewer paragraphs.
- Part D consists of reading selections for comprehension. This part is similar to Part D in the French Subject Test but has fewer reading selections.

Note: When looking at the descriptions of both tests, you might assume that the French Subject Test with Listening is much longer than the French Subject Test. However, this is not the case at all. Section II of the French Subject Test with Listening tests your reading ability just as the French Subject Test is much shorter. Remember that both tests take the same amount of time to complete: one hour.

TEST-TAKING STRATEGIES

Although you must try to answer as many questions as possible, it is not always possible to complete them all. Do not take too much time for each question, but make sure that you do not rush through, as you are sure to make mistakes if you do so. Remember that, for the SAT, you are penalized by a fraction of a point when your answer is wrong. However, omitting questions without trying to eliminate some of the choices is not a good idea. Contrary to some other standardized tests, you are not timed for each section. A good idea is to skip questions that you find too difficult (you can always go back to them) and to work on the questions that are a little easier for you. This does not mean that you should spend an inordinate amount of time on each question, just allot your time wisely.

- Learn the directions to the test in advance so as not to waste time when actually taking the test.
- Remember that everything on the two French tests is based on contextual meaning. Therefore, it is of the utmost importance *to read the whole sentence* before making any decisions. In the case of paragraphs, read the whole paragraph first to get a general idea. Then reread the sentence in which you must find an answer. Consider a case such as this one:

  I (to see) ____________ my friends at the football game every weekend.

  If you do not read the last words (every weekend) you are tempted by the past tense. However, by reading the last words, you know that you must use the present tense. Another example is:

  My sister wore her new __________ for my birthday party because it went well with her skirt.

  (A) dress
  (B) shoes
  (C) earrings
  (D) blouse

  If you stopped after "for my birthday" you might make a mistake, whereas if you read the whole sentence, you will be better equipped to answer correctly. Obviously, it cannot be (B) or (C) since the verb is conjugated in the third person singular (it went well). It cannot be (A) since you cannot wear a skirt and a dress at the same time. The only possible answer is D.

- Work by process of elimination. Look for the answers you know will not make any sense in the context given and eliminate them. Then try the other answers to see if they seem appropriate. If you are left with three choices and cannot decide, you might want to skip the question and come back to it later. If you are down to two choices, you might want to guess. But guess judiciously, not haphazardly: frequently, the correct answer will be a word that is easily recognizable by students, not a very difficult one. When an answer looks like the correct answer because it is a word that is in the statement containing the blank, it might be a trick, so be careful.
- Make an educated guess by thinking of an English word that would apply in that context. However, remember that there are sometimes false cognates on your test (words that are similar in French and in English but have different meanings), so studying the most common false cognates will be very helpful to you.
- Each section doesn't have the same number of questions, but they are all multiple choice. Read the question first, then the answers then go back to the question. It is better to skip a question than to spend too much time wondering which is the correct answer. Go back to it later if you have time.
- For the grammar section, examine the context diligently. If an expression that requires the subjunctive precedes the blank, then the subjunctive must follow. If the blank is supposed to be an interrogative, then check what comes immediately after. For example, if you encounter this type of question:

  ______ tu as vu dimanche dernier?

  (A) Qu'est-ce qui
  (B) Lequel
  (C) Quelle
  (D) Qu'est-ce que

Because a personal pronoun follows the blank, the interrogative expression has to end with "que," so (A) is eliminated. It cannot be "lequel" for two reasons: It is neither preceded by an explanation nor followed by an inversion (as in "il y avait deux films interessants, lequel as-tu vu?"). Answer (C) is also wrong because "quelle" requires an inversion. Also, "quelle" is an adjective and must be followed by a noun ("Quelle fille as-tu vue?"). The correct answer is D.

- In the reading comprehension section, don't panic if you don't understand everything. You are not expected to! The best way to prepare for the questions in this section is to first look at the questions and then read the passage carefully, concentrating on what you do understand rather than on what you don't. Often, if there is a word you don't understand, the rest of the passage will allow you to guess more or less what it means. *To understand a passage, you don't have to understand every word!* For example, look at the following paragraph in English. I have replaced some words with gibberish, and, if you read carefully, you will probably guess what it says.

  > When we were children, we used to XXSWR with our little neighbors in the BBVCD which was two blocks away. There were swings and slides and, when the weather was UQSZ we would spend hours playing.

  You might not know, from the first sentence, that XXSWR is "play," but you do know that it is a verb, and you might guess what it is by reading the rest of the passage. The second strange word, BBVCD, is obviously a location. By reading the second sentence, you know that there were swings and slides; therefore, it was a place where you played. Because the weather is mentioned, you know that it is outdoors; therefore, it must be a park or a playground. The last strange word UQSZ must be an adjective, and usually you only play on swings and slides if the weather is nice.

- For Part A of the listening comprehension section in the SAT II: French Subject Test with Listening, look at the picture while listening to the questions pertaining to it. Do not, however, forget to listen to the questions because you are trying to figure out the picture. Even if you aren't sure of what the picture means, the answers you will hear will usually put the whole thing in perspective. In Part B, because the questions are spoken only once, be very attentive when listening to the short selection. In Part C, the questions are also printed in your booklet, which should be helpful. If you can eliminate one or more answers and guess, as long as it is not a guess based on luck (I'll take answer B because the answer to the last question was (A)!), it will be a good move. If you guess without reasoning or you don't try to eliminate choices, you might lose points.

Remember that the vocabulary-in-context questions test your knowledge of words and idioms, that the structure questions evaluate your ability to choose the correct word within a sentence, and that the reading comprehension section evaluates your understanding of a passage taken from, among other things, newspaper articles, advertisements, and literary works. In the French Subject Test with Listening, these concepts are also tested. In addition, this test measures your ability to answer various questions that you hear. Both tests have a score between 200 and 800. The listening test has listening and reading subscores on the 20–80 scale.

PART ONE

PRACTICE EXERCISES

CHAPTER 1

Preparing for Part A—Incomplete Statements

QUESTIONS

Directions: This part consists of a series of incomplete statements followed by four possible answers. Among four choices, select the answer that best fits the statement.

1. Donnez-moi le livre bleu qui se trouve sur la deuxième _____.

   (A) page
   (B) bibliothèque
   (C) étagère
   (D) librairie

2. Elle a vécu en Italie _____ trois ans.

   (A) pour
   (B) depuis
   (C) pendant
   (D) dans

3. A la fin du _____, j'ai félicité les trois danseuses et l'acrobate.

   (A) spectacle
   (B) débat
   (C) film
   (D) concert

4. Cet homme _____ tous ses employés et personne ne veut travailler pour lui.

   (A) paie
   (B) maltraite
   (C) crie
   (D) défend

5. Je n'aime pas les rideaux de ma chambre à coucher parce qu'ils sont trop _____ et moi, j'aime tout ce qui est clair!

   (A) foncés
   (B) lourds
   (C) grands
   (D) transparents

6. Hier soir, avant que les invités n'arrivent, j'ai _____ assez de fleurs dans notre jardin pour pouvoir remplir tous les vases de la maison.

   (A) planté
   (B) cueilli
   (C) acheté
   (D) orné

7. A la plage, il _____ une chaleur épouvantable, malgré la brise marine.

   (A) tombait
   (B) soufflait
   (C) faisait
   (D) avait

continued...

8. Mon frère compte faire des études de _____ parce qu'il veut devenir avocat.

   (A) loi
   (B) juge
   (C) droit
   (D) justice

9. Quand nous sommes arrivés chez tante Marthe, elle était en _____ de préparer mon dessert favori: la tarte au citron.

   (A) mesure
   (B) cuisine
   (C) procès
   (D) train

10. J'ai _____ une grande douleur lorsque j'ai appris que notre vieille voisine était gravement malade.

    (A) éprouvé
    (B) souffert
    (C) expérimenté
    (D) compris

11. Le meilleur joueur de l'équipe a _____ trois buts.

    (A) réussi
    (B) fait
    (C) marqué
    (D) eu

12. Dis-moi la vérité! Tu sais que j'ai le _____ en horreur!

    (A) dégoût
    (B) mensonge
    (C) faux
    (D) prétention

13. Maman ne dort pas _____, elle est en train de lire son roman favori.

    (A) encore
    (B) ensuite
    (C) toujours
    (D) déjà

14. J'ai emprunté la montre de maman parce que la mienne ne _____ pas bien.

    (A) compte
    (B) va
    (C) travaille
    (D) marche

15. J'ai besoin d'un nouvel imperméable, mais je préfère _____ les soldes de janvier.

    (A) attendre
    (B) profiter
    (C) faire
    (D) finir

16. Soudain, Thomas _____ la chambre en claquant la porte.

    (A) sortit
    (B) quitta
    (C) laissa
    (D) entra

17. Marguerite nous _____ toujours des fleurs quand elle venait nous voir.

    (A) emmenait
    (B) portait
    (C) emportait
    (D) apportait

18. Je n'ai pas _____ à mes grands-parents l'été dernier parce qu'ils sont partis en croisière.

    (A) visité
    (B) rendu visite
    (C) reconnu
    (D) vu

19. En rentrant chez moi, je suis tombée dans une mare d'eau et j'ai _____ ma nouvelle robe.

    (A) abîmée
    (B) ruinée
    (C) mouillé
    (D) cassé

continued...

20. Nous comptons nous _____ en Italie pour nos prochaines vacances.

(A) aller
(B) rendre
(C) venir
(D) voyager

21. _____- nous à table avant 7 heures pour pouvoir aller au cinéma à 8h30.

(A) mettons
(B) allons
(C) dînons
(D) débarassons

22. Notre professeur est _____ en France, mais il reviendra la semaine prochaine.

(A) actuellement
(B) avant
(C) présent
(D) autrefois

23. Je viens d'acheter une robe bleue qui a coûté très _____.

(A) beaucoup
(B) cher
(C) chère
(D) énormément

24. Elle était inquiète parce qu'elle n'avait pas de _____ de sa cousine qui était dans le coma.

(A) informations
(B) lettres
(C) reportages
(D) nouvelles

25. Le temps est _____ aujourd'hui, et ça me rend triste.

(A) merveilleux
(B) pleureur
(C) nuageux
(D) injuste

26. Le discours était si ennuyeux que Pierre _____ en se frottant les yeux.

(A) souriait
(B) bâillait
(C) plaignait
(D) dormait

27. Après avoir vu ce film, nous n'avions aucune _____ de lire le livre.

(A) envie
(B) désir
(C) souhait
(D) penchant

28. J'ai oublié mon _____ à la maison, et je n'ai pas pu acheter le livre dont j'avais besoin.

(A) cahier
(B) stylo
(C) gant
(D) portefeuille

29. Elle avait la grippe et _____ tout le temps.

(A) toussait
(B) avalait
(C) respirait
(D) étendait

30. Picasso et Monet sont mes _____ favoris!

(A) peintures
(B) tableaux
(C) peintres
(D) impressions

31. Lorsque mon grand-père était jeune, il _____ des bottes pour aller à l'école car il neigeait toujours en hiver.

(A) portait
(B) aimait
(C) apportait
(D) usait

continued...

32. Je n'ai rien trouvé au _____ des jouets, donc j'ai acheté un livre pour mon fils.

(A) étage
(B) rayon
(C) boutique
(D) compartiment

33. Le petit Jonathan avait peur parce que la voiture _____ à cent kilomètres à l'heure.

(A) courait
(B) voyageait
(C) conduisait
(D) roulait

34. Tous les dimanches, nous allions à la _____ avec papa, et le soir, nous mangions les poissons que nous avions attrapés.

(A) piscine
(B) pêche
(C) lac
(D) bateau

35. J'adorais jeter des _____ dans la rivière et voir à quelle distance elles tombaient dans l'eau.

(A) cailloux
(B) pierres
(C) rochers
(D) galets

36. Un piano et un ordinateur ont tous les deux un _____.

(A) imprimante
(B) écran
(C) clavier
(D) corde

37. J'ai attendu mon cousin à la gare, et j'étais sur le _____ quand il est arrivé.

(A) quai
(B) train
(C) banquette
(D) corridor

38. Comme mes parents étaient très fatigués, ils ont dû se _____ avant d'aller au restaurant.

(A) rester
(B) dormir
(C) reposer
(D) récupérer

39. Moi, je me _____ très bien en Europe parce que je parle français.

(A) depêche
(B) communique
(C) voyage
(D) débrouille

40. Je suis désolée de ne pas t'avoir vue au concert, mais, comme toujours, il y avait trop de _____.

(A) monde
(B) peuple
(C) personne
(D) artiste

41. Il pleuvait tellement hier que nous avons dû ____ notre pique-nique à la semaine prochaine.

(A) tarder
(B) remettre
(C) faire
(D) avoir

42. J'ai rencontré ton frère au supermarché en faisant la ____ pour payer.

(A) caisse
(B) ligne
(C) course
(D) queue

43. Elle ne sait pas ce qui a causé l'accident parce qu'elle n'a pas vu ce qui s'est _____.

(A) arrivé
(B) précédé
(C) provoqué
(D) passé

continued...

44. Le professeur a fermé la porte de la salle de classe parce qu'il y avait beaucoup de _____ dans le couloir.

(A) élèves
(B) bruit
(C) cours
(D) lampes

45. Albert a _____ un cours de chimie et a reçu une très bonne note à l'examen.

(A) fait
(B) enseigné
(C) été
(D) suivi

46. C'est toujours papa qui me _____ à l'école.

(A) apporte
(B) trouve
(C) conduit
(D) va

47. Il travaille très _____ pour réussir et mérite une bonne note.

(A) dur
(B) beaucoup
(C) rarement
(D) vraiment

48. Ils sont allés à la crémerie parce qu'ils avaient besoin de _____.

(A) glaces
(B) beurre
(C) tomates
(D) pain

49. J'ai encore faim, je n'ai pas _____ mangé.

(A) toujours
(B) enfin
(C) assez
(D) même

50. Pendant combien de _____ a-t-elle étudié hier?

(A) temps
(B) fois
(C) jours
(D) longueur

continued...

ANSWER KEY

1. C	**10.** A	**19.** C	**28.** D	**37.** A	**46.** C
2. C	**11.** C	**20.** B	**29.** A	**38.** C	**47.** A
3. A	**12.** B	**21.** A	**30.** C	**39.** D	**48.** B
4. B	**13.** A	**22.** A	**31.** A	**40.** A	**49.** C
5. A	**14.** D	**23.** B	**32.** B	**41.** B	**50.** A
6. B	**15.** A	**24.** D	**33.** D	**42.** D	
7. C	**16.** B	**25.** C	**34.** B	**43.** D	
8. C	**17.** D	**26.** B	**35.** B	**44.** B	
9. D	**18.** B	**27.** A	**36.** C	**45.** D	

EXPLANATIONS

For a more in-depth explanation, see Part Three: Grammar Review.

1. **(C)** It cannot be (A) "page," nor can it be (B) "bibliothèque" because a book cannot be "sur" a bibliothèque. "Librairie" (D) is a bookstore.
2 **(C)** It cannot be "pour" because it is in the passé composé, not in the future, and does not involve the verbs partir, s'en aller, sortir, venir, and so on.
3. **(A)** One cannot see dancers and acrobats during a debate. To congratulate the performers, it has to be a live show, not a film. A concert involves music played or sung, without any acrobats or dancers.
4. **(B)** Of course, (A) would be possible, but the second part of the sentence negates this answer. (C) could also apply, but it would have to be followed by something else (such as "des injures à"). Finally, (D) is not a possibility, because, if he defended them, they would want to work for him.
5. **(A)** The clue is in the last part of the sentence. The person says that he/she does not like the curtains because he/she likes what is light colored.
6. **(B)** The goal was to put flowers in all of the vases; therefore, it cannot be (A). (C) was a possibility, except the second part of the sentence clearly states that the person got the flowers from the garden, not in a shop.
7. **(C)** Answer (B) could apply to "brise marine" but not to "chaleur."
8. **(C)** "Law" itself (as in the law of nature) is "loi," but Law studies is "droit."
9. **(D)** "En train de préparer" means, of course, preparing. (A) or "en mesure de" means capable of, which does not make sense here; (B) would be correct if "cuisine" was preceded by "dans la" instead of "en." (C) or "procès" means trial (as in court trial).
10. **(A)** (B) is wrong because "souffrir" cannot be followed by a noun. Only "J'ai souffert lorsque j'ai appris . . ." would be correct. Answers (C) and (D) do not make any sense in this case as they mean to make an experiment and to understand, respectively."
11. **(C)** "Buts" means goal, and the specific expression is, indeed, "marquer un but."
12. **(B)** "Vérité" means truth; therefore, the answer has to be the opposite of "vérité," and it is "mensonge."
13. **(A)** Since "maman" is still reading instead of sleeping, the correct response is "pas encore." "Toujours" could have been the correct answer if it had been placed before "pas." However, after "pas," the meaning changes completely and translates to doesn't always sleep.
14. **(D)** The verb "marcher" is used for anything mechanical (i.e., cars, clocks, washing machine.)
15. **(A)** "Les soldes" means the sales, so that person prefers to wait for the sales. If (B) had been "profiter des" then that would have been a correct answer because the verb is "profiter de." Without the preposition, however, it doesn't work.
16. **(B)** The verb "sortir" requires a "de." The verb "laisser" does not apply to a room, as it means to leave behind, and the verb "entrer" requires "dans."

17. **(D)** The verb "emmener" means to take along a person. The verb "porter" means to wear or to carry. The verb "emporter" means to carry along, as in to carry along one's umbrella when it is raining.
18. **(B)** (A) applies only to locations, not to people. Answer (C) means to recognize, and the verb "reconnaitre" does not require the preposition "à" afterward. The verb "voir" also is not followed by a preposition.
19. **(C)** (A) and (B) would have been possible if they had not had an "e" at the end. The feminine "e" can only apply when using the verb "être" (La robe *est* abîmée). It cannot be (D) because a dress does not break.
20. **(B)** This is the correct answer because it is pronominal, and "se rendre" is the only pronominal verb here.
21. **(A)** This is the correct answer because it is pronominal, and the expression is "se mettre à table."
22. **(A)** "Actuellement" is correct because the teacher is coming back the following week. "Actuellement" is a false cognate, it does not mean actually, it means at the present time or now. If (C) ("présent") had been preceded by "à," it would have been a possibility; however, without the preposition, it is wrong.
23. **(B)** In the expression "Coûter cher," "cher" is an adverb, and it is invariable. (A) and (D) would have been possible if "coûté" had not been followed by "très."
24. **(D)** It cannot be (A) because "informations" begins with a vowel. Obviously, if the cousin is in a coma, she cannot write a letter, and (B) is wrong. (C) means newspaper article, and nothing here says that the cousin is a famous personality.
25. **(C)** "Nuageux" means cloudy. Since the person is sad, it cannot be (A). (C) and (D) cannot apply to the weather (pleureur = who cries/injuste = unfair).
26. **(B)** Obviously Pierre was sleepy because the speech was boring. He was not asleep yet since he was rubbing his eyes; therefore, (D) is wrong. (A) does not apply, and (C) only applies if preceded by the reflexive pronoun "se."
27. **(A)** "Aucune" is feminine, and "envie" is the only feminine word in this series.
28. **(D)** A wallet is the only item that would prevent that person from buying something.
29. **(A)** Because this person had the flu, she was coughing ("toussait") all the time. The other verbs have nothing to do with being ill.
30. **(C)** All of the other answers pertain to things.
31. **(A)** The grandfather, when he was young, wore boots to go to school when it was snowing. (B) would be a possibility if followed by "les" instead of "des." (C) means brought, and (D) means utilized.
32. **(B)** The toy department is "le rayon des jouets." (A) is a possibility if the toys are sold on one floor, but then "au" would have to be replaced by "à l'." (C) is a feminine word, and (D) is not a possibility.
33. **(D)** The other answers cannot apply to a car in French.
34. **(B)** The second part of the sentence is the clue because they ate the fish they caught. (A) is obviously wrong; (C) and (D) are masculine words.
35. **(B)** (A) would have been possible; however, because we find out in the second part of the sentence that it is a feminine word, it can only be (B).
36. **(C)** "Clavier" is a keyboard. (A) and (B) only apply to a computer (un ordinateur), and (D), in the feminine ("une corde"), is only found in a piano.
37. **(A)** If he was waiting for his cousin in the station, he could not be on the train (B). (C) is a feminine word, and (D) would not work with "sur."
38. **(C)** It is the only reflexive verb in this series.
39. **(D)** The only other reflexive verb is (A), and it does not work in this sentence as it means to hurry. "Se débrouiller" means to get along or to manage.
40. **(A)** "Trop de monde" means too many people. (B) is wrong because "peuple" represents a people such as the French people. The two other answers would have to be in the plural to be possible.

41. **(B)** (A) is wrong because it can only apply if it has the prefix "re," as in the verb "retarder." The two others do not fit because "la semaine prochaine" means next week. If it had been "la semaine suivante" or the following week and there was no "à" before "la semaine," (D) would have been possible.
42. **(D)** The expression is "faire la queue."
43. **(D)** It is the only possible answer because it is the only reflexive verb.
44. **(B)** The teacher closed the door because there was a lot of noise ("bruit"). (A) is a possibility only if preceded by "d'" instead of "de."
45. **(D)** The correct verb to be used for to take (a class) is "suivre".
46. **(C)** The father drives him to school.
47. **(A)** To work hard translates into "travailler dur." (B) would be applicable if "beaucoup" had not been preceded by "très." (C) means rarely and is therefore negated by the second part of the sentence.
48. **(B)** It is the only product, out of the four listed, that one can find at a "crèmerie."
49. **(C)** The answer to (A) would only apply if "toujours" had been placed before "pas."
50. **(A)** It is the only possible answer. (B) would only be possible if the question had begun with "combien," and it implies a number of times (as in she opened her book three times to study).

CHAPTER 2

Preparing for Part B—Grammar

QUESTIONS

Directions: Each of the following sentences is followed by four choices. Select the one that, when placed in the blank, forms a grammatically correct sentence. Dashes in one of the choices indicate that no insertion is required to form a correct sentence.

1. J'ai _____ vu ce film, et je l'ai trouvé assez long.

   (A) plutôt
   (B) avant
   (C) déjà
   (D) hier

2. _____ vous avez acheté pour l'anniversaire de Julie?

   (A) Laquelle
   (B) Qu'est-ce que
   (C) Qui est-ce que
   (D) Quel

3. Il est à l'école aujourd'hui _____ il soit malade.

   (A) pour qu'
   (B) bien qu'
   (C) parce qu'
   (D) depuis qu'

4. Ma cousine est malade, et j'ai dû _____ téléphoner pour avoir de ses nouvelles.

   (A) lui
   (B) la
   (C) elle
   (D) y

5. Nous avons fait cet exercice plusieurs _____ fois l'année dernière.

   (A) ---
   (B) de
   (C) des
   (D) une

6. Le tiroir dans _____ j'ai mis ma rédaction est fermé à clé.

   (A) ---
   (B) où
   (C) quoi
   (D) lequel

7. Il a offert une douzaine de très jolies tasses _____ thé a sa mère.

   (A) ---
   (B) à
   (C) de
   (D) du

8. Maman dessine moins _____ que papa.

   (A) bon
   (B) joli
   (C) bien
   (D) mauvais

continued...

9. Est-ce que vous avez compris _____ Pierre a dit?

(A) que
(B) ce que
(C) quoi
(D) lequel

10. Je suis tombée _____ jouant au tennis.

(A) par
(B) pendant
(C) en
(D) quand

11. Je n'aime pas la maison devant _____ il y a deux grands arbres.

(A) laquelle
(B) qu'
(C) quoi
(D) quelle

12. Ce train est beaucoup plus _____ que l'autre.

(A) bien
(B) vite
(C) mal
(D) rapide

13. Voici la jeune fille _____ le frère est acrobate.

(A) que
(B) duquel
(C) dont
(D) avec

14. Elle _____ toujours pendant ses vacances de Noël.

(A) a voyagé
(B) avait voyagé
(C) voyageait
(D) voyagerait

15. Je viendrai vous voir _____ une demi-heure, pas plus tard.

(A) en
(B) dans
(C) pendant
(D) envers

16. Lorsqu'il nous _____, il a annoncé son prochain voyage au Canada.

(A) avons rencontré
(B) a rencontrés
(C) rencontrait
(D) rencontrons

17. Si vous _____ sa robe de mariée, vous l'auriez trouvée très élégante.

(A) aviez vu
(B) voyez
(C) auriez vu
(D) verriez

18. Je ne vois pas _____ a pu causer cet accident.

(A) qu'est-ce qu'
(B) lequel
(C) ce qui
(D) quoi

19. Nous avons acheté ces livres pour _____.

(A) tu
(B) elle
(C) il
(D) les

20. Francine voulait acheter un livre mais elle n'a _____ trouvé à la librairie.

(A) rien
(B) pas
(C) personne
(D) plus

21. Je n'ai vu que _____ musiciens que je connaissais.

(A) ---
(B) aucun
(C) quelques
(D) beaucoup

continued...

22. Je ne comprends pas _____ tu ne veux pas voir cette comédie musicale.

(A) que
(B) pourquoi
(C) ce que
(D) qui

23. Paul a _____ quarante ans, mais il parait beaucoup plus jeune.

(A) vers
(B) environ
(C) près
(D) envers

24. Je les ai vus _____ aller au supermarché.

(A) ---
(B) en
(C) qui
(D) pendant

25. Le chapeau de Margot est ravissant, mais _____ Carole a acheté n'est pas du tout à la mode.

(A) celui de
(B) lequel
(C) celui que
(D) quel

26. Elle ne fait _____ travailler et n'a jamais le temps de s'amuser.

(A) pas
(B) trop
(C) que
(D) seulement

27. Ses amis sont venus _____ Maroc la semaine passée.

(A) du
(B) de
(C) à
(D) en

28. Il faut _____ rappeler à papa de conduire lentement!

(A) demain
(B) toujours
(C) après
(D) depuis

29. Le jour _____ nous les avons vus, ils allaient à l'école.

(A) ---
(B) lorsque
(C) quand
(D) où

30. Le médecin a _____ d'écrire l'ordonnance.

(A) venu
(B) voulu
(C) assis
(D) fini

31. Il a _____ étudié qu'il s'est endormi sur son livre.

(A) tant
(B) beaucoup
(C) si
(D) autant

32. Elle m'a demandé _____ je voulais du jus d'orange.

(A) que
(B) si
(C) parce que
(D) quel

33. J'étudierai ce chapitre jusqu'à ce que je _____.

(A) le comprends
(B) l'ai compris
(C) l'aurais compris
(D) le comprenne

34. Il est _____ minuit, et Pierre est toujours au bureau: il travaille trop!

(A) envers
(B) déjà
(C) près
(D) à

35. Ils se sont sacrifiés pour que leurs enfant _____ une bonne éducation.

(A) aient
(B) ont
(C) aillent
(D) avaient

continued...

36. Téléphonez-moi à _____ quelle heure.

(A) ---
(B) n'importe
(C) vers
(D) environ

37. En route _____ Nice, elle a passé par Marseille.

(A) à
(B) par
(C) avant
(D) pour

38. J'adore aller à l'école _____ bicyclette parce que je n'habite pas loin.

(A) en
(B) sur
(C) à
(D) avec

39. _____ des deux statues voulez-vous acheter?

(A) Laquelle
(B) De laquelle
(C) Quelle
(D) Lesquelles

40. Il a rencontré son client _____ du restaurant.

(A) devant
(B) derrière
(C) près
(D) dans

41. Je vais passer voir mes amis _____ match.

(A) avant de
(B) avant que le
(C) avant du
(D) avant le

42. _____ que j'aime s'appelle Pierre.

(A) celui
(B) l'un
(C) le
(D) lui

43. Cet auteur célèbre _____ en 1900.

(A) mort
(B) mourait
(C) est mort
(D) meurt

44. Elles se sont _____ avant-hier.

(A) téléphonés
(B) téléphoné
(C) téléphonée
(D) téléphonées

45. Autrefois, je _____ très bien.

(A) danserais
(B) dansais
(C) ai dansé
(D) avais dansé

46. J'espère que vous _____ à ma soirée.

(A) veniez
(B) viendrez
(C) viendriez
(D) serez venus

47. Elle n'a _____ problème.

(A) pas
(B) que
(C) plus
(D) aucun

48. Les étudiants _____ lesquels il y a beaucoup de jeunes Français vont à cette école.

(A) parmi
(B) pour
(C) vers
(D) dont

49. Elle écrit _____ que moi.

(A) meilleure
(B) meilleur
(C) mieux
(D) le plus

50. Aussitôt que tu _____ tes devoirs, tu pourras regarder la télévision.

(A) avais fini
(B) finirais
(C) finisses
(D) auras fini

ANSWER KEY

1. C	**10.** C	**19.** B	**28.** B	**37.** D	**46.** B
2. B	**11.** A	**20.** A	**29.** D	**38.** C	**47.** D
3. B	**12.** D	**21.** C	**30.** D	**39.** A	**48.** A
4. A	**13.** C	**22.** B	**31.** A	**40.** C	**49.** C
5. A	**14.** C	**23.** B	**32.** B	**41.** D	**50.** D
6. D	**15.** B	**24.** A	**33.** D	**42.** A	
7. B	**16.** B	**25.** C	**34.** B	**43.** C	
8. C	**17.** A	**26.** C	**35.** A	**44.** B	
9. B	**18.** C	**27.** A	**36.** B	**45.** B	

EXPLANATIONS

For a more in-depth explanation, see page 217.

1. **(C)** It cannot be (A) because "plutôt" means rather, which doesn't make sense in this sentence. (B) means before, and the only way it would make sense would be if it were placed after the first part of the sentence and followed by a specific point in time or an event (j'ai vu ce film avant de lire le livre). Finally, (D) can only apply if it is placed before the sentence.
2. **(B)** The subject of the verb is "vous." (A) would require a choice between two or more items, (C) refers to a person, and (D) must be followed by a noun.
3. **(B)** (A) means so that or in order to and cannot apply to this sentence. (C) is also not applicable because this expression cannot be followed by the subjunctive. (D) does not make sense in this context and also cannot be followed by the subjunctive.
4. **(A)** The verb "téléphoner" is followed by the preposition "à" ("téléphoner à ma cousine") and therefore has to be preceded by the indirect object pronoun "lui." (B) is the direct object pronoun, (C) is a personal pronoun, and (D) does not apply to a person.
5. **(A)** There can be no article after "plusieurs."
6. **(D)** After the preposition "dans," you must use "lequel," "laquelle," "lesquels," or "lesquelles." In this case, "tiroir" is a masculine noun and only "lequel" applies.
7. **(B)** (A) is wrong because it has to be either "tasse à thé" or "tasse de thé." It cannot be (C) because "tasses de thé" means cups of tea. (D) is wrong because, after a quantity or the noun representing a container, "du" becomes "de."
8. **(C)** An adverb is needed. (A), (B), and (D) are adjectives and therefore don't work here.
9. **(B)** The missing word is a translation of what or that which. (A) would have to be preceded by a noun. (C) can only be used if it is preceded by a preposition (as in "de quoi Pierre parle"). (D) requires a comparison (which one).
10. **(C)** A gerund (an expression that shows the manner in which something is done or describes an action that is simultaneous to another one; it answers the question "How?" and is formed by "en" plus the present participle) is required here. (A), (B), and (D) cannot be followed by the present participle.
11. **(A)** After a preposition ("devant"), "laquelle" is the only possible answer. (B) and (D) do not require a preposition and (C) requires a preposition, in the interrogative form (as in "avec quoi écrivez-vous?) or when the antecedent is not clear ("il ne sait pas de quoi tu parles").
12. **(D)** Only an adjective fits here (it describes the noun). All the other answers are adverbs (they describe or modify a verb).
13. **(C)** The brother of the young woman is an acrobat. It represents possession, and replaces "de" ("le frère de la jeune fille"). "Dont" is a relative pronoun. (A) means that and doesn't apply here. "Duquel"

can only be used if the antecedent is separated from the relative pronoun (as in "le parc au milieu duquel." The antecedent "parc" is separated from the relative pronoun by "au milieu."

14. **(C)** "Voyageait" is followed by "toujours," which requires the use of the imperfect. (A) is in the passé composé. (B) is in the plus-que-parfait and could apply, but only if "toujours" had been placed between "avait" and "voyagé." (D) is in the conditional.
15. **(B)** "Dans une demi-heure" means "a half-hour from now," it refers to the beginning of an action. (A) or "en" refers to the duration of an action as in "j'ai fini mes devoirs en une demi-heure." (C) also refers to the duration of an action and (D) means "towards" in the abstract sense (as in "she is mean towards her friends").
16. **(B)** It is in the passé composé because it only happened one time. It cannot be (A) because nous is a direct object, not a subject here (C) is in the imperfect and is not applicable because the second part of the sentence is in the passé composé. (D) is wrong because it is in the present tense and because "nous" is not the subject of the verb.
17. **(A)** It is a conditional sentence and the second part is in the past conditional; therefore, the only choice here is the plus-que-parfait.
18. **(C)** The antecedent is not known; therefore, it must be a "ce" expression. (A) is an interrogative, which needs to be followed by a noun or pronoun ("qu'est-ce qu'elle a vu?"). (B) requires a comparison, and (D) needs to be preceded by a preposition ("avec quoi il a pu causer l'accident").
19. **(B)** After the preposition "pour" only "moi," "toi," "lui," "elle," "nous," "vous," "eux," or "elles" can be used.
20. **(A)** (B) would need to be followed by the noun representing the object that was not found ("elle n'a pas trouvé de livre"). (C) can only be used if it is placed after the past participle "trouvé." (D) means no more or no longer and does not make sense here.
21. **(C)** (A) is not possible because "musiciens" must be preceded by an article, an adjective, or an adverb. (B) is not applicable because "musiciens" is in the plural, and "aucun" must be followed by a singular noun. (D) would only be possible if followed by "de."
22. **(B)** (A) is a relative pronoun and cannot be used here. (C) does not apply because we know what they are talking about ("une comédie musicale"); therefore, a "ce" expression cannot be used. (D) means who or whom and refers to a person.
23. **(B)** It means approximately or about. (A) means towards in the concrete sense (as in "I am walking toward the door"), (C) could only apply if followed by "de" and (D) also means "toward" in an abstract sense.
24. **(A)** When two verbs follow each other, the second one is in the infinitive, and there is nothing between them. (B) would have to be followed by the present participle. (C) is a relative pronoun and would have to be followed by a conjugated verb. (D) would need to be followed by "que" plus the subject and the verb ("pendant qu'ils allaient").
25. **(C)** (A) indicates possession (Carole's hat, not the hat that Carole bought). (B) requires a preposition ("le chapeau avec lequel"), and (D) is an interrogative adjective.
26. **(C)** Answer (A) cannot be used with "ne fait . . . travailler." (B) would be appropriate in the affirmative, with "trop" being placed after the verb ("elle travaille trop"). (D) cannot be used with "fait" in this context.
27. **(A)** The country, Le Maroc, being in the masculine, "de le" becomes "du." (B) can only be used with feminine countries ("ils sont venus de France, d'Italie, du Pérou"). The other answers cannot be used with the verb "venir."
28. **(B)** (A) can only apply if "demain" is placed at the beginning of the sentence,

before "il faut." (C) also has to be used at the beginning of the sentence. "Depuis" means since.

29. **(D)** (A) is wrong because in French, unlike English, one cannot say "the day we saw them." Both (B) and (C) mean when; in French, the location in time and in space is expressed by "où."
30. **(D)** (A) would be possible only if it were in imperfect ("venait"). (B) can only be used without "de," and (C) does not apply here.
31. **(A)** (B) is applicable if the verb is followed by "et" instead of "qu." (C) is applicable if placed after the verb and followed by an adverb ("il a étudié si tard qu'il…"). (D) is only applicable if there is a comparison.
32. **(B)** (A) requires a subjunctive and does not work in this case. (C) would make it an incomplete sentence, and (D) is used for a question.
33. **(D)** "Jusqu'à ce que" requires the subjunctive.
34. **(B)** (A) is used after a word describing an emotion or a feeling. Answer (C) is possible only if followed by "de," and answer (D) means at and therefore cannot be used here.
35. **(A)** "Pour que" must be followed by a subjunctive. (C) is the subjunctive of the verb "aller," which does not apply here.
36. **(B)** The statement made means at any time; therefore, "n'importe quelle" is the correct answer. Answer (A) would be incomplete, and the other two cannot be used with the preposition "à".
37. **(D)** (A) means in and cannot follow "en route." (B) means by and also cannot follow "en route." (C) can only apply if followed by "de" plus a verb ("avant d'arriver à Nice").
38. **(C)** (A) is applicable only if "in" a vehicle, as in "en voiture." (B) and (D) cannot be used with a bicycle.
39. **(A)** There is a choice between two items. (B) can only apply if the verb (in this case "acheter") is followed by the preposition "de" ("De laquelle des deux statues parlez-vous"). (C) is wrong because "quelle" cannot be used with "des." (D) can apply if there are more than two items between which to choose.
40. **(C)** (A), (B), and (D) cannot be used with "du."
41. **(D)** (A) is wrong because "avant de" must be followed by an infinitive (as in "avant d'aller"). (B) needs to be followed by the noun plus the subjunctive ("avant que le match n'ait lieu"). (C) is wrong because "avant" cannot be used with "de" and an article.
42. **(A)** In this sentence, the subject of the verb is "je"; therefore, Pierre, the object of the verb, is referred to as the one, or "celui." (B), which is the literal translation of "the one," cannot be used in French. (C) is the article and can only apply if followed by a noun (as in "le garçon"). (D) is the indirect object pronoun (meaning "to him" or "to her") and is wrong in this context.
43. **(C)** Because the date is specific, only the passé composé can be used. Therefore, all the other answers are wrong.
44. **(B)** The verb "téléphoner" is always followed by the préposition "à" before a noun. The noun then becomes the indirect object of the verb. This makes it impossible for all of the other answers to apply. The past participle of a reflexive or reciprocal verb reflects the gender and number of a direct object placed before, not of an indirect object.
45. **(B)** "Autrefois" requires the use of the imperfect tense. All the other answers are in the conditional (A), the passé composé (C), and the plus-que-parfait (D).
46. **(B)** The subject of the sentence, "Je," hopes for something that has not happened yet; therefore, the future tense must be used. The other answers are in the subjunctive (A), the present conditional (C), and the future perfect or futur antérieur (D).
47. **(D)** (A) requires a "de" before the noun "problème." (B) needs to be followed by "des" and the plural of the noun.

(C) also needs to be followed by a preposition (in this case "de") and the plural of the noun.

48. **(A)** "Parmi" means among and fits perfectly in this context. The other answers do not make sense in this case: "Pour" means for, "vers" means towards, and "dont" means of which or of whom.
49. **(C)** "Mieux" is an adverb; it modifies the verb "écrire." (A) and (B) are adjectives and cannot be used (it would be fine if the sentence read "C'est la meilleure élève"). (D) cannot be preceded by "le".
50. **(D)** With the expression "aussitôt que," if the other part of the sentence is in the future (in this case it is the principal clause "tu *pourras* regarder la télévision"), the other clause must also be in the future, or the future perfect.

CHAPTER 3

Preparing for Part C—Paragraphs

QUESTIONS

Directions: The following paragraphs contain some blank spaces. Choose, among the four answers that follow, the one that best completes the sentence, either for the meaning, or for the grammar. In some instances, the first answer (A) may only have dashes, indicating that no insertion is necessary to form a grammatically correct sentence.

Lorsque j'avais dix ans, mes parents nous ------- chaque été à la campagne. Le jour du départ, maman avait -------

1. (A) apportaient
   (B) emmenaient
   (C) apportions
   (D) emportions

2. (A) l'intention
   (B) l'envie
   (C) l'habitude
   (D) la crainte

de se réveiller à l'aube, avant tout le monde, car elle avait peur d'avoir oublié quelque chose. ------- les enfants

3. (A) Avant
   (B) Après
   (C) Lorsque
   (D) Depuis

se réveillaient, le petit-déjeuner était ------- sur la table. Ce n'était pas ------- de tous les jours, ------- nous n'avions

4. (A) déjà
   (B) encore
   (C) alors
   (D) jamais

5. (A) ça
   (B) le même
   (C) comme
   (D) celui

6. (A) enfin
   (B) celui
   (C) car
   (D) pourquoi

vraiment pas le temps de -------: Il fallait partir! Papa était toujours très pressé, et, ------- le petit-déjeuner ------- nous

7. (A) mangeant
   (B) manger
   (C) mangions
   (D) mangeons

8. (A) durant
   (B) quand
   (C) après
   (D) sitôt

9. (A) fini
   (B) finissant
   (C) finissez
   (D) finie

nous mettions en route.

continued . . .

Le professeur n'est pas sûr que nous ------- aller en groupe au musée la semaine prochaine car c'est la semaine

10. (A) pouvons (C) pourrions
(B) puissions (D) pouvions

qui ------- les examens semestriels. En tout cas, il pense que, comme l'exposition ------- jusqu'à la fin du mois

11. (A) précède
(B) précédera
(C) avait précédé
(D) précéderait

12. (A) dure
(B) durait
(C) dura
(D) aura duré

prochain, nous ------- après les examens. Lorsqu'il nous ------- la date de la visite, je te ferai savoir. De cette

13. (A) allions
(B) irions
(C) irons
(D) allons

14. (A) avons donné
(B) donne
(C) donnons
(D) donnera

façon, tu nous ------- au musée.

15. (A) retrouveras
(B) retrouverons
(C) retrouvons
(D) retrouve

Monsieur,

Comme je n'ai pas reçu de réponse à la lettre que je vous ------- le mois dernier, je vous écris encore -------

16. (A) envoyais
(B) avais envoyé
(C) ai envoyée
(D) enverrais

17. (A) beaucoup
(B) un temps
(C) une fois
(D) nouveau

en ------- que cette lettre -ci aura des résultats. Franchement, je ne m'attendais pas à ------- manque de civilité de votre

18. (A) l'espoir
(B) espérant
(C) espoir
(D) espérer

19. (A) un tel
(B) une grande
(C) un certain
(D) cette

part, et j'ose espérer qu'il s'agit ------- d'une erreur de la part d'un ------- employés qui ------- de vous remettre mon

20. (A) simplement
(B) toujours
(C) plus
(D) premier

21. (A) ---
(B) de vos
(C) de nos
(D) autre

22. (A) aurait oublié
(B) ait oublié
(C) oubliait
(D) oublierait

message. Voici ------- il s'agit: La facture que j'ai reçue pour le de quoi mois de mars comprenait aussi le montant

23. (A) de qui
(B) à quoi
(C) quoi
(D) de quoi

dû pour le mois de février. -------, j'avais déjà réglé ce montant. J'ai pensé que mon paiement avait simplement

24. (A) Cependant (C) Parce que
(B) Comme (D) Puisque

croisé votre facture. -------, la même chose s'est produite en avril et en mai! ------- reçu ------- satisfaction lorsque

25. (A) Aussi
(B) Par contre
(C) Donc
(D) Enfin

26. (A) N'ayant
(B) N'avons
(C) N'avoir
(D) N'ayons

27. (A) pas de
(B) aucune
(C) sans
(D) nul

j'ai essayé de téléphoner, je vous ai donc envoyé une première lettre, ------- est restée sans réponse! Nous sommes

28. (A) qu' (C) lequel
(B) que (D) laquelle

maintenant en août, et c'est toujours la même histoire! Si je ne reçois pas de réponse, je ------- remettre tout cela

29. (A) promets (C) voulais
(B) compte (D) pouvais

------- mon avocat.

30. (A) chez (C) de
(B) pour (D) à

continued . . .

Maryvonne boudait dans un coin de sa chambre. Sa petite soeur avait reçu ------- de jolis cadeaux ------- son

31. (A) plusieurs
    (B) un tas
    (C) bien
    (D) une pile

32. (A) à
    (B) pendant
    (C) avec
    (D) pour

anniversaire le mois ------- et, hier, le jour de son anniversaire ------- elle, ses parents ne lui avaient ------- que des

33. (A) dernière
    (B) avant
    (C) précédent
    (D) suivant

34. (A) ---
    (B) pour
    (C) d'
    (D) à

35. (A) offert
    (B) offrit
    (C) offrir
    (D) offraient

choses utiles ------- elle n'avait pas envie: une trousse ------- cuir pour ses stylos et ses crayons, un nouveau sac à dos,

36. (A) dont
    (B) qu'
    (C) laquelle
    (D) ce qu'

37. (A) ---
    (B) en
    (C) dans
    (D) avec

une calculatrice qui pouvait tout faire, ------- que plusieurs nouveaux stylos. Le fait que tout ------- valait bien

38. (A) ainsi
    (B) avec
    (C) plus
    (D) ne

39. (A) —
    (B) ce
    (C) lui
    (D) cela

------- que tous les cadeaux de sa petite soeur ne ------- avoir aucune importance! Cependant, le------- matin, lorsque

40. (A) avant
    (B) tant
    (C) plus
    (D) moins

41. (A) voyait
    (B) valait
    (C) semblait
    (D) disait

42. (A) jour
    (B) demain
    (C) proche
    (D) lendemain

sa ------- a,mie, Sylvie, ------- ces cadeaux, et qu'elle s'est ------- en disant même qu'elle ------- était

43. (A) bon
    (B) vieil
    (C) ancienne
    (D) meilleure

44. (A) voyait
    (B) a vu
    (C) voyant
    (D) voit

45. (A) extasiée
    (B) étonné
    (C) émue
    (D) admirée

46. (A) en
    (B) lui
    (C) l'
    (D) y

jalouse, Maryvonne a complètement changé ------- attitude. Elle a finalement apprécié ------- ses parents lui avaient

47. (A) son
    (B) s'
    (C) d'
    (D) l'

48. (A) quoi
    (B) ce que
    (C) ce dont
    (D) que

acheté! A l'avenir, quand elle ------- un cadeau ------- elle a besoin, elle essaiera d'être reconnaissante.

49. (A) reçoit
    (B) recevra
    (C) aura reçu
    (D) recevrait

50. (A) dont
    (B) qu'
    (C) qui
    (D) lequel

ANSWER KEY

1. B	**10.** B	**19.** A	**28.** D	**37.** B	**46.** A
2. C	**11.** A	**20.** A	**29.** B	**38.** A	**47.** C
3. C	**12.** A	**21.** B	**30.** D	**39.** D	**48.** B
4. A	**13.** C	**22.** A	**31.** B	**40.** C	**49.** B
5. D	**14.** D	**23.** D	**32.** D	**41.** C	**50.** A
6. C	**15.** A	**24.** A	**33.** C	**42.** D	
7. B	**16.** C	**25.** B	**34.** D	**43.** D	
8. D	**17.** C	**26.** A	**35.** A	**44.** B	
9. A	**18.** B	**27.** B	**36.** A	**45.** A	

EXPLANATIONS

1. **(B)** (A) refers to things and translates into brought. (C) and (D) are wrong because, in this case, the "nous" is the direct object pronoun.
2. **(C)** The mother was used to getting up at dawn (avoir l'habitude de). (A) is wrong because, if she had the intention of getting up at dawn, where is the explanation as to why it did not happen?
3. **(C)** "Lorsque" indicates when the children woke up. (A) would require "que" and would have to be followed by the subjunctive; (B) and (D) also require "que."
4. **(A)** Although (B) is grammatically correct in this context, it does not fit as far as meaning is concerned. (C) and (D) are wrong.
5. **(D)** (A) is obviously wrong; (B) would be correct if followed by "que" rather than "de." (C) cannot be followed by "de."
6. **(C)** "Car" means because. None of the other answers (meaning finally, the one, and why) fit there.
7. **(B)** The expression "avoir le temps de" must be followed by an infinitive.
8. **(D)** This is due to the fact that the answer to Question 9 is (A). Otherwise, if the sentence ended with "le petit déjeuner" (C) would have been a plausible answer. "Sitôt" means as soon as or once, and "fini" (Question 9) means was finished. This is one of the examples that emphasizes the importance of reading the whole sentence, rather than stopping before a punctuation sign.
9. **(A)** See preceding explanation.
10. **(B)** This is the only answer in the subjunctive, and the subjunctive is required after the expression "n'est pas sûr que."
11. **(A)** It must be in the present because it is a fact, an explanation that will not change. It is indeed the week that precedes semester exams.
12. **(A)** See the reasoning in the explanation for Question 11.
13. **(C)** Because it will happen in the future, it is the only possible answer.
14. **(D)** Because the sentence begins with the expression "lorsque," the tense used must be the same in both parts of the sentence.
15. **(A)** The subject of the verb being "tu," it is the only possible answer.
16. **(C)** It happened at a specific time in the past ("le mois dernier"), and it is a completed action. (A) is in the imperfect, which does not apply here, and (B), although possible, cannot refer to a feminine noun ("la lettre") because the past participle refers to a masculine noun. (D), being in the conditional, is wrong.
17. **(C)** "Une fois" completes the expression "encore une fois."
18. **(B)** "En" requires a present participle, which can only be "espérant."
19. **(A)** "Un tel manque " means such lack and fits very well in this context. (B) is wrong because it is in the feminine, (C) means a certain and does not fit well

contextually. Finally, (D) is also wrong because it is in the feminine, and "manque" is a masculine noun.

20. **(A)** It is the only possible answer, contextually.
21. **(B)** It cannot be (A) because the article "un" is in the singular, and the noun "employés" is plural. It cannot be (C) because the letter is written by the customer, not the employer. (D) is in the singular also.
22. **(A)** Because it is a supposition on the part of the person writing the letter, the past conditional is required.
23. **(D)** It goes with the expression "il s'agit *de*." It cannot be (A) because it pertains to a fact, not a person. The two other answers have either the wrong preposition "à," or no preposition at all.
24. **(A)** Although the three other answers are tempting, they cannot apply here because it is a complete sentence. If there was a comma after the word "montant," all other answers would have been possible.
25. **(B)** "Par contre," meaning on the other hand, is the only answer possible in this context.
26. **(A)** Because the subject is in the first person singular ("lorsque j'ai essayé de téléphoner"), the present participle is required.
27. **(B)** Because the answer to Question 26 is a negative, a second part to the negative is required. (A) is not applicable because "pas" would have to follow the verb immediately. If (D) were in the feminine, it would be possible, but in this case, only (B) is in the feminine, and agrees with the noun "satisfaction."
28. **(D)** "Laquelle" refers to the letter that was sent. (A) is not a possibility because "qu'" does not refer to a subject. The same goes for (B). (C) is in the masculine and cannot refer to the word "lettre," which is feminine.
29. **(B)** It cannot be (A) because it is not followed by "de." (C) and (D) are in the imperfect and do not fit in a conditional sentence in which the first part is in the present tense.
30. **(D)** The verb "remettre" followed by a noun referring to a person has to be accompanied by the preposition "à."
31. **(B)** "Un tas de" means a lot of. (A) is not a good answer because "plusieurs" is not followed by "de." (C) or "bien" needs to be followed by "des." Finally. (D) "une pile" means a battery.
32. **(D)** She received gifts *for* her anniversary.
33. **(C)** The the birthday took place the previous month. It cannot be (A) because the noun "mois" is masculine and "dernière" is in the feminine. (B) is an anglicism, and (D) does not make sense in this context.
34. **(D)** Whenever there is ambiguity between two subjects (Maryvonne and her little sister), "à," placed before the pronoun, makes the necessary distinction between the two subjects.
35. **(A)** "Offert" is the correct past participle of the verb offrir. (B) is incorrect because it is in the passé simple, (C) is wrong since it is an infinitive, and (D) is in the imperfect tense.
36. **(A)** It goes with the expression "avoir envie de."
37. **(B)** There are only two possibilities here: "en" or "de" because it refers to something made of a certain material.
38. **(A)** "Ainsi" means as well as, which is contextually correct. (B) cannot be followed by "que." (C) "plus que," means more than, and (D) "ne que" means only.
39. **(D)** "Cela" means "all of that." (A) would only be possible if "tout" were followed by "le." (B) doesn't make for a complete statement. (C) means "to him" or "to her" and doesn't fit in this sentence.
40. **(C)** All of Maryvonne's gifts were more expensive than her sister's gifts.
41. **(C)** "Semblait" means seemed, and it is the only verb that applies in this case.
42. **(D)** "Le lendemain" means the next day or the following day.

43. **(D)** Sylvie is Maryvonne's "best" friend. (A) is a masculine adjective, and so is (B). (C) needs to be preceded by "son" because it begins with a vowel.
44. **(B)** It is in the "passé composé" because it is happening at a specific time in the past.
45. **(A)** Sylvie being a girl, the adjective that applies has to be in the feminine, which means that (B) cannot be used. Obviously, Sylvie admired the gifts a lot ("extasiée"). She was neither astonished (B) nor moved (C), and "s'est admirée" makes no sense, because it means that she admired herself.
46. **(A)** The expression "être jaloux/se" is followed by "de" before a noun. Therefore, all the other answers do not apply.
47. **(C)** The verb "changer" is followed by "de." In English, you would say "she changed *her* attitude," but in French, the word "attitude," meaning general behavior, does not require the possessive.
48. **(B)** "Ce que" means that which, or what as a statement. Because there is no antecedent, "ce" must precede "que"; therefore, (C) is wrong. (A) means what when preceded by a preposition ("ce à quoi"). (D) is wrong because the verb "acheter" is not followed by the preposition "de."
49. **(B)** This is a "quand" clause, and the future is used in the second part of the sentence ("elle essaiera").
50. **(A)** The expression used is "avoir besoin de."

CHAPTER 4

Preparing for Part D—Reading Comprehension

QUESTIONS

Directions: Read the following passages very carefully for comprehension. Each of these passages is followed by an incomplete statement or a question. Choose, among the four answers that follow, the completion or the answer that best applies, according to the text.

Comme chaque matin, depuis qu'elle vivait à Paris, Florence avait ouvert la fenêtre toute grande, avait étendu les bras et avait humé l'air frais à pleins poumons. Elle vivait dans une petite chambre de bonne, au dernier étage d'un vieil immeuble à deux pas de l'université, une chambre si petite qu'elle se cognait aux quelques meubles qu'elle possédait chaque fois qu'elle tournait. Pour une petite campagnarde, habituée aux grands espaces verts, on aurait pu croire que ce logis étroit l'étoufferait. Mais non, ce minuscule logis, le seul qu'elle ait pu se permettre en tant qu'étudiante, était son univers. Elle l'adorait, et quand elle ouvrait la fenêtre, tout Paris était à ses pieds. Le matin, la vie commençait, et le soir les lumières scintillaient autour d'elle. Le Paris dont ses parents parlaient tant, ce Paris de ses livres d'histoire était là, vivant et effrayant, mais incroyablement beau et mystérieux. A ce moment-là, la ville dont elle avait tant rêvé lui appartenait.

1. Florence avait choisi une petite chambre parce qu' elle . . .

   (A) n'avait pas beaucoup de vêtements.
   (B) travaillait comme bonne.
   (C) n'avait pas beaucoup d'argent.
   (D) avait peur de se cogner.

2. La chambre de Florence se trouvait . . .

   (A) au rez-de chaussée.
   (B) au haut de l'immeuble.
   (C) loin de l'université.
   (D) près d'un jardin.

3. Avant d'aller à Paris, la jeune fille avait vécu . . .

   (A) dans un endroit surpeuplé.
   (B) dans une petite ville.
   (C) en banlieue.
   (D) loin d'une zone urbaine.

continued...

4. La phrase “les lumières scintillaient” signifie que les lumières . . .

(A) brillaient.
(B) étaient toutes petites.
(C) étaient lointaines.
(D) tremblaient.

5. Selon ce passage, lorsqu’elle était enfant, Florence . . .

(A) connaissait Paris par les livres.
(B) allait à Paris avec ses parents.
(C) ne voulait pas aller à Paris.
(D) pensait que Paris lui appartenait.

- Pardon mademoiselle, l’avion pour Nice, c’est à quelle porte?

L’hôtesse a regardé Frank d’une drôle de façon, avant de montrer du doigt l’écran sur lequel étaient affichés tous les renseignements de départs et d’arrivées.

- Oh, je m’excuse, mademoiselle, je ne l’avais pas vu! . . . Voyons, Nice, Nice . . . Ah, voilà. Vol 282 pour Nice, porte 7.

Quelques minutes plus tard, Frank se trouvait à la porte 7.

- Je me demande où sont les autres passagers? C’est assez bizarre quand même, et l’avion décolle dans 40 minutes. Bon j’attends.

Après une dizaine de minutes, personne. Heureusement, un steward est arrivé à ce moment-là et est allé derrière le comptoir. Sans perdre une seconde, Frank s’est précipité et, mettant son billet sous le nez de l’employé de la compagnie aérienne, a demandé d’une voix inquiète:

- Est-ce que le vol pour Nice a été annulé par hasard?

- Le vol pour Nice? . . . voyons un peu monsieur . . . ce vol-ci ne quitte que dans deux heures. Votre billet indique que vous êtes sur le vol 192, porte 17. Si vous vous dépêchez, vous ne le râterez pas. Mais, il vous faudra courir car la porte 17 est assez loin d’ici.

Frank, pris de panique avait déjà commencé à courir, oubliant de remercier le steward, Celui-ci, secouant la tête en souriant, a murmuré: Encore un autre qui ne fait pas attention à ce qu’il lit! Pas de problème, il arrivera à la porte 17 à temps . . . mais . . .ira-t-il bien à la porte 17?!

6. Pourquoi l’hôtesse a-t-elle regardé Frank d’une drôle de façon?

(A) Il n’avait pas vu la porte.
(B) Le tableau des départs était tout près.
(C) L’avion pour Nice partait plus tard.
(D) La porte 7 était en face.

7. Qu’est-ce que Frank a trouvé étrange?

(A) Son billet n’indiquait pas le numéro de la porte
(B) Il était le seul à attendre l’avion
(C) L’employé n’était pas derrière le comptoir
(D) Le vol avait été annulé

8. Qu’est-ce que Frank a finalement découvert?

(A) L’avion pour Nice était parti 40 minutes plus tôt.
(B) Il n’avait pas bien lu les indications.
(C) La porte 7 était trop loin.
(D) L’avion partait une dizaine de minutes plus tard.

continued...

9. Lorsque Frank part sans le remercier, l'employé . . .

   (A) semble être habitué à cela.
   (B) trouve qu'il n'est pas poli.
   (C) pense qu'il est plutôt bête.
   (D) prédit qu'il va râter son vol.

10. L'employé soupçonne que Frank . . .

   (A) ne pourra pas trouver son vol.
   (B) n'a pas compris ce qu'il lui a dit.
   (C) se trompera encore une fois.
   (D) devra prendre un autre vol.

Alexandre le Grand est un nom que tout le monde connait. Ce jeune conquérant, qui n'a même pas vécu jusqu'à la trentaine, et a commis plusieurs atrocités, est cependant vénéré pour tout ce qu'il a bâti. C'est lui qui a crée l'Alexandrie égyptienne, un des plus grands ports de commerce de la mer Méditerranée. Tous les produits de luxe provenant d'Asie ou d'Afrique partaient d'Alexandrie vers les autres ports de la Méditerranée. Mais l'on oublie qu'il y avait d'autres Alexandrie: Alexandrie-Eschaté, non loin de Tachkent, capitale de l'Ouzbékistan en Asie moyenne, ainsi qu'Alexandrie d'Oxiane, port à travers lequel passaient les tapis, la soie, le coton et l'or. Il ne faut pas non plus oublier Alexandrie du Caucase, et Alexandrie de Susiane, sur le golfe Persique. Enfin . . . n'oublions pas aussi que, même aux Etats-Unis, tout près de la capitale, se trouve la ville d'Alexandria, en Virginie . . . et qu'il y en a d'autres!

11. Tout le monde sait qu' Alexandre le Grand . . .

   (A) est respecté pour tout ce qu'il a créé.
   (B) a conquis la ville d'Alexandrie en Egypte.
   (C) a parfois commis des vols.
   (D) a attaqué tous les ports de la Méditerranée.

12. La ville d'Alexandrie, sur la Méditerranée était . . .

   (A) la capitale de l'Egypte.
   (B) un port où l'on pouvait acheter tous les produits de luxe.
   (C) un point de départ pour les produits venant d'autres pays.
   (D) l'endroit où l'on vendait les tapis persans.

13. Selon ce passage, toutes les villes qui portent le nom d'Alexandrie . . .

   (A) sont des ports de commerce.
   (B) se trouvent en Asie et en Amérique.
   (C) font le commerce de la soie.
   (D) existent dans plusieurs parties du monde.

continued...

(adapté du roman "Le comte de Monte Cristo" d'Alexandre Dumas)

Le lendemain matin, après la visite du géolier, Dantès entendit les trois coups habituels de l'autre prisonnier qui creusait, comme lui. Il enleva la pierre pour écouter:

- Est-ce vous?

- Oui, est-ce que votre géolier est parti?

- Oui, et il ne reviendra que ce soir, pour m'apporter ma soupe. Nous avons donc douze heures de liberté.

- Je peux donc continuer mon travail.

Au bout de quelques heures, Dantès vit paraître, au fond du trou sombre, une tête, deux bras, et finalement un homme, cet homme qu'il connaissait au fond, puisque ça faisait longtemps qu'ils se parlaient sans se voir.

C'était était un homme petit, aux cheveux blancs, à l'oeil pénétrant, à la barbe noire et longue. Les lignes de son visage indiquaient qu'il s'adonnait à des exercices plus intellectuels que physiques. Edmond Dantès le regardait, ému . . . Le vieil homme sourit et lui dit "Je suis l'abbé Faria. En 1807, j'étais secrétaire du cardinal Spada à Rome, mais depuis 1811, mon nom n'est plus Faria, je suis simplement le numéro 27 au château d'If. On m'accuse d'avoir des idées politiques contraires à celles de Napoléon ler, c'est tout! Depuis que je suis ici, je passe mon temps à méditer, à écrire un livre sur la vie politique de mon pays, à fabriquer des outils, a faire des plans d'évasion, et finalement, croyant atteindre l'extérieur de cette prison en creusant ce passage, je suis arrivé à votre cachot! Au lieu de retrouver la liberté, j'aboutis ici! Tout mon travail a été inutile!"

14. Le code des deux prisonniers était . . .

    (A) un sifflement.
    (B) des coups sur le mur.
    (C) le bruit de la pierre dans le trou.
    (D) le départ du géolier.

15. Selon ce passage, Edmond Dantès mangeait . . .

    (A) deux fois par jour.
    (B) tous les soirs.
    (C) trois fois par jour.
    (D) tous les matins.

16. Malgré son âge, l'abbé Faria . . .

    (A) avait la barbe d'un homme jeune.
    (B) n'avait pas de rides.
    (C) avait beaucoup de force.
    (D) tremblait beaucoup.

17. La première fois qu'Edmond a vu l'autre prisonnier, il a ressenti . . .

    (A) une joie immense.
    (B) une certaine inquiétude.
    (C) beaucoup d'émotion.
    (D) beaucoup d'anxiété.

continued...

18. Comment savons-nous que l'abbé Faria n'a pas perdu la raison en prison?

(A) Il s'occupe constamment.
(B) Il parle de politique avec les autres.
(C) Il dessine tout le temps.
(D) Il lit beaucoup de livres.

19. Pourquoi l'abbé Faria est-il déçu à la fin de ce passage?

(A) Il n'a pas pu s'échapper.
(B) Il n'a pas trouvé le cachot qu'il voulait.
(C) Dantès ne pouvait pas l'aider.
(D) Il n'avait plus la force de creuser.

- Oh, Zut! pense Sylvie, j'ai oublié de passer par le supermarché! Et je n'ai plus rien dans le frigidaire. Bon, il faut faire un petit détour! Et avec cette circulation, je vais sûrement tarder!

Sans hésiter, elle prend la première rue à gauche et cinq minutes plus tard, la voilà dans le parking du supermarché. Malheureusement, comme il est déjà 18h00, elle ne trouve pas d'endroit où garer sa voiture. Elle cherche sans aucun succès! Enfin, quelqu'un quitte et elle parvient à garer sa voiture. C'est un peu loin, mais tant pis! Comme il fait assez beau, elle peut marcher. Finalement, elle s'empare d'un chariot et entre dans ce paradis des provisions. Elle n'a évidemment pas de liste, puisqu'elle n'avait pas l'intention de faire les courses. Tant pis encore! Elle s'arrangera!

Tout d'abord, le sucre! Christian ne peut pas boire son café sans sucre! Ensuite, un petit pot de confiture. Elle hésite un moment entre la confiture de fraises et celle d'abricots . . . puis décide d'acheter les deux. Les fromages, il ne faut pas oublier les fromages, ni le beurre, ni le lait! Et . . . pour ce soir, un bon bifteck, des haricots verts . . . oui, c'est ça! Christian en sera ravi lorsqu'il rentrera du travail, affamé comme toujours. Enfin, Sylvie s'arrête devant la panoplie de desserts succulents: que choisir? Une belle tarte aux fraises. C'est un peu cher, mais, oh, elle l'a bien mérité, ce dessert. Et maintenant, l'interminable queue devant la caisse. C'est toujours pareil, elle choisit toujours la queue qui n'avance que très lentement! Enfin, après ce qui semble être une éternité, l'employé commence à compter. Heureuse d'en avoir fini, Sylvie sort son portefeuille . . .Horreur! Elle n'y trouve que de la monnaie, pas un seul billet. L'employé, qui la connait bien, lui dit: "Ne vous en faites pas madame, on gardera ça pour vous, vous pouvez rentrer chez vous et revenir plus tard prendre vos provisions!"

20. Sylvie doit faire un petit détour . . .

(A) pour faire les courses.
(B) parce qu'il y a trop de circulation.
(C) pour garer sa voiture.
(D) parce qu'elle s'est trompée de rue.

21. Elle ne trouve pas facilement un endroit ou garer sa voiture . . .

(A) parce que le parking est trop petit.
(B) parce que c'est l'heure où tout le monde rentre du travail.
(C) parce que sa voiture est trop grande.
(D) parce que quelqu'un vient de partir.

continued...

22. "Elle s'empare d'un chariot" signifie qu'elle . . .

(A) cherche un chariot.
(B) prend un chariot.
(C) pousse un chariot.
(D) emprunte un chariot.

23. Sylvie achète des provisions . . .

(A) seulement pour le dîner.
(B) pour le petit déjeuner du lendemain.
(C) pour toute la semaine.
(D) pour le dîner et le petit-déjeuner.

24. Qu'est-ce qui arrive à Sylvie à la fin?

(A) Elle a oublié son portefeuille.
(B) Elle n'a pas de monnaie.
(C) Elle n'a pas assez d'argent.
(D) Elle a oublié sa carte de crédit.

MASQUE MIRACLE POUR LES MAINS

Vos mains sont abîmées? Vous en avez honte? Il existe maintenant un remède miracle, créé spécialement pour vous par les laboratoires Desbonnets. Son nom . . . eh bien, c'est justement "Mains-Miracle"! Ce produit sert à réhydrater les mains rugueuses, celles qui commencent à vieillir ainsi que celles qui ont subi les dégats causés par le froid. Inventé par un dermatologue, "Mains-Miracle" contient des produits naturels, calmants et adoucissants.

Comment vous en servir? Avant de vous coucher, tous les soirs, après vous être lavé les mains avec le savon Miracle et après les avoir bien essuyées, massez les soigneusement avec "Mains-Miracle". Une fois le produit absorbé, enduisez-les d'une autre couche de crème, Enfilez les gants de coton qui se trouvent dans la boîte et . . . Bonne nuit! Vous verrez un changement dès la première utilisation, et au bout de deux semaines vous serez complètement convaincue! En vente dans toutes les pharmacies.

25. Le produit "Mains-Miracle" sert à . . .

(A) se laver les mains.
(B) s'essuyer les mains.
(C) rajeunir la peau.
(D) rajeunir et adoucir la peau.

26. C'est un produit destiné uniquement aux personnes . . .

(A) qui ne portent pas de gants.
(B) qui ont les mains abîmées.
(C) qui lavent la vaisselle à main.
(D) qui vivent dans un climat froid.

27. "Mains-Miracle" est une crème qu'il faut . . .

(A) mettre matin et soir.
(B) mettre deux fois de suite.
(C) utiliser seulement pendant deux semaines.
(D) utiliser sans s'essuyer les mains.

continued...

- Docteur, je souffre d'insomnie, je n'en peux plus!

Que de fois les médecins entendent cela. Malheureusement, l'insomnie est un fléau qui n'épargne personne. Certains n'en souffrent que très rarement, après avoir trop mangé ou trop veillé, alors que d'autres en souffrent régulièrement. Le dieu du sommeil, Morphée, ne traite pas tout le monde de la même façon! Voici les conseils que nous donne le Docteur Christine Delanoix:

- Eviter des diners trop copieux, l'alcool, le café et le thé.
- Ne jamais regarder la télévision au lit.
- Ne jamais lire avant de dormir, surtout s'il s'agit d'un roman d'aventures.
- Ne jamais prendre de somnifères, leur préférer des tisanes calmantes telles que la camomille.

Il va sans dire que tout le monde ne peut suivre ces conseils régulièrement, mais il est important d'y adhérer autant que possible. Un dernier conseil: les exercices de relaxation dans lesquels on "visualise" un paysage de rêve, on imagine le bruit du vent entre les arbres ou celui de la mer sur une plage.

28. Selon cet article . . .

(A) la majorité de la population a des insomnies.
(B) seule un minorité des gens souffre d'insomnie.
(C) tout le monde souffre d'insomnie.
(D) seuls ceux qui mangent trop ont des insomnies.

29. Si l'on veut bien dormir, le docteur Delanoix conseille de . . .

(A) ne pas se coucher l'estomac vide.
(B) lire avant de dormir.
(C) prendre un somnifère.
(D) boire une tisane.

30. En lisant cet article, on apprend que tout le monde . . .

(A) peut suivre ces conseils sans difficulté.
(B) doit suivre ces conseils autant que possible.
(C) doit faire des exercices de visualisation.
(D) pourrait profiter d'un séjour au bord de la mer.

(Passage adapté du conte "Mon oncle Jules" de Guy de Maupassant)

Ma famille, originaire du Havre, n'était pas riche.

On s'en tirait, voilà tout. Le père travaillait, rentrait tard du bureau, ne gagnait pas grand'-chose. J'avais deux soeurs.

Ma mère souffrait beaucoup de la gêne où nous vivions, et elle trouvait souvent des paroles aigres pour son mari, des reproches voilés et perfides. Le pauvre homme avait alors un geste qui me chagrinait. Il se passait la main ouverte sur le front, comme pour essuyer une sueur qui n'existait pas, et il ne répondait rien. Je sentais sa douleur impuissante. On économisait sur tout; on n'acceptait jamais un dîner, pour ne pas avoir à le rendre; on achetait les provisions au rabais, les fonds de boutique. Mes soeurs faisaient leurs robes elles-mêmes et avaient de longues discussions sur le prix d'un galon qui valait quinze centimes le mètre. Notre nourriture ordinaire consistait en soupe grasse et boeuf accomodé à toutes les sauces. Cela est sain et réconfortant, paraît-il, j'aurais préféré autre chose.

On me faisait des scènes abominables pour les boutons perdus et les pantalons déchirés.

continued...

Mais chaque dimance, nous allions faire notre tour de jetée en grande tenue. Mon père, en redingote, en grand chapeau, en gants, offrait le bras à ma mère, pavoisée comme un navire un jour de fête. Mes soeurs, prêtes les premières, attendaient le signal du départ; mais au dernier moment, on découvrait toujours une tache oubliée sur la redingote du père de famille, et il fallait bien vite l'effacer avec un chiffon mouillé de benzine.

. . . On se mettait en route avec cérémonie. Mes soeurs marchaient devant, en se donnant le bras. Elles étaient en âge de mariage, et on en faisait montre en ville.

31. Quels étaient les sentiments de la mère de l'auteur envers son mari?

(A) Elle le trouvait gênant.
(B) Elle le méprisait.
(C) Elle l'accusait d'être perfide.
(D) Elle avait pitié de lui.

32. D'après ce texte "comme pour essuyer une sueur qui n'existait pas" indique que le père . . .

(A) souffrait.
(B) avait très chaud.
(C) était craintif.
(D) était malade.

33. Cette famille n'allait pas diner chez des amis . . .

(A) pour ne pas devoir les inviter.
(B) parce qu'ils n'avaient pas d'amis.
(C) parce ça coûtait trop cher.
(D) parce qu'ils habitaient loin du Havre.

34. On grondait souvent le petit garçon s'il . . .

(A) ne mangeait pas sa soupe.
(B) oubliait ses boutons.
(C) avait une tache sur sa redingote.
(D) abîmait son pantalon.

35. D'après ce passage, il est évident que la famille . . .

(A) adorait les jours de fête.
(B) aimait faire des tours.
(C) voulait impressionner les autres.
(D) aimait faire des promenades à la campagne.

Monsieur Lebon — Antoine, cesse de regarder la télévision et fais tes devoirs!
Antoine — Mais papa, j'ai fini mes devoirs!
Monsieur Lebon — Alors, lis quelque chose, et surtout pas un de ces magazines ridicules! Choisis un des bons romans que nous avons dans la bibliothèque, instruis-toi!
Madame Lebon — Mais voyons Georges, cesse de tourmenter le petit! Tout n'est pas mauvais à la télévision! Tu as beau dire que tout y est passif, qu'elle rend paresseux, il existe quand même un tas d'émissions historiques,

continued...

	éducatives. Je suis d'accord avec toi: il y a un tas de programmes nuls. Cependant, la télévision peut aussi être un instrument de culture. Tiens, l'autre jour, j'ai assisté à un extraordinaire débat littéraire . . .
Monsieur Lebon	Et tu crois que notre Antoine s'intéresse à ça! Tu rigoles!
Madame Lebon	Peut-être pas à celui-là, mais lundi, lorsque je suis rentrée du travail, il était en train de regarder un programme sur la vie de l'abbé Pierre. C'était si intéressant que je me suis assise à côté de lui et que nous avons regardé le reste ensemble. Tu sais Georges, tu aurais beaucoup aimé ça!

36. Pourquoi est-ce que Monsieur Lebon et en colère contre son fils?

(A) Il ne fait jamais ses devoirs.
(B) Il n'aime pas les émissions historiques.
(C) Il ne va jamais à la bibliothèque.
(D) Il ne lit pas suffisamment.

37. Madame Lebon pense que son mari . . .

(A) est trop intolérant envers Antoine.
(B) regarde trop de programmes nuls.
(C) est trop tourmenté.
(D) passe trop de temps à la bibliothèque.

38. Madame Lebon vient de voir . . .

(A) une émission historique.
(B) un programme nul.
(C) une discussion littéraire.
(D) une émission biographique.

39. Le père et la mère d'Antoine sont d'accord sur le fait que . . .

(A) tous ceux qui regardent la télévision sont paresseux.
(B) Antoine lit trop de magazines.
(C) certaines émissions n'ont aucune valeur.
(D) les émissions historiques sont rares.

continued...

(Passage tiré du conte "Un coeur simple" de Gustave Flaubert)

Il s'appelait Loulou. Son corps était vert, le bout de ses ailes rose, son front bleu, et sa gorge dorée.

Mais il avait la fatigante manie de mordre son bâton, s'arrachait les plumes, éparpillait ses ordures, répandait l'eau de sa baignoire; Mme Aubain, qu'il ennuyait, le donna pour toujours à Félicité.

Elle entreprit de l'instruire; bientôt il répéta: "Charmant garçon! Serviteur, monsieur! Je vous salue, Marie!" Il était placé auprès de la porte, et plusieurs s'étonnaient qu'il ne répondit pas au nom de Jacquot, puisque tous les perroquets s'appellent Jacquot. On le comparait à une dinde, à une bûche: autant de coups de poignard pour Félicité! Etrange obstination de Loulou, ne parlant plus du moment qu'on le regardait!

40. Pour quelle raison Madame Aubain a-t-elle donné Loulou a Félicité?

    (A) Il l'agaçait.
    (B) Elle détestait les perroquets.
    (C) Il refusait de se baigner.
    (D) Il avait abîmé son bâton.

41. Selon les mots que Félicité avait appris à Loulou, nous pouvons penser . . .

    (A) qu'elle aimait les compliments.
    (B) que Loulou répétait ce que tout le monde disait.
    (C) que Félicité était polie.
    (D) que le perroquet répondait à tout le monde.

42. La phrase "autant de coups de poignard pour Félicité" montre que Félicité . . .

    (A) avait mauvais caractère.
    (B) ne pouvait pas supporter que l'on insulte Loulou.
    (C) était malheureuse que Loulou soit si obstiné.
    (D) n'aimait pas le nom de Jacquot.

— Bonsoir Maître Herbelin, nous sommes ravis de vous avoir parmi nous ce soir, et nous savons que nos auditeurs, qui viennent de suivre assidûment le procès de la Banque Cartier, sont heureux d'avoir l'occasion d'assister à l'interview d'une personnalité qui a si bien défendu les droits d'un jeune étudiant aux prises avec une si grande entreprise.

— Merci . . . et je suis ravi d'être ici!

— Comme vous savez, cette émission est ouverte aux questions des auditeurs, donc nous allons commencer par la première question posée par une élève de lycée de Sèvres. Allez-y mademoiselle!

— Merci monsieur. Tout d'abord Maître Herbelin, je dois vous dire que toute ma famille vous admire! Bon, voici ma question que vous trouverez sans doute banale: Pourquoi les avocats portent-ils une robe en France?

— Mademoiselle, d'abord merci de la confiance de votre famille! Mais revenons à votre question: Elle n'est pas du tout banale, au contraire! Beaucoup aimeraient la poser mais n'osent pas. Voici de quoi il s'agit: La robe est le costume professionnel des avocats depuis plusieurs siècles. Elle représente l'autorité de la justice, et garantit l'uniformité d'apparence entre les

continued...

membres du barreau. Elle établit aussi une certaine distance entre les représentants de la justice et ceux qu'ils défendent. En général, un uniforme, quel qu'il soit, décourage la familiarité. De nos jours, le port de la robe permet aussi l'uniformité entre les hommes et les femmes, chose extrêmement importante. Je ne sais pas si vous êtes au courant mademoiselle, mais en Angleterre, les avocats et les juges portent, outre la robe, une perruque qui les identifie.

43. Maître Herbelin est très connu pour avoir . . .

(A) défendu une personne célèbre.
(B) attaqué une société importante.
(C) pris part à plusieurs interviews.
(D) participé à un procès politique.

44. Pourquoi la jeune auditrice s'excuse-t-elle?

(A) Elle ne pense pas que sa question soit importante.
(B) Elle est intimidée par Maître Herbelin.
(C) Elle ne sait pas pourquoi Maître Herbelin est célèbre.
(D) Elle a peur que Maître Herbelin la trouve ignorante.

45. La robe de l'avocat est un costume . . .

(A) qui date de quelques années.
(B) qui vient d'Angleterre.
(C) qui existe depuis très longtemps.
(D) que l'on trouve dans tous les pays.

46. Qu'est-ce que la robe de l'avocat encourage?

(A) L'égalité entre ceux qui la portent
(B) L'attention du juge
(C) La distance entre les membres du barreau
(D) L'établissement de la justice

Ah, le bon chocolat, délice des gourmands de tout âge! C'est une tentation à laquelle peu parviennent à résister! Suave et long en bouche, délicat et, au choix, fruité ou fourré de noix, il sait aussi être fin et digestif après un repas copieux! Le chocolat Croquetout fait la joie des enfants lors du goûter ou à tout autre moment. Et pour les desserts moelleux, n'oubliez pas le chocolat pâtissier Croquetout. Il a une plus forte teneur en cacao et vos gâteaux seront succulents. Cependant, pour les nappages et les glaçages, choisissez Croquetout-Couverture qui, plus riche en beurre de cacao, donnera un glaçage plus brillant. Pour les artistes parmi vous, choisissez des petites feuilles d'arbres ou de fleurs (eh oui! des vraies!). Apès les avoir soigneusement lavées et essuyées, faites fondre votre chocolat et badigeonnez la partie supérieure brillante de la feuille. Laissez refroidir et durcir le chocolat. Tout ce qu'il vous reste à faire, c'est de séparer délicatement les feuilles vertes des feuilles de chocolat, en commençant par la queue, et voilà, une jolie décoration pour votre prochain gâteau! N'oubliez pas: Croquetout, pour tout et pour tous!

47. D'après cette publicité, on peut trouver des chocolats Croquetout . . .

(A) fourrés à la crème.
(B) avec des feuilles d'arbre.
(C) sans beurre de cacao.
(D) pour faire des gateaux.

continued...

48. Dans ce passage, on recommande aussi ce chocolat . . .

(A) pour les repas servis à l'école
(B) dans les restaurants célèbres
(C) pour les enfants lorsqu'ils rentrent à la maison
(D) pour couvrir les fruits

49. On se sert de "Croquetout-Couverture" pour . . .

(A) décorer les gâteaux.
(B) les desserts moelleux.
(C) suivre un dîner trop abondant.
(D) couvrir les noix.

50. Que faut-il faire pour créer une décoration différente pour les gâteaux?

(A) Se servir de chocolats fourrés
(B) Mettre beaucoup de cacao dans le glaçage
(C) Se servir de certaines plantes
(D) Utiliser un produit de pâtisserie

Selon les Grecs et les Romains, les Etrusques formaient une nation étrange . . . et étrangère. Ils étaient considérés soit comme des pirates qui infestaient la Méditerranée, soit comme des débauchés ne pensant qu'aux plaisirs et aux festins. Cependant, les historiens d'aujourd'hui, d'abord dupés, pensent maintenant que cette réputation plutôt contradictoire a été fabriquée pour rabaisser ce peuple brillant, libre et heureux dont ils étaient jaloux.

Pour commencer, La femme étrusque avait une condition enviable dans la société: elle avait droit à son propre prénom, alors que la femme romaine, assez libre d'ailleurs, devait se contenter du nom de son père, au féminin! De plus, les femmes étrusques pouvaient assister aux compétitions sportives (dans lesquelles, rappelons-le, les athlètes ne portaient pas de vêtements) ce qui était considéré scandaleux par certains. Il est important de savoir que les compétitions sportives étaient le passe-temps favori de ce peuple: courses de char et épreuves athlétiques. Quant à la boxe, très appréciée, elle était accompagnée de musique! Ceci n'est pas aussi étrange que l'on pense puisque, de nos jours, en Thailande, les match de boxe sont aussi accompagnés de musique. Dans le domaine artistique, une contribution Etrusque est la musique militaire. Sur les murs couverts de dessins étrusques et dans les reliefs de pierre qui ont survécu jusqu'à nos jours, on peut aussi voir l'importance que les performances artistiques avaient dans la vie des citoyens. La danse et les ballets mythologiques reflètent une chorégraphie très variée.

Les Etrusques ne s'ennuyaient pas trop! En observant les fresques funéraires étrusques, nous pouvons aussi voir que le jeu de dés, toujours très populaire aujourd'hui l'était aussi parmi ce peuple.

51. D'après ce passage, les Grecs et les Romains critiquaient les Etrusques . . .

(A) parce qu'ils les enviaient.
(B) parce qu'ils les craignaient.
(C) parce qu'ils avaient peur de leur influence.
(D) parce qu'ils étaient pirates.

continued...

52. Les femmes étrusques étaient . . .

(A) envieuses des romaines.
(B) libres comme les romaines.
(C) scandaleuses.
(D) sportives.

53. Pourquoi est-ce que certains étaient choqués par les femmes étrusques?

(A) Elles avaient leur propre prénom.
(B) Elles portaient le nom de leur père au féminin.
(C) Elles assistaient aux évènements athlétiques.
(D) Elles ne pensaient qu'aux plaisirs et aux festins.

54. La preuve des talents artistiques étrusques peut être observée . . .

(A) dans les dessins qui décorent les tombes.
(B) dans les ballets modernes.
(C) dans la musique d'aujourd'hui.
(D) dans le jeu de dés.

55. Pourquoi la boxe, accompagnée de musique, ne devrait-elle pas surprendre les gens d'aujourd'hui?

(A) La musique faisait partie de tous les évènements dans la vie des Etrusques.
(B) Cela existe aussi de nos jours dans certains pays.
(C) La boxe était considérée comme une performance artistique.
(D) Les Grecs et les Romains faisaient la même chose.

56. Une chose que nous avons héritée des Etrusques est . . .

(A) la danse classique.
(B) la musique militaire.
(C) les épreuves athlétiques.
(D) les reliefs de pierre.

La nouvelle voiture Bolida a été conçue pour ceux qui exigent à la fois la fiabilité, la sécurité, la performance et l'apparence ultra moderne. Avec son moteur puissant, sa finition élégante et sportive, elle réunit la robustesse et la beauté. Bolida a été également conçue pour vous offrir un excellent freinage, un fonctionnement silencieux et plusieurs équipements: direction assistée, appuie-tête, volant réglable en hauteur (de façon à ce que les grands et les petits de taille soient tout aussi à l'aise dans leur siège les uns que les autres) ainsi qu'une banquette rabattable . N'oublions surtout pas une carrosserie impeccable: vous avez le choix entre les sièges de cuir et ceux de velours, et ceux-ci vous sont offerts dans toute une gamme de couleurs. Que ce soit pour le père ou la mère de famille, pour une personne à la retraite, pour les jeunes ou les personnes âgées, Bolida répond à tous les besoins. Pour plus de renseignements ou pour obtenir une liste des concessionnaires dans votre région, nous vous recommandons de visiter notre site: www.bolidauto.com

57. Un aspect très important de la voiture Bolida est . . .

(A) son apparence classique.
(B) son excellent fonctionnement.
(C) sa vitesse optimale.
(D) ses sièges réglables.

continued...

58. Cette voiture a surtout été conçue pour . . .

(A) les évènements sportifs.
(B) les personnes à la retraite.
(C) les mères de famille.
(D) ceux qui recherchent la qualité.

59. "une banquette rabattable" est une banquette . . .

(A) pliante.
(B) confortable.
(C) impeccable.
(D) petite.

60. En accédant à l'Internet, on peut . . .

(A) savoir où acheter une voiture Bolida.
(B) voir les photos des différents modèles.
(C) vérifier le prix des diférents modèles.
(D) acheter une concession.

(Passage adapté de "Lettres de mon moulin" d'Alphonse Daudet: Les deux auberges)

Au fond de la salle, devant une fenêtre, il y avait une femme debout contre la vitre, très occupée à regarder dehors. Je l'appelais deux fois:

"Hé! L'hôtesse!"

Elle se retourna lentement, et me laissa voir une pauvre figure de paysanne, ridée, crevassée, couleur de terre, encadrée dans de longues barbes de dentelle rousse comme en portent les vieilles de chez nous. Pourtant, ce n'était pas une vieille femme, mais les larmes l'avaient fanée.

- Qu'est-ce que vous voulez? Me demanda-t-elle en essuyant ses yeux.

- M'asseoir un moment et boire quelque chose . . ."

Elle me regarda très étonnée, sans bouger de sa place, comme si elle ne comprenait pas.

"Ce n'est donc pas une auberge ici?"

La femme soupira:

" Si, c'est une auberge, si vous voulez . . . mais, pourquoi n'allez-vous pas en face, comme les autres? C'est bien plus gai . . .

- C'est trop gai pour moi . . . j'aime mieux rester chez vous."

Et sans attendre de réponse, je m'installai devant une table.

Quand elle fut bien sûre que je parlai sérieusement, l'hôtesse se mit à aller et venir d'un air très affairé, ouvrant des tiroirs, remuant des bouteilles, essuyant des verres, dérangeant les mouches . . . On sentait que ce voyageur à servir était tout un évènement.

61. Pourquoi l'auteur a-t-il dû appeler la femme deux fois?

(A) Elle s'intéressait à autre chose.
(B) Elle était trop loin de lui.
(C) Elle était trop occupée.
(D) Elle était trop vieille et n'entendait pas bien.

continued...

62. En regardant la paysanne, l'auteur a découvert qu'elle . . .

    (A) devait être très pauvre.
    (B) portait des vêtements couleur de terre.
    (C) n'avait l'air de rien comprendre.
    (D) devait avoir beaucoup pleuré.

63. Pourquoi la femme était-elle surprise?

    (A) Ce n'était pas une auberge.
    (B) Les gens préféraient aller ailleurs.
    (C) Ce n'était pas encore ouvert.
    (D) L'auteur s'était déjà installé devant une table.

64. "la femme soupira" indique que la femme . . .

    (A) était fatiguée.
    (B) essayait de comprendre.
    (C) était malheureuse.
    (D) était en colère.

65. Dans le dernier paragraphe, nous voyons que . . .

    (A) l'auteur a commandé un grand repas.
    (B) l'attitude de la femme a changé.
    (C) la femme essayait de trouver des verres.
    (D) le voyageur était pressé.

ANSWER KEY

1. C	**12.** C	**23.** D	**34.** D	**45.** C	**56.** B
2. B	**13.** D	**24.** C	**35.** C	**46.** A	**57.** B
3. D	**14.** B	**25.** D	**36.** D	**47.** D	**58.** D
4. A	**15.** A	**26.** B	**37.** A	**48.** C	**59.** A
5. A	**16.** A	**27.** B	**38.** C	**49.** A	**60.** A
6. B	**17.** C	**28.** C	**39.** C	**50.** C	**61.** A
7. B	**18.** A	**29.** D	**40.** A	**51.** A	**62.** D
8. B	**19.** A	**30.** B	**41.** C	**52.** B	**63.** B
9. A	**20.** A	**31.** B	**42.** B	**53.** C	**64.** C
10. C	**21.** B	**32.** A	**43.** B	**54.** A	**65.** B
11. A	**22.** B	**33.** A	**44.** A	**55.** B	

EXPLANATIONS

1. **(C)** Florence had a very small room because that is all she could afford "le seul qu'elle ait pu se permettre." There is no mention of her not having many clothes (A), nor of her working as a maid (B). She did bump into things because her room was so small (elle se cognait), but there is no mention of her being afraid of it, so (D) is also wrong.
2. **(B)** She lived "au dernier étage," which is the top floor. (A) is the ground floor, (C) means that she lived far from the university, which is incorrect since she was "à deux pas" from the university (very close), and (D) mentions a garden, which isn't in the reading.
3. **(D)** Florence was "une petite campagnarde," which means she had lived in the country, not in an overpopulated area (A), nor a small town (B), nor in the suburbs (C).
4. **(A)** The lights were sparkling, scintillating. They were not very small (B), or far away (C), nor did they tremble (D).
5. **(A)** She had learned about Paris in her history books. (B) is incorrect since there is no mention of her going there with her parents. (C) is also incorrect because she had dreamed of going to Paris. (D) is tempting since, as a young university student, when she looked out, for a moment, she thought Paris belonged to her, but that thought had never occurred to her as a child.
6. **(B)** Frank did see the gate, so (A) is incorrect. (C) is also incorrect because that is not the reason why the stewardess looked at Frank in a strange way. (D) also doesn't apply since Gate 7 wasn't across the way.
7. **(B)** There is no mention of the fact that his ticket didn't have the gate number (A), nor that he noticed the absence of an employee (C), nor that the flight had been canceled (D),
8. **(B)** Frank's ticket said that his flight was 192. (A) is incorrect because the flight was leaving afterwards. Gate 7 was close since he had reached it in a few minutes, so (C) is incorrect. (D) is also incorrect because no mention is made about the exact time of departure.
9. **(A)** The employee smiled, so he is used to this type of situation. (B) is therefore incorrect. (C) also is incorrect since the employee was smiling. (D) would be a possiblity, however what the employee murmured wasn't a prediction, he was just asking himself a question.
10. **(C)** The steward suspects that Frank might, once again, make a mistake. There is no mention of his not finding his flight (A), nor of Frank not understanding (B), nor of Frank having to take another flight (D).
11. **(A)** He did not conquer Alexandria, he created it so (B) is incorrect. (C) is also incorrect because there is no mention

of Alexander the Great being a thief. (D) is also wrong because there is no mention of any attacks on all of the Mediterranean ports.

12. **(C)** Alexandria was not the capital of Egypt (A). There is no mention of buying luxury products in Alexandria, although these products did arrive there from other places and were then sent to other ports, so (B) is incorrect. Persian carpets were not sold in Alexandria (D).
13. **(D)** Not all of the cities bearing the name of Alexandria are ports (A). These cities are not only in Asia and America (B), and they don't all deal in silk (C).
14. **(B)** There is no mention made of any whistling (A). The stone was used to block the hole, not to knock on the wall (C). The departure of the jailer was not a code (D).
15. **(A)** Dantès mentions that he has twelve hours of freedom to dig until his dinner, therefore he only had two meals a day. (B), (C), and (D) are incorrect.
16. **(A)** Faria's beard was black, even though his hair was gray. (B) is incorrect because Faria did have wrinkles (les lignes de son visage). There is no mention of his being strong (C), nor of his trembling a lot (D).
17. **(C)** Dantès was very moved (ému). Although he must have been very happy, there is no outward expression of his joy, so (A) is incorrect. He was not worried either (B), nor was he anxious (D).
18. **(A)** Faria doesn't talk with others (B), and he doesn't draw (C). In this passage, there is no mention of his reading many books (D).
19. **(A)** He wasn't looking for another cell, so (B) is incorrect. Dantès never said that he could not help him (C). There is no mention of his not having the strength to dig (D).
20. **(A)** Although there is a lot of traffic, that is not why she made a detour (B). The same reason applies to (C). She did not take the wrong street (D).
21. **(B)** We don't know if the parking lot is too small (A), or if her car is too big (C). The fact that someone has just left is the reason why she did find a spot, not why she didn't (D).
22. **(B)** The verb "s'emparer" means "to grab." Obviously, before starting to get her food supplies, she takes a cart. She isn't looking for one (A). (C) means "she pushes" and (D) means "she borrows." Of all the answers, (B) is the best one.
23. **(D)** The things she bought pertain to breakfast and dinner, therefore all of the other answers (A), (B), and (C), are incorrect.
24. **(C)** She does have her wallet, so (A) is incorrect. She also has change (que de la monnaie/only change) and there is no mention of a credit card, so (B) and (D) are wrong.
25. **(D)** This product is not for washing hands (A), nor for drying hands (B), nor only for rejuvenating the skin (C).
26. **(B)** This product isn't designed for people who don't wear gloves (A). It isn't a remedy only for people who wash dishes by hand (C) nor is it designed only for people who live in a cold climate (D).
27. **(B)** "Mains-Miracle" must be worn only in the evening, so (A) is incorrect. No mention is made of it being used only for two weeks (C), although it does take two weeks to convince the client. (D) is incorrect because the ad advises the user to dry her hands well.
28. **(C)** In this article, everybody suffers from insomnia at one time or another (qui n'épargne personne /which spares no one). This means that (A), (B), and (D) are incorrect.
29. **(D)** (A) is incorrect because this advice isn't given there. (B) is incorrect because the advice given is NOT to read before going to sleep. (C) is something that the doctor advises against.
30. **(B)** (A) isn't mentioned in the text. (C) is advisable, but isn't an order given to everybody. (D) is incorrect because the

only mention made to a stay at the seashore is in one's imagination.

31. **(B)** The mother of the author only had harsh words for her husband, she despised him. (A) is incorrect because there is no mention of the father being bothersome to the mother. She didn't accuse him of being perfidious or treacherous (C), and she felt no pity for him (D).
32. **(A)** The father was suffering because of the way he was treated, he didn't feel warm (B). He was not afraid (C), nor was he ill (D).
33. **(A)** Although they had friends, they didn't accept dinner invitations because they couldn't afford to invite them back, so (B) is incorrect. (C) is also incorrect because it wasn't expensive to go for dinner at the house of their friends. Whether they lived close to or far from Le Havre had no bearing on this question, so (D) is wrong.
34. **(D)** He wasn't scolded if he didn't eat his soup (A), and there is no mention of forgotten buttons (B), nor of a stained coat (C).
35. **(C)** They enjoyed Sundays, but there is no mention of their loving holidays (A). (B) is also incorrect because there is no mention of their liking to go on walks. (D) is also incorrect because they took walks on the jettee, not in the country.
36. **(D)** Antoine does his homework since he says he just finished it, so (A) is incorrect. It doesn't say that he doesn't like historical programs (B), nor that he never goes to the library (C).
37. **(A)** Mme. Lebon defends her son, she never says that he watches too many worthless programs (B). Neither does she say that her son is tormented (C) or that he spends too much time at the library (D).
38. **(C)** She watched a literary debate, therefore the other answers (A), (B), and (D) are incorrect.
39. **(C)** Mme. Lebon recognizes that some programs are worthless, but not that all the people who watch television are lazy (A). She never says that Antoine reads too many magazines (B) nor that historical programs are rare (D).
40. **(A)** The parrot Loulou annoyed Mme. Aubain, this is why she got rid of him, not because she hated parrots (B). It didn't refuse to bathe (C) and didn't damage the stick (D).
41. **(C)** Félicité was polite. There is no mention of her liking compliments (A). We know that parrots repeat what people say, but we don't learn this from the passage (B). (D) is also incorrect because we don't see here that the parrot answered everyone.
42. **(B)** Félicité loved Loulou, so when people compared him to a turkey, she felt as if they were stabbing her. It doesn't reflect a bad temper, so (A) is wrong. She wasn't miserable because Loulou was stubborn, so (C) is also incorrect. Not liking the name "Jacquot" wouldn't be painful to her (D).
43. **(B)** The person that Herbelin defended was a young student, so (A) is incorrect. There is no mention of his having being interviewed several times (C), nor of his being involved in a political trial (D).
44. **(A)** The young listener feels her question isn't important enough, but she isn't intimidated by Herbelin. She does know why he is famous and why her whole family admires him, so (C) is incorrect. (D) is also incorrect because she doesn't say that she is afraid he'll find her ignorant.
45. **(C)** The lawyer tells the listener that the custom of lawyers wearing robes in France has existed for several centuries, so (A) is wrong. There is no mention of it coming from England (B), nor that it is found in every country (D).
46. **(A)** (B) is incorrect because the attention of the judge isn't mentioned here. The robe also establishes a certain distance between the lawyers and the defendants, not between the lawyers (C). Finally, the

robe doesn't encourage the establishment of justice (D).

47. **(D)** No mention is made of chocolates filled with cream (A), nor of chocolates with tree leaves (B), although a recipe is given for making chocolate leaves using tree leaves. No mention is made of chocolates without cocoa butter (C).
48. **(C)** This chocolate is recommended as an afternoon snack for children (fait la joie des enfants lors du goûter). There is no mention made of school lunches (A) or of famous restaurants (B). (D) is also incorrect because no mention is made of the chocolate being used to glaze fruits.
49. **(A)** Croquetout-Couverture is used for frosting cakes, not for desserts (B) or as an after-dinner sweet (C). The plain chocolate "Croquetout" can be found filled with nuts, but isn't used to frost nuts (D).
50. **(C)** In this advertisement, filled chocolates aren't used to decorate cakes, so (A) is incorrect. (B) is also incorrect because this isn't found in the advertisement, and the same goes for (D).
51. **(A)** The Greeks and the Romans wanted to belittle the Etruscans because they envied them, not because they feared them (B), or because they feared their influence (C). They didn't criticize them because they were pirates (D).
52. **(B)** The Etruscan women were free like the Roman women. They didn't envy them (A). They weren't scandalous (C), nor were they sportswomen (D).
53. **(C)** The fact that they attended athletic events, when Greek and Roman women didn't, was shocking to some. They did have their own first name, but that wasn't shocking (A). It is the Roman women who had their father's name in the feminine (B). The article doesn't say whether they only thought about pleasure and feasts (D).
54. **(A)** Modern ballets have nothing to do with it (B). Today's music doesn't reflect the artistic talent of the Etruscans (C), nor does the game of dice (D).
55. **(B)** (A) isn't mentioned in this article. (C) is incorrect because boxing was, like today, considered a sport. (D) is also incorrect because this isn't mentioned about the Greeks and the Romans.
56. **(B)** There is no mention about classical dance having been created by the Etruscans, only about mythological dance and ballet, so (A) is incorrect. The article doesn't say that we inherited athletic competitions from the Etruscans (C). (D) is also incorrect because it doesn't say that we inherited that from the Etruscans.
57. **(B)** No mention is made of a classical look (A), or of its speed (C). (D) is also incorrect because it is the steering wheel that is adjustable, not the seats (although they probably are, but this isn't stated in the text).
58. **(D)** This car was conceived for those who look for quality, not only for sports events (A), or just for retired people (B), or only for mothers (C).
59. **(A)** It is a folding seat, not necessarily a comfortable seat (B), or an impeccable seat (C). It can be small or large, not just small, so (D) is wrong.
60. **(A)** This advertisement doesn't mention that you can see pictures of the car on the internet (B) nor does it say that you can see the price (C). No mention is made about buying a dealership (une concession) (D).
61. **(A)** The woman was looking out the window—she wasn't necessarily far from him—so (B) is incorrect. Obviously, she was not very busy, so (C) is incorrect. The author says "ce n'était pas une vieille femme," therefore (D) is also incorrect.
62. **(D)** The author says "les larmes l'avaient fanée." She had cried a lot in her life. No mention is made about her being poor, so (A) is incorrect. Her clothes aren't described as being the color of the earth, so (B) is also incorrect. (C) isn't mentioned in the text.
63. **(B)** The woman asks why the client doesn't go to the other inn, and she

does say that her place is an inn, so (A) is not correct. The place was open since the author did go in, therefore (C) is incorrect. She isn't surprised because he sat down at a table, she is surprised because he came in, so (D) is wrong.

64. **(C)** the woman was sad, that is why she sighed. Since there aren't any customers, she cannot be tired (A). (B) doesn't make sense in this context and neither does (D).

65. **(B)** The woman is happier now that there is a customer, she starts working, getting things organized. All the author ordered was something to drink, not a big meal, so (A) is wrong. The woman didn't look for glasses, she had them and was drying them. (D) is wrong because there is no mention of the traveler being in a hurry.

CHAPTER 5

Preparing for the Listening Comprehension

PICTURES

Directions: In this chapter, you will see a series of pictures and drawings. For each picture or drawing, you will hear four statements designated (A), (B), (C), and (D). These statements will only be read once and will not be printed in your test booklet. Listen carefully to the speaker and mark the correct answer on your answer sheet. After you have finished, check your answers with the answer key which can be found at the end of this chapter. You are now ready to begin. Look at the first picture and listen to the statements read by the speaker.

1.

continued...

2.

3.

continued...

4.

5.

continued...

6.

7.

continued...

8.

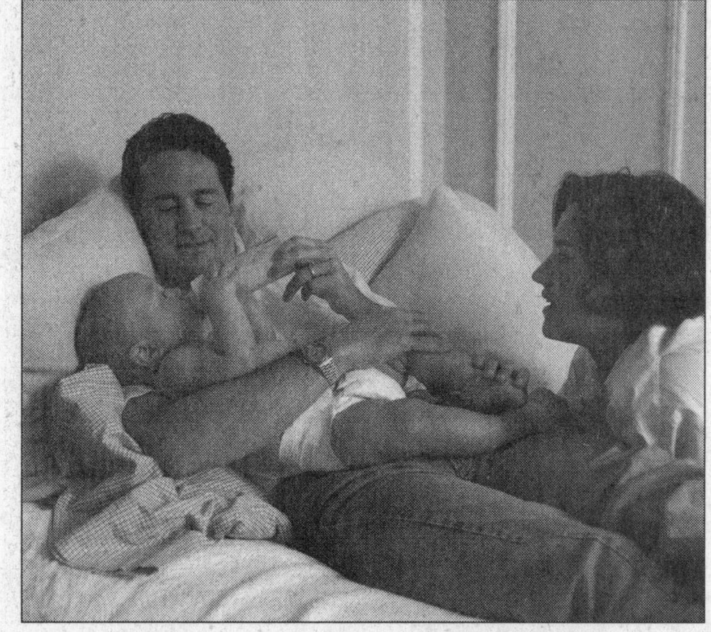

9.

continued...

10.

11.

continued...

12.

13.

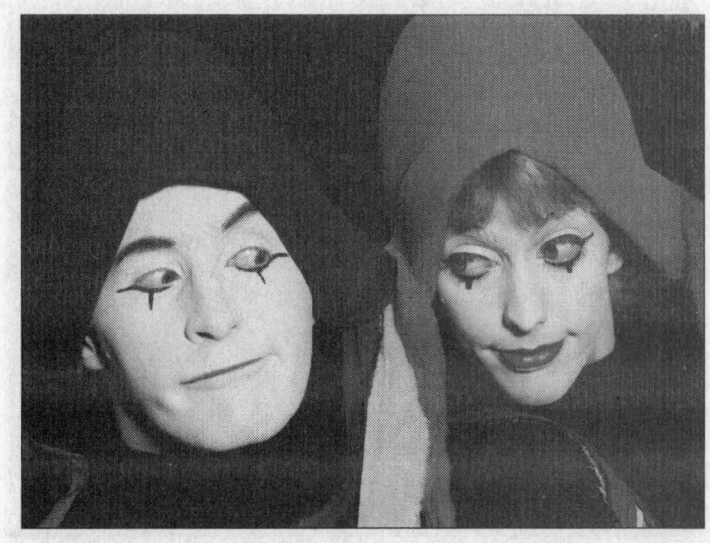

continued...

14.

15.

COMPLETE SCRIPT

1. Speaker:

(A) Nous pouvons acheter ta lampe ici. (Pause)
(B) C'est trop sombre, on n'y voit rien. (Pause)
(C) Tout cela a l'air absolument délicieux. (Pause)
(D) J'aime beaucoup ces croissants. (Pause)

2. Speaker:

(A) Elle doit avoir un examen demain. (Pause)
(B) C'est un fauteuil très confortable. (Pause)
(C) Elle a l'air d'avoir très faim. (Pause)
(D) Il y a beaucoup d'arbres ici. (Pause)

3. Speaker:

(A) Comme elle aime son chien! (Pause)
(B) Cette famille a l'air heureuse. (Pause)
(C) Ils jouent dans la neige. (Pause)
(D) La petite fille a peur du chien. (Pause)

4. Speaker:

(A) Les deux paniers de légumes sont pleins. (Pause)
(B) Les petits pains ont l'air délicieux. (Pause)
(C) Les oeufs sont près des poissons. (Pause)
(D) Ce poisson est vraiment petit. (Pause)

5. Speaker:

(A) La rue est réservée aux piétons. (Pause)
(B) Il y a beaucoup de circulation (Pause)
(C) Toutes les voitures sont petites. (Pause)
(D) Il n'y a pas de bicyclettes. (Pause)

6. Speaker:

(A) La boutique est fermée ce soir. (Pause)
(B) Il fait très froid aujourd'hui. (Pause)
(C) Ils vont traverser la rue. (Pause)
(D) Ils sont en train de parler. (Pause)

7. Speaker:

(A) Il joue dans un amphithéatre. (Pause)
(B) Il porte toujours un smoking quand il joue. (Pause)
(C) Il aime jouer dans la nature. (Pause)
(D) Le musicien est très triste. (Pause)

8. Speaker:

(A) Le bébé a l'air heureux de boire son lait. (Pause)
(B) C'est papa qui tient le biberon. (Pause)
(C) Maman donne à manger au bébé. (Pause)
(D) Le bébé a l'air d'avoir sommeil. (Pause)

9. Speaker:

(A) Ils sont en train de décorer l'arbre de Noël. (Pause)
(B) J'ai vraiment envie de voir ce qu'il y a dans cette boîte. (Pause)
(C) J'adore ce merveilleux jouet. (Pause)
(D) La petite fille joue avec un paquet. (Pause)

10. Speaker:

(A) Comme ces petits animaux sont jolis!
(B) Ah! C'est le moment de manger!
(C) J'adore ma nouvelle couverture!
(D) Mon lit est trop petit pour moi!

11. Speaker:

(A) Ils ont froid parce qu'il neige.
(B) Ils ont l'air très fatigués
(C) Quel bonheur d'être ici!
(D) Le sac à dos a l'air d'être bien lourd!

12. Speaker:
    (A) Papa! J'aime bien ces balles de tennis!
    (B) Tu tiens ta raquette comme ça!
    (C) Heureusement que je porte une casquette!
    (D) Nos raquettes se ressemblent beaucoup!

13. Speaker:
    (A) Cette coiffure te va vraiment bien!
    (B) Tu as oublié de te maquiller ma chérie!
    (C) Dépêchons-nous, c'est notre tour d'entrer en scène!
    (D) Mets vite ton costume, on nous attend!

14. Speaker:
    (A) La mer n'est pas calme aujourd'hui.
    (B) L'exercice à la plage, c'est magnifique!
    (C) Heureusement que je ne porte pas de lunettes!
    (D) J'ai oublié d'apporter ma serviette.

15. Speaker:
    (A) On ne voit pas de camions sur la route.
    (B) Il y a beaucoup de taxis ici.
    (C) On ne peut rien voir ici, c'est trop sombre!
    (D) Il y a toujours des embouteillages ici.

ANSWER KEY

1. C	**4.** C	**7.** C	**10.** A	**13.** C
2. A	**5.** B	**8.** A	**11.** C	**14.** B
3. A	**6.** D	**9.** B	**12.** B	**15.** D

EXPLANATIONS

1. **(C)** There is no lamp here so (A) is wrong. (B) is also wrong because it is not dark. (D) is wrong because there are no croissants here.
2. **(A)** She is studying so we presume she is having a test the next day. (B) is wrong because she is not sitting in an armchair. (C) doesn't apply because there is no food there. (D) is wrong because there is only one tree.
3. **(A)** The little girl is happy while playing with the dog. It cannot be (B) because we cannot see a family here. (C) is wrong because there is no snow. (D) is also wrong because she is not afraid of the dog.
4. **(C)** (A) is wrong because there are no vegetable baskets. (B) is also wrong because we cannot see any bread. (D) is incorrect because we can see more than one fish.
5. **(B)** (A) is incorrect because the street is not reserved for pedestrians only. (C) is also incorrect because not all the cars are small. (D) states that there are no bicycles.
6. **(D)** (A) states that the boutique is closed and is therefore wrong. (B) is incorrect because one man isn't wearing a shirt, therefore it isn't cold. (C) states that they are going to cross the street.
7. **(C)** (A) is wrong because the musician is not in an amphitheater. (B) is also wrong because he is not wearing a tuxedo. (D) states that the musician is sad, but he is smiling in the picture.
8. **(A)** It cannot be (B) because the father isn't holding the bottle by himself, the baby is also holding it. (C) is wrong because the mother is just watching. (D) is also wrong because the baby does not appear to be sleepy.
9. **(B)** Although it is Christmas time, no one is decorating the tree—it is already decorated—so (A) is incorrect. The child hasn't yet opened the box, so he cannot say he loves the toy and (C) is also wrong. Since it is a little boy who is trying to open the box, (D) is incorrect.
10. **(A)** The baby is looking at the animals on the mobile so there is no allusion to food; therefore, (B) doesn't apply. (C) is wrong because we cannot see a blanket here. (D) states that the bed is too small, and this is not the case.
11. **(C)** The two people do not appear to be cold, so it cannot be (A). (B) is also wrong because they do not look tired. (D) mentions only one backpack and there are two.
12. **(B)** (A) states that he likes the tennis balls, and we cannot see a tennis ball in the picture. (C) is incorrect because no one is wearing a cap. (D) is also incorrect because we can only see one racquet.
13. **(C)** They look ready to go on stage. (A) is wrong because we cannot see his hair, and we cannot judge her hairdo because only the bangs are visible. (B) states that she forgot to put her makeup on, which is not the case. In (D), one of them tells the other to put on his/her disguise, and they are already disguised.
14. **(B)** She obviously likes to exercise on the beach. It cannot be (A) because the sea is very calm. (C) is incorrect because she is wearing glasses. Finally, (D) is incorrect because she did bring her towel.
15. **(D)** (A) states that there are no trucks on the road. (B) is wrong because we cannot tell if there are any taxis. (C) is wrong because, although it is nighttime, all of the headlights are on.

CHAPTER 6

Preparing for the Listening Comprehension—Short Dialogues

Directions: In this chapter, you will hear a series of short dialogues. These dialogues will not be printed in this section of your book, but they will be repeated. For each selection, you will be asked one or two questions followed by three possible answers—(A), (B), and (C). These answers are not printed in your book. You will hear them only once. Listen carefully to the speaker and mark the correct answer on your answer sheet. After you have finished, check your answers with the answer key, which can be found at the end of this chapter. You are now ready to begin.

COMPLETE SCRIPT

Male Speaker 1 Natalie, je ne trouve pas les clefs de la voiture, les aurais-tu vues, par hasard?

Female Speaker 1 Je ne suis pas sûre, mais je crois qu'elles sont sur la table, dans la salle à manger. Tu as dû les oublier, comme toujours, après le petit-déjeuner.

1. Pourquoi l'homme ne peut-il pas aller au travail?

   (A) Il ne se sent pas bien.
   (B) Il ne trouve pas ses clefs.
   (C) Il n'a pas pris le petit-déjeuner.

2. Qu'est-ce que la femme pense?

   (A) L'homme devrait manger.
   (B) La table a besoin d'être nettoyée.
   (C) L'homme a l'habitude d'oublier des choses.

continued...

Female Speaker 1 Je viens d'acheter un livre extraordinaire. C'est un roman policier qui vient de paraître. J'ai oublié le titre, mais c'est le tout dernier de Claude Dubuisson.

Female Speaker 2 J'en ai entendu parler. Mais tu sais, moi, je n'aime pas trop ce genre de romans, ni même de films. Je préfère les histoires vraies, les biographies.

3. De quoi les femmes parlent-elles dans ce dialogue?

(A) De policiers
(B) D'un film historique
(C) D'un roman qui vient de paraître

4. D'après ce dialogue, qu'est-ce que nous apprenons au sujet de la deuxième femme?

(A) Elle aime les choses réalistes.
(B) Elle ne connaît pas Claude Dubuisson.
(C) Elle a les mêmes goûts que son amie.

Male Speaker 1 Papa, peux-tu m'aider s'il te plaît? Je n'arrive pas à ouvrir ce paquet et je n'ai pas de couteau de poche.

Male Speaker 2 Désolé Jacques, mais j'ai perdu le mien. Va chercher un couteau à la cuisine. J'imagine que tu as très envie de savoir de qu'il y a dedans!

5. Dans ce dialogue, qu'est-ce que le jeune homme ne trouve pas?

(A) Quelque chose dans son paquet.
(B) Quelque chose dans ses poches.
(C) Quelque chose pour ouvrir son paquet.

6. Qu'est-ce que le père pense de son fils?

(A) Il est curieux.
(B) Il est négligent.
(C) Il n'a rien trouvé.

Female Speaker 1 Zut! J'ai oublié d'envoyer une carte d'anniversaire à Liliane. Elle qui n'oublie jamais personne! Crois-tu que ce soit trop tard maintenant?

Female Speaker 2 Il n'est jamais trop tard pour bien faire! Tu n'as qu'à t'excuser, elle est très gentille et elle sait que tu es trop occupée au travail. Elle comprendra, tu verras.

7. Pourquoi la première femme n'est-elle pas contente?

(A) Elle a oublié d'acheter des cartes.
(B) Son amie ne lui a pas écrit.
(C) Elle n'a rien fait pour l'anniversaire de son amie.

8. Quelle est l'excuse de la première femme?

(A) Elle travaille beaucoup.
(B) Elle déteste s'excuser.
(C) Elle n'oublie jamais personne.

continued...

Male Speaker 1 Salut Jean-Pierre, j'ai essayé de te téléphoner hier soir mais je n'ai eu que ton répondeur. Tu n'étais pas à la maison?

Male Speaker 2 Si, j'y étais, mais mes parents m'avaient défendu de répondre au téléphone tant que je n'avais pas fini d'étudier pour l'examen de maths!

Male Speaker 1 Quel examen de maths?

Male Speaker 2 Comment, quel examen de maths? Voyons Bernard, nous avons un examen à 11heures! Ne me dis pas que tu as oublié!

Male Speaker 1 Oh, si, j'ai oublié! Qu'est-ce que je vais faire? Je suis perdu! Mes parents vont être furieux! Oh, la punition quim'attend!

9. De quoi parlent Jean-Pierre et Bernard?

   (A) De leurs parents
   (B) D'un examen qui a lieu le jour même
   (C) Des examens de fin d'année

10. De quoi est-ce que Bernard a peur?

    (A) D'être puni
    (B) D'oublier son livre de maths
    (C) De ne pas arriver en classe à 11 heures

Female Speaker Pardon Monsieur, pourriez-vous m'indiquer où se trouve le Musée d'Art Moderne?

Male Speaker Eh bien Madame, vous prenez la deuxième rue à gauche et vous continuez tout droit jusqu'à la terrasse du café. J'ai oublié le nom de ce café, mais c'est le seul aur cette rue. Vous le reconnaîtrez parce qu'il y a des pots de fleurs sur chaque table. Bon, vous tournez à droite après le café et vous serez en face du musée.

11. Pourquoi l'homme ne donne-t-il pas le nom du café?

    (A) Il est difficile à prononcer.
    (B) Il ne s'en souvient pas.
    (C) Il pense que ce n'est pas important.

12. Comment la dame reconnaîtra-t-elle le café?

    (A) Il y a des fleurs sur toutes les tables.
    (B) C'est le deuxième café à droite.
    (C) Il n'y a pas de terrasse.

continued...

Female Speaker Allô! Dr. Lebon? Ici Marguerite Valère. Je m'excuse de vous déranger à cette heure-ci, mais je suis très inquiète pour ma petite Catherine. Elle refusé de dîner ce soir et elle a un peu de fièvre depuis midi. Depuis ce matin, elle tousse un peu et elle touche tout le temps son oreille gauche. Comme elle ne parle pas encore, je pense que c'est sa façon de dire qu'elle a mal à l'oreille.

13. A quel moment de la journée Madame Valère téléphone-t-elle au Docteur Lebon?

 (A) Très tôt le matin
 (B) A midi
 (C) Tard le soir

14. Comment sait-elle où sa fille a mal?

 (A) Elle le lui a dit.
 (B) Elle ne mange rien.
 (C) Elle touche son oreille.

Male Speaker Dis, Pierrette, tu as finalement acheté la voiture dont tu avais envie?

Female Speaker Oh, non, c'était une voiture neuve et elle coûtait trop cher. Comme tu sais, ce mois-ci il y a eu une inondation dans notre quartier et il a fallu faire un tas de réparations à la maison. J'ai acheté une voiture d'occasion. J'en ai trouvé une formidable qui a très peu coûté. Elle appartenait à ma tante qui a soixante-quinze ans et ne conduit presque jamais.

15. Pourquoi Pierrette n'a-t-elle pas acheté une voiture neuve?

 (A) Elle a eu beaucoup de dépenses récemment.
 (B) La voiture avait besoin de trop de réparations.
 (C) Elle ne conduit que très rarement.

16. Pourquoi la voiture que Pierrette a finalement achetée était-elle formidable?

 (A) Elle venait d'être réparée.
 (B) Elle était presque neuve.
 (C) Elle n'a rien coûté.

Male Speaker Attention s'il vous plaît. Le vol numéro 627 à destination de Nice a été retardé. La porte de départ a aussi changé.

Les passagers sont priés de se rendre à la porte numéro 17. L'heure de départ est maintenant dix-neuf heures trente.

17. De quel problème s'agit-il?

 (A) Un vol a été annulé.
 (B) Un vol a été retardé.
 (C) L'avion partira le lendemain matin.

continued...

Female Speaker Alors Paul, on emmène les enfants au Zoo dimanche?

Male Speaker Pourquoi au zoo? Je pensais que nous allions faire un pique nique à la campagne, il fait si beau ces jours-ci!

Female Speaker Non, tu as oublié! Le pique-nique c'est pour la semaine prochaine. Ils ont très envie d'aller au zoo pour voir le petit éléphant qui vient de naître. Et puis, tu sais combien Nicole aime les perroquets qui viennent d'Amérique du Sud. Et Pierre adore les tigres, et . . .

Male Speaker D'accord! Tu m'as convaincu!

18. Où le père pensait-il aller passer la journée du dimanche?

    (A) Au Zoo
    (B) À la campagne
    (C) Au sud de la ville

19. Qu'est-ce que les deux enfants ont envie de voir?

    (A) Un animal qui vient de naître
    (B) Des oiseaux de proie
    (C) Des animaux sauvages

Male Speaker Pardon mademoiselle, je cherche le magazine "Technologie d'aujourd'hui" et je ne le trouve nulle part.

Female Speaker Oh, je suis désolée monsieur, mais sitôt que nous l'avons reçu, un tas de gens sont venus l'acheter. Je pourrais téléphoner à une autre librairie si vous voulez.

Male Speaker Non, ça va! Je le ferai moi-même. Merci, mademoiselle.

20. Quel genre de magazine le monsieur cherche-t-il?

    (A) Un magazine de technologie
    (B) Un magazine de sports
    (C) Un magazine de cinéma

21. Qu'est-ce que la vendeuse propose au client?

    (A) D'acheter un autre magazine
    (B) D'aller à une autre librairie
    (C) De contacter une autre libraire

continued...

Female Speaker Mesdames et messieurs, bonsoir. Nous sommes ravis d' avoir parmi nous ce soir la célèbre pianiste Maria Fantini dont la réputation internationale ne fait qu'augmenter malgré son jeune âge. Elle vient d'arriver, comme vous le savez, de la ville de Fort Worth, au Texas, où elle était le plus jeune membre du jury lors de la compétition de piano Van Cliburn. Mademoiselle Fantini, dont les parents sont ici ce soir, a choisi de jouer pour vous quelques pièces de son compositeur favori, Chopin.

22. Qu'est-ce que la femme annonce?

    (A) Une compétition de musique
    (B) L'arrivée d'une pianiste célèbre
    (C) Une actrice de réputation mondiale

23. Qu'est-ce que nous apprenons au sujet de Maria Fantini?

    (A) Elle est très jeune.
    (B) C'est une actrice très connue.
    (C) Elle vit au Texas.

Male Speaker 1 Monsieur, je voudrais échanger cette cravate. Je l'ai reçue comme cadeau pour mon anniversaire mais elle est trop voyante pour moi, vous comprenez, à mon âge, toutes ces couleurs et ces dessins abstraits, ça ne va pas. Est-ce que vous auriez peut-étre quelque chose de plus simple, avec une ou deux couleurs seulement?

Male Speaker 2 Ben, oui monsieur, mais les cravates que vous aimez coûtent un peu plus cher. Elles sont en soie naturelle et celle que vous rapportez est en tissu synthétique.

24. Pourquoi le client n'aime-t-il pas la cravate?

    (A) Il trouve qu'elle est trop chère.
    (B) Il n'apprécie pas son aspect.
    (C) Il la trouve trop simple.

25. Qu'est-ce que le vendeur explique?

    (A) Toutes les cravates sont en tissu synthétique.
    (B) Ils n'ont plus de cravates de soie.
    (C) Le client devra payer plus cher.

continued...

Female Speaker 1 Excusez-moi Madame, je ne suis pas sûre si Monsieur et Madame Desmoulins habitent au deuxième ou au troisième étage. Je sais bien que le numéro de leur appartement est le 8, mais j'ai oublié le reste,

Female Speaker 2 Les Desmoulins? Oh, ils sont au quatrième étage Madame. Le numéro de leur appartement est le 10, pas le 8 comme vous croyez . . .mais, ils sont sortis et Monsieur Desmoulins a dit qu'ils allaient au théatre. Si c'est le cas, ils vont certainement rentrer assez tard le soir. Vous voulez leur laisser un message?

Female Speaker 1 Non, merci madame. Je repasserai demain.

26. Qu'est-ce que la première femme veut savoir?
    (A) A quel étage habitent ses amis.
    (B) Quel est le numéro de leur appartement.
    (C) Où ses amis sont allés.

27. Qu'est-ce que la deuxième femme révèle?
    (A) Il n'y a personne chez les Desmoulins.
    (B) Les Desmoulins habitent au troisième étage.
    (C) le numéro de leur appartement est le 8.

28. Qu'est-ce que la première femme va faire?
    (A) Elle ira au théatre.
    (B) Elle va laisser un message.
    (C) Elle reviendra une autre fois.

Male Speaker Ça fait un quart d'heure qu'on attend pour commander, et personne n'est encore venu à notre table. Franchement, le service dans ce restaurant laisse beaucoup à désirer, tu ne trouves pas?

Female Speaker Tu as parfaitement raison Eric, mais les gens continuent à y venir parce que la cuisine est excellente. C'est pour cela qu'ils ne font aucun effort d'améliorer le service!

Male Speaker Oui, mais moi, j'en ai assez, c'est la dernière fois que je viens ici! Il y a d'autres bons restaurants à Paris!

29. Pourquoi l'homme est-il fâché?
    (A) Il a commandé le dîner il y a un quart d'heure.
    (B) La femme est arrivée en retard.
    (C) On n'est pas venu prendre sa commande.

30. Comment la femme explique-t-elle la popularité du restaurant?
    (A) Le service est excellent.
    (B) On mange très bien dans ce restaurant.
    (C) C'est le seul bon restaurant du quartier.

ANSWER KEY

1. B	**6.** A	**11.** B	**16.** B	**21.** C	**26.** A
2. C	**7.** C	**12.** A	**17.** B	**22.** B	**27.** A
3. C	**8.** A	**13.** C	**18.** B	**23.** A	**28.** C
4. A	**9.** B	**14.** C	**19.** A	**24.** B	**29.** C
5. C	**10.** A	**15.** A	**20.** A	**25.** C	**30.** B

EXPLANATIONS

1. **(B)** He cannot find the keys to his car; therefore, he cannot go out.
2. **(C)** The woman says, "tu as dû les oublier, comme toujours."
3. **(C)** The first woman says that she has just bought a fantastic book, which is a newly published mystery novel.
4. **(A)** The second woman says that she prefers true stories and biographies; therefore, "elle aime les choses réalistes" is the correct answer.
5. **(C)** The young man is trying to open a package and cannot find his pocket knife, so he is looking for something to do that.
6. **(A)** The father thinks that his son is curious to find out what is in the package.
7. **(C)** She forgot her friend's birthday so "elle n'a rien fait pour l'anniversaire de son amie" is the correct answer.
8. **(A)** The woman's excuse, as stated by her interlocutor, is "tu es trop occupée au travail."
9. **(B)** The two boys are talking about an exam, which is taking place the same day, at 11 A.M.
10. **(A)** Bernard forgot about the exam and is therefore afraid to be punished.
11. **(B)** The man cannot give the name of the café because he can't remember it. "Il ne s'en souvient pas" is the correct answer.
12. **(A)** The lady will recognize the café because there are flowers on all tables.
13. **(C)** We know the lady is calling the doctor in the evening because she mentions that her little girl refused to eat "this evening." Therefore the time of day has to be after dinner, or "tard le soir."
14. **(C)** The lady knows where her child is hurting because she keeps touching her ear.
15. **(A)** Pierrette could not afford a new car because there had been a flood and she had to spend a lot of money on house repairs. Therefore, "elle a eu beaucoup de dépenses récemment" is the correct answer.
16. **(B)** The car she purchased was second-hand but had belonged to her old aunt who rarely drove it, so it was almost new and she paid very little for it.
17. **(B)** The flight for Nice was delayed—"un vol a été retardé."
18. **(B)** The father thought that they were going to have a picnic in the country. "A la campagne" is the correct answer.
19. **(A)** The mother said, "Ils ont très envie d'aller au zoo pour voir le petit éléphant qui vient de naître."
20. **(A)** The man is looking for the magazine "Technologie d'aujourd'hui."
21. **(C)** The saleslady says to the gentleman, "Je pourrais téléphoner à une autre librairie."
22. **(B)** The woman in question, Maria Fantini, is a famous pianist.
23. **(A)** When introducing the pianist, the speaker says, "malgré son jeune âge."
24. **(B)** The man is returning the tie because he thinks it is too flamboyant for him. Therefore, "il n'apprécie pas son aspect" is the correct answer.
25. **(C)** If the customer wants to exchange the tie, he will have to pay more: "elles coûtent un peu plus cher."
26. **(A)** The lady thinks she knows her friends' apartment number, but she forgot on which floor they live.
27. **(A)** The second woman says that the couple left and went to the theater. "Il n'y a personne chez les Desmoulins" is therefore the correct answer.
28. **(C)** Since her friends went to the theater, she says that she will come back the next day.
29. **(C)** The man is irritated because they have been waiting for fifteen minutes and no one came to take their order.
30. **(B)** The service is very bad, but the food is excellent.

CHAPTER 7

Preparing for the Listening Comprehension—Extended Dialogues

> Directions: In this chapter, you will hear a series of extended dialogues or monologues. These dialogues or monologues will not be printed in this section of your book, and you will hear each only once. After listening to each dialogue, you will be asked several questions followed by four possible answers—(A), (B), (C), and (D). These questions are printed in your book. You will hear them only once. Select the best answer to the question from among the four choices printed in your book and blacken the space corresponding to the letter you have decided has the correct answer on your answer sheet. After you have finished, check your answers with the answer key, which can be found at the end of this chapter. You are now ready to begin.

COMPLETE SCRIPT

Dialogue 1
(Dans un grand magasin)

Female Speaker Pardon monsieur, j'étais ici hier après-midi et je crois que j'ai laissé mon parapluie sur le comptoir. Quand j'ai quitté le magasin, il ne pleuvait plus, alors ce n'est qu'en arrivant à la maison que je me suis aperçue que je ne l'avais plus. Est-ce que vous avez trouvé un parapluie par hasard?

Male Speaker Euh, je ne sais pas madame, je n'étais pas là hier, mais si c'est ici que vous l'avez laissé, on l'a sans doute envoyé aux objets trouvés. C'est au dernier étage et . . .

Female Speaker Bon, je vais y aller!

Male Speaker Attendez un moment, ce n'est pas la peine de monter. Je les appelle. Pouvez-vous me décrire votre parapluie?

Female Speaker Oui, il est blanc et rouge et je venais de l'acheter. Il était neuf!

Male Speaker Un nouveau parapluie? (sounds of dialing) Allô, oui, objets trouvés? Ici Marc, au premier étage. J'ai une dame ici qui pense avoir oublié son parapluie hier et qui . . . ah on vous a envoyé cinq parapluies! Celui de cette dame est blanc et rouge . . .ah, vous l'avez, très bien, je lui dis de monter tout de suite.

continued...

Dialogue 2
(Deux amis parlent dans la cour du lycée)

Male Speaker Dis, Josette, tu es toute bronzée. Es-tu allée à la plage avec ta famille cet été, comme chaque année?

Female Speaker Non, cette fois-ci, on est partis en croisière, papa, maman, ma soeur Natalie et moi.

Male Speaker Ça a dû être formidable! Tu as dû t'amuser comme une folle!

Female Speaker Moi, si! Et mes parents aussi ont bien profité de cette semaine en bateau. Par contre, Natalie a été malade pendant trois jours! Le mal de mer, tu sais. Elle aurait préféré faire du camping sur terre ferme, tu sais comme elle adore le camping! Finalement, au bout de trois jours, ça allait mieux, et elle a commencé a s'amuser.

Male Speaker Heureusement! Et toi, qu'est-ce que tu as fait pendant toute la semaine en bateau?

Female Speaker Oh, du matin au soir, il y avait tant de choses à faire, des jeux organisés, du yoga, des films, des soirées! C'est incroyable! Même Natalie a dit à la fin du voyage qu'elle aimerait repartir en croisière l'année prochaine!

Dialogue 3
(A la maison)

Female Speaker 1 Maman, qu'est-ce qui s'est passé? Tu es rentrée du bureau assez tard aujourd'hui, il fait déjà nuit!

Female Speaker 2 Oui, je sais. Je suis arrivée à la maison en retard parce qu'il y avait une circulation horrible. Ça ne bougeait pas. Je voulais t'appeler pour te prévenir, mais j'avais laissé mon téléphone portable au bureau.

Female Speaker 1 Je sais maman, tu oublies toujours ton téléphone! Mais je savais qu'il y avait un embouteillage parce que j'ai écouté les informations à la radio. Il paraît qu'au croisement, un chauffeur de camion a essayé d'éviter un petit chien qui traversait la rue et, en faisant cela, il est monté sur le trottoir.

Female Speaker 2 Oh, c'est affreux ça! Est-ce qu'il y a eu des blessés?

Female Speaker 1 Non, heureusement pas, et le petit chien a continué sa route calmement!

Dialogue 4
(Une conversation téléphonique)

Female Speaker Allô? Il était temps! J'attends à l'appareil depuis vingt minutes! Vous n'avez pas honte de faire attendre les gens comme ça?

Male Speaker Je regrette madame, mais toutes les lignes sont occupées, le téléphone n'arrête pas de sonner depuis ce matin.

continued... →

Female Speaker	Le téléphone ne fait que sonner depuis ce matin? J'imagine que tout le monde veut se plaindre de la dernière facture que vous avez envoyée . . . enfin, pas vous, votre société. Ça fait trois semaines que J'ai payé les 400 frs que je devais et aujourd'hui je reçois une facture pour 400 frs. C'est absolument ridicule, je ne vous dois plus rien!
Male Speaker	Votre nom et le numéro de votre compte s'il vous plaît madame?
Female Speaker	Eponine Lachaise, No. 882302.
Male Speaker	Voyons, Lachaise, Eponine, No. 882302 . . . oh, je vois, il y a eu un retard de courrier. Nous avons reçu votre chèque ce matin à peine. Vous ne nous devez rien madame.

Dialogue 5
(Interview d'une ballerine célèbre)

Male Speaker	Caroline Delahaye, nous sommes heureux de vous avoir parmi nous ce soir, et nos auditeurs attendent cette interview depuis plusieurs jours. Vous avez beaucoup d'admirateurs dans notre petite ville.
Female Speaker	C'est moi qui suis ravie d'être ici monsieur. Comme vous devez le savoir, je suis née ici, mais les choses ont beaucoup changé depuis ce temps-là.
Male Speaker	En effet, je savais bien que vous étiez née ici . . . mais vous n'y avez pas vécu trop longtemps je crois?
Female Speaker	Non, je n'y ai pas passé toute mon enfance. Quand j'avais onze ans, mes parents ont déménagé et nous sommes allés à New York où mon père avait été transféré. Je ne savais pas un mot d'anglais et, au début, je me sentais perdue! Heureusement que j'ai très vite appris la langue et que je me suis tout de suite fait beaucoup d'amis. J'avais pris des cours de danse depuis que j'étais toute petite. J'ai continué à apprendre la danse à New York, et c'est là que je suis devenue ballerine. D'ailleurs, je considère New York comme ma ville d'adoption. J'ai un appartement à New York et un autre appartement à Paris.

Dialogue 6
(Projets de voyage)

Male Speaker	Alors Suzanne, c'est pour quand ton voyage à Tahiti?
Female Speaker	Nous pensons y aller en juillet, mais ce n'est pas encore sûr.
Male Speaker	Pourquoi avez-vous choisi le mois de juillet?
Female Speaker	Bon ben, tout d'abord, c'est le mois où mon mari prend d'habitude son congé annuel, mais nous avons aussi appris que c'est en juillet qu'il y a beaucoup de fêtes et d'évènements sportifs à Tahiti.

continued...

Male Speaker Quelle bonne idée d'y aller à ce moment-là. Tu vas non seulement assister à plusieurs festivités, mais tu vas manger des fruits délicieux! Je suis sûr que tu auras des vacances magnifiques!

Female Speaker Mais pourquoi est-ce que toi et ta femme ne viendriez-vous pas avec nous? On s'amuserait si bien ensemble tous les quatre?

Dialogue 7
(Une dame veut acheter un livre)

Female Speaker Pardon monsieur, auriez-vous un livre consacré à l'origine de l'écriture?

Male Speaker Je vais voir tout de suite madame. C'est très facile avec ce nouvel ordinateur. Alors . . . vous vous intéressez à un livre sur l'origine de l'écriture . . . Bon, voilà la liste des livres que nous avons sur ce sujet . . . oh, il n'y en a que deux ici. Je regrette, c'est tout ce que je peux trouver.

Female Speaker Oh, ça va, pourrais-je les voir, vérifier un peu ce qu'il y a dedans, les feuilleter?

Male Speaker Bien sûr madame. Attendez que je vérifie . . . vous les trouverez sur l'étagère B, dans la section des livres historiques. Si ce n'est pas ce qu'il vous faut, revenez et je téléphonerai à notre librairie du centre-ville. Comme elle est plus grande, il est possible que vous ayez un meilleur choix.

Dialogue 8
(Deux amis parlent d'un concert)

Female Speaker Dis Pierre, tu ne voudrais pas m'accompagner au concert du groupe "Trois fois Trois"?

Male Speaker Les "Trois fois Trois" sont en ville? Comment se fait-il que je ne le savais pas?

Female Speaker Non, non, ils ne sont pas encore ici, ils viennent dans deux mois. Je ne l'ai appris moi-même que ce matin en allant à l'école. On a le temps! Alors, ça t'intéresserait d'y aller?

Male Speaker Bien sûr! C'est mon groupe favori. Quelle est la date exacte de ce concert?

Female Speaker Le 27 novembre . . . oh, zut, j'y pense, c'est la semaine de mon récital de piano et mes parents n'accepteraient jamais que j'y aille au lieu de pratiquer, et pratiquer, et pratiquer! Oh, quel dommage!

Male Speaker Bon ben, moi, tu sais, je n'ai pas de récital de piano, donc je peux quand même y aller!

continued...

Dialogue 9
(Une jeune américaine lit la lettre de sa correspondante de Québec)

Chère Patricia,

Je viens de recevoir ta lettre qui m'a beaucoup fait plaisir. Tu m'annonces que tu viendras au Québec cet été et que tes parents et toi comptez passer une semaine à Québec. Tu me dis aussi que tes parents ont choisi comme hôtel le fameux Chateau Frontenac qui se trouve dans le vieux Québec. C'est un hôtel formidable, historique, et qu'ils aimeront beaucoup. J'espère en tout cas que toi, tu viendras chez nous. Tu pourrais avoir la chambre de mon frère Thomas qui est actuellement à l'université et qui passera tout l'été en France. Comme nous n'habitons pas trop loin du vieux Québec, ce sera facile pour toi et pour tes parents. Tu m'annonces aussi que tu viendras en juillet. C'est formidable, parce que c'est le mois du festival du Québec, et on pourra tous participer à des festivités, voir des pièces de théatre, danser, etc. Bien sûr, il y aura beaucoup de touristes. Je vais t'envoyer des brochures pleines de photos sur ce festival. Nous en avons plusieurs à la maison parce que ma tante travaille dans une agence de voyage. Mes parents ont déjà commencé a préparer une liste pour tes parents, et nous pourrons vous conduire dans de beaux endroits pas trop loin d'ici. On vous attend impatiemment.

En attendant de tes nouvelles, je t'envoie beaucoup de bises.

Marguerite

Dialogue 10
(Deux amis parlent d'un voyage en France)

Male Speaker Nous partons pour la France en juin. On va voir nos grands-parents qui vivent dans la banlieue de Paris.

Female Speaker En juin? Super. Est-ce que tes grands-parents ont un poste de télévision?

Male Speaker Pourquoi est-ce que tu me poses cette question? Je ne vais pas à Paris pour regarder la télé!

Female Speaker Je sais bien que non . . . mais, je sais que tu es passionné de courses automobiles. Or, c'est en juin qu'a lieu, chaque année, la fameuse course des "24 heures du Mans." Je ne sais pas exactement la date, mais je sais que ça commence un samedi après-midi et que ça finit le dimanche après-midi.

Male Speaker C'est vrai, je n'y avais pas du tout pensé. Ce serait merveilleux de pouvoir suivre ça à la télé! Merci de ton conseil Corinne, c'est une excellente idée!

continued...

Dialogue 11
(Dans une salle de classe)

Male Teacher Aujourd'hui, nous allons parler d'une invention qui a révolutionné le siècle dernier, celle de l'automobile. Qui, selon vous, a construit la première voiture et en quelle année?

Male Student Henri Ford, au début du vingtième siècle!

Male Teacher Non Philippe, la première voiture a été construite avant cela par l'Allemand Daimler, à la fin du dix-neuvième siècle, en 1886. Mais le principe du moteur "à quatre temps" avait été inventé par des Français vingt ans avant ça . . . et la première voiture électrique a été créée par un Belge en 1899.

Female Student Alors, Ford a construit son modèle T à la fin du dix-neuvième siècle aussi?

Male Teacher Non, Philippe avait raison, Ford a construit son modèle T au début du vingtième siècle, en 1906 pour être précis. Il faut vous dire que la voiture de Daimler ressemblait plutôt à une voiture à cheval et que la modèle T était déjà plus moderne.

Dialogue 12
(Une mère et sa fille)

Female Speaker Colette, je viens de recevoir une lettre de tante Marthe, et je vais te donner le timbre qui est sur l'enveloppe pour ta collection.

The Daughter Quel timbre maman? Tante Marthe habite à 150 kilomètres de chez nous, nous pouvons acheter exactement les mêmes timbres!

Female Speaker Mais non ma chérie, tu sais bien qu'elle est partie en Chine pour deux semaines. Je t'avais dit que la société pour laquelle elle travaille l'avait envoyée à Shanghai parce qu'elle parle chinois. Tu n'écoutes jamais ce que je dis!

The Daughter Mais si maman, j'écoute toujours ce que tu dis. J'avais simplement oublié. Fais voir ce timbre!

Female Speaker Regarde comme il est beau, et tu n'as pas de timbres de Chine!

The Daughter Oh, il est extraordinaire, quelles couleurs magnifiques! Il embellira ma collection de timbres!

Dialogue 13
(Un coup de téléphone)

Male Speaker Allô? Anne? C'est Georges. Je m'excuse de vous appeler si tard, J'espère que je ne vous dérange pas.

Female Speaker Pas du tout! Pas du tout! Nous avons fini de dîner et ne faisons rien d'important.

continued...

Male Speaker Ah, bon! Est-ce que je pourrais parler à Nicolas?

Female Speaker Oh, je suis désolée, mais il est en train de prendre sa douche, est-ce qu'il peut vous rappeler dans quelques minutes? Ou, si vous voulez, je peux lui donner un message de votre part?

Male Speaker D'accord. Dites lui que je n'ai pas besoin qu'il me conduise au bureau demain matin. Le mécanicien qui réparait ma voiture m'a appelé cet après-midi et m'a dit qu'elle était prête. Alors, mon voisin m'a conduit au garage et j'ai pu récupérer ma voiture. A présent, elle marche à merveille . . .

Female Speaker Très bien, je lui transmets votre message sitôt qu'il sortira de la salle de bains.

Dialogue 14
(Une dame et sa nièce parlent de la nouvelle année scolaire)

Female Speaker Solange, comment sont tes cours cette année? Tu aimes bien tes nouveaux professeurs?

Female Student Ça vient à peine de commencer tu sais, mais tout a l'air très bien. Ma prof favorite est Madame Halim, la prof de dessin. Elle a un de ces talents: elle peint, dessine, sculpte! Je l'admire tellement! Oh, tu sais, elle vient d'Egypte.

Female Speaker Ah oui? Je rêve d'aller en Egypte, de voir les pyramides, le grand musée égyptien avec les momies, enfin, tout ce qu'il y a à voir! Je sais combien tu aimes l'histoire des pharaons et j'imagine que ta prof vous en a parlé?

Female Student Un petit peu, mais on a toute l'année pour apprendre tu sais! Si tu savais comme elle dessine et peint bien. C'est une excellente artiste. Trois de ses tableaux sont exposés à l'école. Je crois que je vais bien apprendre le dessin dans cette classe . . . et peut-être aussi un peu d'egyptologie!

Dialogue 15
(Deux amis parlent d'un film)

Male Speaker 1 Antoine, tu as vu le dernier film de Charles Beauclair? On en parle partout!

Male Speaker 2 Oui, ma femme et moi sommes allés le voir avant-hier. Je ne l'ai pas du tout aimé. Il est vraiment trop long mais nous sommes quand même restés jusqu'à la fin.

Male Speaker 1 Un film de Charles Beauclair? Ça m'étonne. Tous ses films sont excellents d'habitude! A part la longueur, qu'est-ce que tu n'as pas aimé?

Male Speaker 2 Eh bien, le scénario était plutôt stupide, et le jeu des acteurs ne valait pas grand'chose! Seule Alice Valois a bien joué, mais comme elle n'avait qu'un petit rôle, cela n'a pas sauvé le film. C'est dommage, parce que c'est une très bonne actrice! Elle mérite de meilleurs rôles que ça!

continued...

QUESTIONS

Directions: In this chapter, you will hear a series of extended dialogues or monologues. These dialogues or monologues will not be printed in your book, and you will hear each only once. After listening to each dialogue, you will be asked several questions followed by four possible answers—(A), (B), (C), and (D). These questions are printed in your book. You will hear them only once. Select the best answer to the question from among the four choices printed in your book and blacken the space corresponding to the letter you have decided has the correct answer on your answer sheet. After you have finished, check your answers with the answer key, which can be found at the end of this chapter. You are now ready to begin.

Now listen to the first dialogue and then answer the questions that follow.

Dialogue 1

1. Quand la dame s'est-elle aperçue qu'elle avait oublié son parapluie?

   (A) Quand elle est arrivée chez elle.
   (B) Quand il a commencé à pleuvoir.
   (C) En quittant le magasin.
   (D) En arrivant au magasin.

2. Pourquoi le vendeur ne sait-il pas si le parapluie est au magasin?

   (A) C'est un nouvel employé.
   (B) Il travaille aux objets trouvés.
   (C) Il ne le voit pas sur le comptoir.
   (D) Il ne travaillait pas le jour précédent.

3. Où le vendeur pense-t-il qu'elle pourrait retrouver son parapluie?

   (A) Sur le comptoir
   (B) Au premier étage
   (C) Au dernier étage
   (D) Sous le comptoir

4. Comment peut-on reconnaître le parapluie de la dame?

   (A) Il est rouge.
   (B) Il a deux couleurs.
   (C) Il a cinq couleurs.
   (D) Il est vieux.

Dialogue 2

5. Où le garçon pense-t-il que Josette est partie en vacances?

   (A) Elle a fait une croisière.
   (B) Elle est allée à la plage.
   (C) Elle a fait du camping.
   (D) Elle a fait un voyage organisé.

6. Avec qui Josette a-t-elle passé ses vacances?

   (A) Avec sa soeur Natalie
   (B) Avec ses amis
   (C) Avec ses parents
   (D) Avec ses parents et sa soeur

7. Qu'est-ce que Natalie aurait préféré faire au début du voyage?

   (A) Du yoga
   (B) Du camping
   (C) Une croisière
   (D) Un voyage organisé

Dialogue 3

8. A quel moment de la journée cette conversation a-t-elle lieu?

   (A) Le matin
   (B) A midi
   (C) L'après-midi
   (D) Le soir

continued...

9. Pourquoi la mère n'a-t-elle pas pu prévenir sa fille qu'elle serait en retard?

   (A) Le téléphone était occupé.
   (B) Elle n'avait pas de téléphone portable.
   (C) La fille n'était pas à la maison.
   (D) La fille n'a pas entendu le téléphone sonner.

10. Quel accident a causé le retard?

   (A) Un petit chien a été écrasé par une voiture.
   (B) La voiture de la mère est montée sur le trottoir.
   (C) Un camion est monté sur le trottoir.
   (D) Un camion est rentré dans une voiture.

11. Comment la fille a-t-elle appris ce qui est arrivé?

   (A) Elle a écouté la radio.
   (B) Elle a vu l'accident au croisement.
   (C) Sa mère lui a décrit l'accident.
   (D) Son amie lui a téléphoné.

Dialogue 4

12. Pourquoi la dame est-elle furieuse au début de la conversation?

   (A) La ligne est tout le temps occupée.
   (B) Le téléphone ne fait que sonner.
   (C) Elle pense que l'employé a honte.
   (D) On l'a laissée en attente pendant longtemps.

13. Pourquoi la dame a-t-elle téléphoné?

   (A) Ça fait trois semaines qu'elle attend sa facture.
   (B) On lui a envoyé une facture qu'elle avait déjà payée.
   (C) La société lui doit 400 frs depuis trois semaines.
   (D) On lui a donné un faux numéro de compte.

14. Qu'est-ce qui a causé le problème?

   (A) Un retard de poste
   (B) Une facture qu'elle a oubliée
   (C) Un chèque sans provision
   (D) Un manque de communication

Dialogue 5

15. Pourquoi Caroline Delahaye est-elle si populaire dans cette petite ville?

   (A) Elle vient des Etats Unis.
   (B) Elle vient de Paris.
   (C) Elle vient d'y acheter une maison.
   (D) Elle y a passé son enfance.

16. Pourquoi Caroline est-elle allée à New York?

   (A) Pour apprendre le ballet
   (B) Pour apprendre l'anglais
   (C) Parce que son père y a été envoyé
   (D) Parce qu'elle aime y vivre

17. Pourquoi se sentait-elle perdue au début?

   (A) Elle ne parlait pas la langue.
   (B) Elle était toute seule.
   (C) Elle n'aimait pas l'appartement.
   (D) Elle n'avait pas d'amis pendant longtemps.

18. Où est-ce que Caroline a un appartement?

   (A) Dans sa ville natale
   (B) À New York
   (C) À Paris
   (D) Dans deux villes

Dialogue 6

19. Pourquoi Suzanne pense-t-elle aller à Tahiti en juillet?

   (A) C'est son mois de congé
   (B) C'est le mois de congé de son mari
   (C) Ils y vont chaque année en juillet
   (D) Il y aura un match de football

continued...

20. Selon ce dialogue, quelles sont les choses qu'ils pourront voir à Tahiti?
    (A) Des évènements sportifs
    (B) Des danses tahitiennes
    (C) Des fêtes religieuses
    (D) La cueillette des fruits

21. Que dit l'homme au sujet du voyage de Suzanne et de son mari?
    (A) Il est très heureux pour eux.
    (B) Il pense qu'il fait trop chaud en juillet.
    (C) Il pense que ce n'est pas une bonne idée.
    (D) Il en est jaloux.

Dialogue 7

22. Pourquoi le vendeur pense-t-il que ce sera facile de trouver ce que la dame cherche?
    (A) Il a un ordinateur.
    (B) La section des livres historiques est tout près.
    (C) Il a une liste dans un livre devant lui.
    (D) Elle peut feuilleter n'importe quel livre.

23. Pourquoi le vendeur est-il désolé?
    (A) Tous les livres sur ce sujet sont au centre-ville.
    (B) Il n'arrive pas à trouver ce que la dame cherche.
    (C) Il n'y a que très peu de choix.
    (D) Il ne sait pas dans quelle section se trouvent les livres.

24. Qu'est-ce que le vendeur propose de faire?
    (A) Aller chercher le livre lui-même
    (B) Laisser la dame chercher sur toutes les étagères
    (C) Appeler leur autre librairie pour aider la dame
    (D) Chercher d'autres auteurs

Dialogue 8

25. Pourquoi Pierre est-il étonné?
    (A) Le groupe "Trois fois Trois" ne va jamais dans une petite ville.
    (B) Son amie a acheté des billets pour le concert.
    (C) Il pensait que le concert avait déjà eu lieu.
    (D) Il pensait que le groupe était en ville.

26. Quand est-ce que la jeune fille a appris que le groupe venait?
    (A) Ce jour-là
    (B) Deux mois plus tôt
    (C) En novembre
    (D) Quelques jours plus tôt

27. Pourquoi la jeune fille est-elle déçue?
    (A) Pierre ne peut pas aller au concert.
    (B) Elle a autre chose à faire la semaine du concert.
    (C) Elle doit assister au récital de ses parents.
    (D) Ce n'est pas son groupe favori.

28. Pourquoi Pierre est-il content?
    (A) Il pourra aller au concert.
    (B) La jeune fille a accepté de sortir avec lui.
    (C) Il va assister à un récital de piano.
    (D) Il n'a pas d'examens cette semaine-là.

Dialogue 9

29. Qu'est-ce que nous apprenons du Château Frontenac?
    (A) Il se trouve à Montréal.
    (B) C'est un hôtel.
    (C) On y donne un festival.
    (D) Il se trouve dans la banlieue de Québec.

continued...

30. Pourquoi est-ce que c'est une bonne idée d'aller à Québec en juillet?
    (A) C'est le mois du festival.
    (B) Il fait un temps magnifique.
    (C) Il n'y a pas beaucoup de touristes.
    (D) Toute la famille de Marguerite sera là.

31. Qu'est-ce que Marguerite va envoyer à Patricia et sa famille?
    (A) Un plan du vieux Québec
    (B) Le programme des pièces de théatre
    (C) Des photos de sa famille
    (D) Des brochures sur le festival

Dialogue 10

32. Où habitent les grands-parents du jeune homme?
    (A) Près de Paris
    (B) À Paris
    (C) À la campagne
    (D) À Le Mans

33. Qu'est-ce que le jeune homme ne veut pas faire lorsqu'il sera en France?
    (A) Conduire
    (B) Faire des courses
    (C) Regarder la télé
    (D) Aller à la poste

34. Qu'est-ce que la jeune femme rappelle au jeune homme?
    (A) Le jour précis de la course du Mans
    (B) Le mois où a lieu la course
    (C) La longueur de la course
    (D) La semaine où a lieu la course

Dialogue 11

35. Selon Philippe, où a été construite la première voiture?
    (A) En Amérique
    (B) En France
    (C) En Allemagne
    (D) En Belgique

36. Où le professeur dit-il que la première voiture a été construite?
    (A) En France
    (B) En Allemagne
    (C) En Amérique
    (D) En Belgique

37. Quand le professeur dit-il que le moteur "à quatre temps" a été inventé?
    (A) Au milieu du dix-neuvième siècle
    (B) Au début du vingtième siècle
    (C) Au milieu du vingtième siècle
    (D) À la fin du dix-huitième siècle

38. Dans la première réponse de Philippe, qu'est-ce qui était juste?
    (A) L'aspect de la première voiture
    (B) La date du modèle T de Ford
    (C) Le nom de l'inventeur de la première voiture
    (D) Le nom de la première voiture électrique

Dialogue 12

39. Pourquoi Colette est-elle étonnée lorsque sa mère veut lui donner le timbre?
    (A) Elle pense que la lettre vient d'une ville voisine
    (B) Elle n'a pas de collection de timbres
    (C) Elle ne voit pas de timbre sur l'enveloppe
    (D) Elle a déjà ce timbre dans sa collection

40. Pourquoi tante Marthe est-elle en Chine en ce moment?
    (A) Elle est en vacances.
    (B) Elle y travaille depuis longtemps.
    (C) Elle est en voyage d'affaires.
    (D) Elle apprend le chinois.

continued...

41. Pourquoi Colette ne sait-elle pas que sa tante est en Chine?
    (A) Elle n'écoute jamais ce que dit sa mère.
    (B) Sa tante ne le lui a pas dit.
    (C) Elle a oublié cela.
    (D) Elle n'a pas lu le message de sa tante.

Dialogue 13

42. Qu'est-ce que Anne et Nicolas viennent de finir?
    (A) Le diner
    (B) Leur travail
    (C) Leurs devoirs
    (D) Une réparation

43. Pourquoi Nicolas ne peut-il pas parler à Georges?
    (A) Il est en train de manger.
    (B) Il est au garage.
    (C) Il prend une douche.
    (D) Il est au travail.

44. Qu'est-ce que Nicolas ne doit pas faire le lendemain matin?
    (A) Réparer sa voiture
    (B) Aller au garage
    (C) Aller au bureau
    (D) Conduire Georges

Dialogue 14

45. Pour quelle raison Solange préfère-t-elle son prof de dessin?
    (A) Elle vient d'un autre pays.
    (B) Elle voyage beaucoup.
    (C) Elle enseigne aussi l'egyptologie.
    (D) Elle a beaucoup de talent.

46. Qu'est-ce que la tante de Solange aimerait faire?
    (A) Suivre un cours de dessin
    (B) Suivre un cours d'egyptologie
    (C) Voir des tableaux d'art
    (D) Voir des monuments egyptiens

47. Où les tableaux de Madame Halim sont-ils exposés?
    (A) En Egypte
    (B) À l'école
    (C) Dans une galerie
    (D) À Paris

Dialogue 15

48. Qu'est-ce que les gens pensent du dernier film de Charles Beauclair?
    (A) Tout le monde en parle.
    (B) Personne ne l'aime.
    (C) On dit qu'il est trop long.
    (D) Tout le monde critique le jeu des acteurs.

49. Quelle a été la réaction d'Antoine et de sa femme lorsqu'ils ont vu ce film?
    (A) Ils l'ont beaucoup aimé.
    (B) Ils l'ont trouvé très long.
    (C) Ils sont partis avant la fin.
    (D) Ils ont apprécié le jeu des acteurs.

50. Qu'est-ce que nous apprenons au sujet d'Alice Valois?
    (A) Elle a toujours des petits rôles.
    (B) Elle n'est pas connue.
    (C) Elle a très bien joué son rôle.
    (D) Elle est plutôt stupide.

ANSWER KEY

1. A	**10.** C	**19.** B	**28.** A	**37.** A	**46.** D
2. D	**11.** A	**20.** A	**29.** B	**38.** B	**47.** B
3. C	**12.** D	**21.** A	**30.** A	**39.** A	**48.** A
4. B	**13.** B	**22.** A	**31.** D	**40.** C	**49.** B
5. B	**14.** A	**23.** C	**32.** A	**41.** C	**50.** C
6. D	**15.** D	**24.** C	**33.** C	**42.** A	
7. B	**16.** C	**25.** D	**34.** B	**43.** C	
8. D	**17.** A	**26.** A	**35.** A	**44.** D	
9. B	**18.** D	**27.** B	**36.** B	**45.** D	

EXPLANATIONS

1. **(A)** The lady says that she did not notice the loss of her umbrella until she got home because it had stopped raining.
2. **(D)** The man was not working the previous day.
3. **(C)** The umbrella must be in the lost and found department which is on the top floor ("le dernier étage").
4. **(B)** The lady said that the umbrella was white and red.
5. **(B)** The boy thinks that the girl has a tan because she went to the beach.
6. **(D)** She went on vacation with her parents and her sister.
7. **(B)** Natalie would have liked to go camping because, at the beginning of the cruise, she was seasick.
8. **(D)** This conversation is taking place in the evening because the daughter says it is already dark outside.
9. **(B)** The mother couldn't call her daughter because she had left her cellular phone at the office.
10. **(C)** The traffic jam was caused by a truck that, in trying to avoid hitting a dog, drove on the sidewalk.
11. **(A)** The daughter heard about the accident on the radio.
12. **(D)** She is furious because she had to wait on hold for 20 minutes.
13. **(B)** The lady is angry because she paid her bill three weeks ago and she received another bill.
14. **(A)** The mistake was due to a delay in the mail.
15. **(D)** The ballerina spent her childhood in that small town.
16. **(C)** Caroline went to New York because her father was transferred there.
17. **(A)** She felt out of place because she could not speak the language.
18. **(D)** Caroline has an apartment in New York and one in Paris.
19. **(B)** Suzanne thinks that they'll go to Tahiti in July because it is the month during which her husband always has his yearly vacation.
20. **(A)** They will see, among other things, sports events. There is no mention in the dialogue of Tahitian dances, nor of religious celebrations, nor of the harvest of fruits.
21. **(A)** The man says that it is a very good idea to go to Tahiti at that time and that he is sure it will be a wonderful vacation.
22. **(A)** The man says it will be easy to find the information because he has a new computer.
23. **(C)** When searching on the computer, he discovers that there are only two books on the subject.
24. **(C)** He offers to call their downtown branch because they have a bigger selection.
25. **(D)** At first Pierre misunderstood and thought the group was already in town, and that is why he was surprised.
26. **(A)** She says that she had just learned about the concert that morning on her way to school.
27. **(B)** She has something else to do: she is playing at a piano recital.

28. **(A)** Pierre is happy because he will be able to go the concert since he has nothing else planned on that date.
29. **(B)** Marguerite says in her letter that the Chateau Frontenac is a hotel.
30. **(A)** She says that it is a good idea to go to Quebec in July because it is the month during which there is a festival.
31. **(D)** Marguerite will send brochures with pictures of the festival.
32. **(A)** He says that his grandparents live in the suburbs.
33. **(C)** He says that he is not going to Paris to watch television.
34. **(B)** She reminds the young man that the race takes place in June, but she doesn't know exactly when.
35. **(A)** Philippe thinks that the first car ever built was built by Henry Ford at the beginning of the 20th century.
36. **(B)** The teacher tells the students that it was built by Daimler, who was German, in 1886.
37. **(A)** That motor was invented approximately 20 years prior to the first car, which means around 1866.
38. **(B)** Philippe was right when he said that the model T was built by Ford at the beginning of the 20th century.
39. **(A)** Colette forgot that her aunt Marthe is overseas, and she is not interested in a stamp from the same country.
40. **(C)** Aunt Marthe is on a business trip in Shanghai.
41. **(C)** Colette admits that she forgot that her aunt was in China.
42. **(A)** Anne says that they have just finished dinner.
43. **(C)** Georges is taking a shower.
44. **(D)** Nicolas doesn't have to drive Georges to work because Georges' car has been repaired.
45. **(D)** Solange's teacher is very talented.
46. **(D)** Solange's aunt would love to see the monuments in Egypt.
47. **(B)** Three of the paintings are in the school.
48. **(A)** Everyone is talking about the movie in question.
49. **(B)** Antoine and his wife found the movie too long, but they did not leave before the end.
50. **(C)** She was the only one who performed well, but her role was too small.

PART TWO

SAMPLE TESTS

SAMPLE TEST I

French Subject Test

Answer Sheet

1. Ⓐ Ⓑ Ⓒ Ⓓ Ⓔ	23. Ⓐ Ⓑ Ⓒ Ⓓ Ⓔ	45. Ⓐ Ⓑ Ⓒ Ⓓ Ⓔ	67. Ⓐ Ⓑ Ⓒ Ⓓ Ⓔ
2. Ⓐ Ⓑ Ⓒ Ⓓ Ⓔ	24. Ⓐ Ⓑ Ⓒ Ⓓ Ⓔ	46. Ⓐ Ⓑ Ⓒ Ⓓ Ⓔ	68. Ⓐ Ⓑ Ⓒ Ⓓ Ⓔ
3. Ⓐ Ⓑ Ⓒ Ⓓ Ⓔ	25. Ⓐ Ⓑ Ⓒ Ⓓ Ⓔ	47. Ⓐ Ⓑ Ⓒ Ⓓ Ⓔ	69. Ⓐ Ⓑ Ⓒ Ⓓ Ⓔ
4. Ⓐ Ⓑ Ⓒ Ⓓ Ⓔ	26. Ⓐ Ⓑ Ⓒ Ⓓ Ⓔ	48. Ⓐ Ⓑ Ⓒ Ⓓ Ⓔ	70. Ⓐ Ⓑ Ⓒ Ⓓ Ⓔ
5. Ⓐ Ⓑ Ⓒ Ⓓ Ⓔ	27. Ⓐ Ⓑ Ⓒ Ⓓ Ⓔ	49. Ⓐ Ⓑ Ⓒ Ⓓ Ⓔ	71. Ⓐ Ⓑ Ⓒ Ⓓ Ⓔ
6. Ⓐ Ⓑ Ⓒ Ⓓ Ⓔ	28. Ⓐ Ⓑ Ⓒ Ⓓ Ⓔ	50. Ⓐ Ⓑ Ⓒ Ⓓ Ⓔ	72. Ⓐ Ⓑ Ⓒ Ⓓ Ⓔ
7. Ⓐ Ⓑ Ⓒ Ⓓ Ⓔ	29. Ⓐ Ⓑ Ⓒ Ⓓ Ⓔ	51. Ⓐ Ⓑ Ⓒ Ⓓ Ⓔ	73. Ⓐ Ⓑ Ⓒ Ⓓ Ⓔ
8. Ⓐ Ⓑ Ⓒ Ⓓ Ⓔ	30. Ⓐ Ⓑ Ⓒ Ⓓ Ⓔ	52. Ⓐ Ⓑ Ⓒ Ⓓ Ⓔ	74. Ⓐ Ⓑ Ⓒ Ⓓ Ⓔ
9. Ⓐ Ⓑ Ⓒ Ⓓ Ⓔ	31. Ⓐ Ⓑ Ⓒ Ⓓ Ⓔ	53. Ⓐ Ⓑ Ⓒ Ⓓ Ⓔ	75. Ⓐ Ⓑ Ⓒ Ⓓ Ⓔ
10. Ⓐ Ⓑ Ⓒ Ⓓ Ⓔ	32. Ⓐ Ⓑ Ⓒ Ⓓ Ⓔ	54. Ⓐ Ⓑ Ⓒ Ⓓ Ⓔ	76. Ⓐ Ⓑ Ⓒ Ⓓ Ⓔ
11. Ⓐ Ⓑ Ⓒ Ⓓ Ⓔ	33. Ⓐ Ⓑ Ⓒ Ⓓ Ⓔ	55. Ⓐ Ⓑ Ⓒ Ⓓ Ⓔ	77. Ⓐ Ⓑ Ⓒ Ⓓ Ⓔ
12. Ⓐ Ⓑ Ⓒ Ⓓ Ⓔ	34. Ⓐ Ⓑ Ⓒ Ⓓ Ⓔ	56. Ⓐ Ⓑ Ⓒ Ⓓ Ⓔ	78. Ⓐ Ⓑ Ⓒ Ⓓ Ⓔ
13. Ⓐ Ⓑ Ⓒ Ⓓ Ⓔ	35. Ⓐ Ⓑ Ⓒ Ⓓ Ⓔ	57. Ⓐ Ⓑ Ⓒ Ⓓ Ⓔ	79. Ⓐ Ⓑ Ⓒ Ⓓ Ⓔ
14. Ⓐ Ⓑ Ⓒ Ⓓ Ⓔ	36. Ⓐ Ⓑ Ⓒ Ⓓ Ⓔ	58. Ⓐ Ⓑ Ⓒ Ⓓ Ⓔ	80. Ⓐ Ⓑ Ⓒ Ⓓ Ⓔ
15. Ⓐ Ⓑ Ⓒ Ⓓ Ⓔ	37. Ⓐ Ⓑ Ⓒ Ⓓ Ⓔ	59. Ⓐ Ⓑ Ⓒ Ⓓ Ⓔ	81. Ⓐ Ⓑ Ⓒ Ⓓ Ⓔ
16. Ⓐ Ⓑ Ⓒ Ⓓ Ⓔ	38. Ⓐ Ⓑ Ⓒ Ⓓ Ⓔ	60. Ⓐ Ⓑ Ⓒ Ⓓ Ⓔ	82. Ⓐ Ⓑ Ⓒ Ⓓ Ⓔ
17. Ⓐ Ⓑ Ⓒ Ⓓ Ⓔ	39. Ⓐ Ⓑ Ⓒ Ⓓ Ⓔ	61. Ⓐ Ⓑ Ⓒ Ⓓ Ⓔ	83. Ⓐ Ⓑ Ⓒ Ⓓ Ⓔ
18. Ⓐ Ⓑ Ⓒ Ⓓ Ⓔ	40. Ⓐ Ⓑ Ⓒ Ⓓ Ⓔ	62. Ⓐ Ⓑ Ⓒ Ⓓ Ⓔ	84. Ⓐ Ⓑ Ⓒ Ⓓ Ⓔ
19. Ⓐ Ⓑ Ⓒ Ⓓ Ⓔ	41. Ⓐ Ⓑ Ⓒ Ⓓ Ⓔ	63. Ⓐ Ⓑ Ⓒ Ⓓ Ⓔ	85. Ⓐ Ⓑ Ⓒ Ⓓ Ⓔ
20. Ⓐ Ⓑ Ⓒ Ⓓ Ⓔ	42. Ⓐ Ⓑ Ⓒ Ⓓ Ⓔ	64. Ⓐ Ⓑ Ⓒ Ⓓ Ⓔ	86. Ⓐ Ⓑ Ⓒ Ⓓ Ⓔ
21. Ⓐ Ⓑ Ⓒ Ⓓ Ⓔ	43. Ⓐ Ⓑ Ⓒ Ⓓ Ⓔ	65. Ⓐ Ⓑ Ⓒ Ⓓ Ⓔ	87. Ⓐ Ⓑ Ⓒ Ⓓ Ⓔ
22. Ⓐ Ⓑ Ⓒ Ⓓ Ⓔ	44. Ⓐ Ⓑ Ⓒ Ⓓ Ⓔ	66. Ⓐ Ⓑ Ⓒ Ⓓ Ⓔ	

Sample Test I

French Subject Test

(The answers to this sample test can be found in Part Four of this book.)

Part A

Directions: This part consists of a series of incomplete statements followed by four possible answers. Among the four choices, select the answer that best fits the statement.

1. Allons tout de suite au restaurant parce que j'ai _____.

(A) raison
(B) peur
(C) fatigué
(D) faim

2. Le professeur m'a beaucoup _____ quand il a vu que j'étais inquiète.

(A) expliquée
(B) encouragée
(C) révisé
(D) répondue

3. N'oublie pas d'_____ la télévision avant de te coucher.

(A) éteindre
(B) allumer
(C) écouter
(D) endormir

4. Elle a acheté une paire de _____ blanches à talons hauts.

(A) chaussettes
(B) souliers
(C) patins
(D) chaussures

5. Michel _____ sa mère parce qu'elle était très occupée.

(A) a assisté
(B) a vu
(C) a aidé
(D) a supporté

6. Le taxi _____ trop vite et un agent de police a obligé le chauffeur à s'arrêter.

(A) allait
(B) conduisait
(C) était
(D) courait

7. Hier soir, j'ai regardé les _____ à la télé et c'est là que j'ai appris que le nouveau maire avait été élu.

(A) nouveaux
(B) informations
(C) programmes
(D) électeurs

8. Tout était très calme dans le salon quand, soudain, la porte _____ avec un grand bruit et Félicie entra.

(A) s'ouvrit
(B) se ferma
(C) se cassa
(D) se brisa

continued...

9. Comme Charles n'avait pas _____ ses affaires, il ne pouvait rien trouver dans sa chambre.

(A) rangé
(B) mis
(C) placé
(D) fait

10. Quand Marie est arrivée en retard, elle a expliqué qu'elle s'était _____.

(A) perdu
(B) brouillée
(C) dormi
(D) égarée

11. Je viens d'acheter un costume bleu qui m'a coûté très _____.

(A) beaucoup
(B) cher
(C) fort
(D) énormément

12. Mon cousin cherche un _____ aux Caraïbes parce qu'il veut vivre au bord de la mer.

(A) emploi
(B) maison
(C) restaurant
(D) place

13. En répondant à la question, je me suis _____ et j'ai eu une mauvaise note.

(A) confus
(B) embrouillé
(C) oublié
(D) étourdi

14. J'ai décidé de ne pas prendre l'autoroute parce qu'il y avait un _____.

(A) embouteillage
(B) carrefour
(C) queue
(D) trajet

15. Tout le monde s'est mis à table en même _____.

(A) fois
(B) moment
(C) instant
(D) temps

16. _____ qu'elle est arrivée, Régine a embrassé sa mère.

(A) Quand
(B) Aussi
(C) Dès
(D) Avant

17. Attention, Suzanne, il est _____ de fumer dans ce restaurant.

(A) interdit
(B) défendue
(C) prévenu
(D) empêchée

18. Les habitants de ce village au bord de la mer vivent essentiellement de la _____.

(A) marine
(B) pêche
(C) poisson
(D) montagne

19. Aujourd'hui, il fait une chaleur _____.

(A) grande
(B) brûlée
(C) étouffante
(D) extremiste

20. Après mon dernier examen, j'étais si fatiguée que je n'avais aucune _____.

(A) envie
(B) énergie
(C) idée
(D) réponse

continued...

Part B

Directions: In this part, each sentence contains a blank. Select, from the four choices that follow, the one that forms a grammatically correct sentence. Whenever there are dashes following (A), it means that no insertion is necessary. However, this may or may not be the correct answer.

21. En entrant _____ la salle de classe, le professeur a laissé tomber son livre.

    (A) ---
    (B) de
    (C) dans
    (D) à

22. Elles allaient _____ au cinéma avec leurs amies.

    (A) avant
    (B) bien
    (C) hier
    (D) parfois

23. Le bâtiment devant _____ il a garé sa voiture est gris.

    (A) qu'
    (B) duquel
    (C) lequel
    (D) quoi

24. Vous avez compris ce chapitre _____ que moi.

    (A) mieux
    (B) bien
    (C) aussi
    (D) comme

25. Ils comptent se rendre _____ Suisse pour les vacances de Noël.

    (A) de
    (B) au
    (C) en
    (D) à

26. C'est elle qui vous _____ de venir vers huit heures.

    (A) avez dit
    (B) a dit
    (C) ayant dit
    (D) ait dit

27. Après _____ le livre, j'ai décidé de voir le film.

    (A) lisant
    (B) lisait
    (C) avoir lu
    (D) ayant lu

28. J'ai acheté un litre _____ lait ce matin.

    (A) ---
    (B) du
    (C) à
    (D) de

29. Je viendrai te voir samedi _____ ma voiture soit chez le garagiste.

    (A) bien que
    (B) parce que
    (C) puisque
    (D) lorsque

30. Quand tu verras Corrine, tu _____ diras bonjour de ma part.

    (A) lui
    (B) la
    (C) y
    (D) en

continued...

31. Malheureusement, Laura peint très _____.

(A) mauvais
(B) mauvaise
(C) terrible
(D) mal

32. Cet acteur n'a aucun _____ talent.

(A) ---
(B) de
(C) du
(D) un

33. Ils étaient assis _____ de la jetée et ils écoutaient le bruit des vagues.

(A) devant
(B) près
(C) sur
(D) face

34. Merci encore _____ m'avoir fait visiter votre belle ville.

(A) ---
(B) parce que
(C) de
(D) par

continued...

Part C

Directions: The following paragraphs contain some blank spaces. Choose, among the four answers that accompany each blank, the one that best completes the sentence, either for the meaning or for the grammar. In some instances, the first answer (A) may only have dashes, indicating that no insertion is necessary to form a grammatically correct sentence.

Lors de son séjour en Grèce, Noëlle avait pu ------- la langue de ce pays, qu'elle avait étudiée plusieurs années

35. (A) dire (B) prendr (C) pratiquer (D) commander

------- et qu'elle pensait avoir oubliée depuis -------. Il va sans dire qu'elle avait fait des fautes, mais on -------

36. (A) auparavant (B) déjà (C) bientôt (D) passé

37. (A) beaucoup (B) quelquefois (C) longtemps (D) toujours

38. (A) y (B) lui (C) se (D) la

comprenait! Son professeur de grec lui avait ------- dit qu'une fois une langue -------, elle reste gravée pour toujours

39. (A) sinon (B) bien (C) partout (D) enfin

40. (A) complétée (B) maîtrisée (C) écrite (D) discutée

dans ------- subconscient, mais Noëlle ne l'avait pas cru. -------, sitôt qu'elle avait -------, Noëlle s'était ------- compte

41. (A) ton (B) son (C) votre (D) notre

42. (A) Cependant (B) Aussi (C) Souvent (D) Quelquefois

43. (A) arrivé (B) parlé (C) atterri (D) conclu

44. (A) rendu (B) fait (C) dit (D) réalisé

qu'elle pouvait comprendre ce ------- était écrit sur les ------- et aussi sur les panneaux -------, enfin, elle pouvait

45. (A) qui (B) qu' (C) quoi (D) dont

46. (A) cahiers (B) avions (C) gens (D) affiches

47. (A) publicitaires (B) compréhensibles (C) finis (D) décrits

voir qu'elle comprenait -------. Bien entendu, elle en était ------.

48. (A) toute (B) tous (C) toutes (D) tout

49. (A) ravie (B) délicieuse (C) étourdie (D) mécontente

L'autre jour, je n'arrivais pas ------- trouver mon dossier sur Victor Hugo. Je l'avais peut-être oublié à la -------

50. (A) --- (B) à (C) de (D) par

51. (A) bureau (B) librairie (C) bibliothèque (D) endroit

où je faisais des recherches. Tout ------- j'ai cherché ces papiers dans ma chambre, mais ------- succès. Au -------

52. (A) d'abord (B) après (C) jour (D) temps

53. (A) avec (B) pas (C) sans (D) sauf

54. (A) place (B) lieu (C) début (D) moment

de perdre du temps, j'ai décidé de ------- un coup de fil à Madame Leclerc, la mère de mon copain Julien, chez qui

55. (A) passer (B) faire (C) décrocher (D) dire

j'étais allé avant de rentrer chez moi. Heureusement, mon dossier ------- était!

56. (A) --- (B) elle (C) l' (D) y

continued...

Part D

Directions: Each passage in this section is followed by questions or incomplete statements. Among the four choices, choose the one that applies to the passage.

Si vous êtes un adepte des puzzles, vous serez certainement conquis par ceux que nous avons créés pour vous. Il y en a pour tous les goûts, de dix à cinq mille pièces ou plus, selon que vous préférez ceux qui exigent plusieurs jours à compléter ou, au contraire, une ou deux heures. Tout amateur sera plongé avec délices dans le défi que le puzzle présente. Nous en avons même pour tous les âges, à partir des puzzles pour les enfants de deux ou trois ans à ceux destinés aux adultes. Et les images? Eh bien, si vous aimez voyager, nous vous offrons des monuments de tous les pays du monde, aussi bien que des paysages extraordinaires de ces mêmes pays. Si vous aimez les scènes amusantes de la vie quotidienne, vous serez charmés par ces images en couleur ou en noir et blanc. En quelque sorte, vous aurez l'embarras du choix!

57. D'après cette publicité, les puzzles offerts sont destinés à . . .

    (A) des enfants.
    (B) des adultes.
    (C) tous les jeunes.
    (D) tout le monde.

58. Parmi ces puzzles, on peut trouver tous les exemples suivants SAUF . . .

    (A) des bandes dessinées amusantes.
    (B) des images en noir et blanc.
    (C) des paysages de beaucoup de pays.
    (D) des images en couleur.

59. Selon ce passage, les puzzles contiennent tous . . .

    (A) très peu de pièces.
    (B) environ cinq mille pièces.
    (C) entre dix et plusieurs milliers de pièces.
    (D) quelques centaines de pièces.

60. La phrase "vous aurez l'embarras du choix" signifie que les adeptes des puzzles . . .

    (A) pourront choisir de belles images.
    (B) auront du mal à choisir entre les puzzles.
    (C) n'auront pas à prendre une décision.
    (D) pourront vérifier les puzzles.

continued...

Maintenant qu'elle est devenue célèbre, Marine n'a pas oublié ses amis d'autrefois, ses petits voisins avec lesquels elle jouait à l'école maternelle. C'est d'ailleurs là qu'elle a commencé à découvrir les joies du micro, alors qu'elle chantait devant parents, professeurs et élèves, lors de la fête annuelle de Noël. Après cela, elle a commencé à reprendre les chanteuses connues au karaoké en famille et en la présence de ses amis. Plus tard, elle a participé à plusieurs concours d'amateurs, remportant tous les prix. Pour elle, le chemin de la célébrité n'a pas été couvert d'obstacles comme celui de beaucoup d'autres chanteurs, son talent l'ayant pavé. Aujourd'hui, elle dédie ses succès non seulement à sa famille, mais aussi à ses amis fidèles qui, autant que possible, assistent à plusieurs de ses concerts et demeurent ses plus grands fans.

61. D'après ce passage, il est évident que Marine . . .

(A) a beaucoup changé depuis qu'elle est connue.
(B) est connue dans le monde entier.
(C) aime chanter sans micro.
(D) garde toujours ses amis d'enfance.

62. La première expérience artistique de cette chanteuse a eu lieu . . .

(A) à l'école.
(B) en famille.
(C) chez ses amis.
(D) au karaoké.

63. Nous apprenons qu'après l'école maternelle, Marine . . .

(A) a reçu plusieurs prix scolaires.
(B) a imité des célébrités.
(C) a surmonté plusieurs obstacles.
(D) a chanté uniquement en famille.

Plusieurs familles françaises, implantées au Canada depuis le dix-septième siècle, ont aujourd'hui un nombre incalculable de descendants. C'est le cas pour les Archambault qui sont aujourd'hui plus de vingt mille, et qui, comme quelques autres vieilles familles, ont formé une association et ont fait un pélerinage en France. Le premier immigré, Jacques Archambault vint à Québec avec sa famille, contrairement à beaucoup d'autres qui préféraient tenter leur chance seuls, et ensuite, si cela réussissait, faisaient venir leur famille. Arrivé avec son épouse et ses sept enfants, il avait, à sa mort à l'âge de 84 ans, 52 petits-enfants et 12 arrière petits-enfants. Actuellement, les vingt mille et quelques descendants de cet immigré français vivent au Canada et aux Etats-Unis, en Nouvelle Angleterre.

Il est intéressant de noter que c'est Jacques Archambault qui a construit le premier puits dans le fort de Ville-Marie à Montréal. Il avait fait cela à la demande de Paul Chomedey de Maisonneuve, le fondateur de Ville-Marie. En effet, celui-ci ne voulait pas que la vie de ses hommes soit mise en danger s'ils allaient puiser de l'eau hors du fort qui n'était pas loin du fleuve Saint-Laurent. Il ne faut pas oublier qu'à l'époque, les Iroquois présentaient un danger pour les colons et que, souvent, ils envoyaient des flèches incendiaires sur les bâtiments en bois, L'eau était donc nécessaire pour éteindre les incendies.

Parmi les descendants de Jacques Archambault, on compte des juges, des prêtres, des notaires, des sculpeurs de renommée internationale, etc.

continued...

A Dompierre-sur-Mer, où Jacques Archambault est né, il existe aujourd'hui une rue portant le nom "Jacques Archambault." En 1990, on a célébré le jumelage de Dompierre-sur-Mer, France et Saint-Antoine sur Richelieu au Québec, trois cents ans après la mort de Jacques Archambault.

64. D'après ce texte, nous apprenons que beaucoup de familles canadiennes d'origine française . . .

    (A) ont une éducation religieuse approfondie.
    (B) ont fait un voyage dans leur pays d'origine.
    (C) ont vingt mille descendants.
    (D) arrivaient à Québec avec toute leur famille.

65. Aujourd'hui, on peut trouver des descendants de Jacques Archambault . . .

    (A) seulement au Canada.
    (B) au Canada et en Angleterre.
    (C) au Canada et aux Etats-Unis.
    (D) en France.

66. A l'époque de Jacques Archambault, Ville-Marie était . . .

    (A) un puits important.
    (B) une petite ville.
    (C) un fort à Montréal.
    (D) une fondation.

67. Archambault avait construit le premier puits parce que Monsieur de Maisonneuve . . .

    (A) voulait protéger ses hommes.
    (B) pouvait ainsi attaquer les Iroquois.
    (C) trouvait le Saint-Laurent trop éloigné.
    (D) avait confiance en lui.

68. On peut trouver des descendants de Jacques Archambault . . .

    (A) dans le domaine légal.
    (B) dans le clergé.
    (C) dans le domaine artistique.
    (D) dans tous les domaines ci-dessus.

69. Dans la ville natale de Jacques Archambault, on a célébré ce colon du dix-septième siècle en . . .

    (A) donnant son nom à plusieurs bâtiments.
    (B) faisant un jumelage.
    (C) construisant une église.
    (D) donnant son nom à une rue.

continued...

Lorsque les quatre parents se trouvèrent seuls dans la salle, monsieur Grandet dit à son neveu: "Il faut se coucher. Il est trop tard pour causer des affaires qui vous amènent ici, nous prendrons demain un moment convenable. Ici, nous déjeunons à huit heures. A midi, nous mangeons un fruit, un rien de pain sur le pouce, et nous buvons un verre de vin blanc; puis nous dînons, comme les Parisiens, à cinq heures. Voilà l'ordre. Si vous voulez voir la ville ou les environs, vous serez libre comme l'air. Vous m'excuserez si mes affaires ne me permettent pas toujours de vous accompagner. Vous les entendrez peut-être tous ici vous disant que je suis riche: monsieur Grandet par-ci, monsieur Grandet par là! Je les laisse dire, leurs bavardages ne nuisent point à mon crédit. Mais je n'ai pas le sou, et je travaille à mon âge comme un jeune compagnon, qui n'a pour tout bien qu'une mauvaise plane et deux bons bras."

70. Cette conversation a lieu . . .

(A) tôt le matin.
(B) dans la soirée.
(C) à cinq heures.
(D) au moment du déjeuner.

71. Le neveu de Monsieur Grandet est venu . . .

(A) pour voir la famille.
(B) pour discuter de quelque chose.
(C) pour dîner avec les siens.
(D) pour voir la ville.

72. D'après ce passage, Monsieur Grandet a la réputation . . .

(A) d'être avare.
(B) d'être très travailleur.
(C) d'être bavard.
(D) d'avoir beaucoup d'argent.

73. Pourquoi Monsieur Grandet ne peut-il pas accompagner son neveu?

(A) Il n'aime pas marcher.
(B) Il n'a pas d'argent.
(C) Il dîne tôt.
(D) Il a beaucoup de travail.

74. Selon Monsieur Grandet, son neveu ne doit pas . . .

(A) écouter ce que les gens disent.
(B) voir la ville tout seul.
(C) dîner comme les Parisiens.
(D) acheter à crédit.

continued...

C'est en 1845 que deux navires britanniques, l'*Erebus* et le *Terror*, sont partis à la recherche du mythique "Passage du Nord-Ouest" que beaucoup avaient tenté de trouver depuis près de trois cents ans. Ces navires, qui comptaient à eux deux 128 marins et un commandant, disparurent sans laisser de traces. Lady Franklin, la veuve du capitaine organisa une opération de recherche pour essayer de retrouver les épaves des bateaux commandés par son mari. Elle seule avait gardé l'espoir de trouver des survivants. Malheureusement, tout ce que l'on découvrit, ce fut un tube metallique qui contenait des messages écrits par des officiers des deux navires, expliquant comment l'*Erebus* et le *Terror* avaient été bloqués par les glaces. Ils racontaient aussi que Sir John Franklin était mort et que les survivants étaient partis vers le sud, dans l'espoir de rejoindre la Baie d'Hudson. Tout porte à croire qu'ils avaient dû mourir en chemin. En 1993, une nouvelle expédition surnommée "Lady Franklin Memorial," mène à une petite découverte, dans le sol gelé: les restes d'un canot en bois. Après maintes analyses, les archéologues modernes ont conclu que ce canot provenait des deux navires de l'expédition du Capitaine Franklin.

75. Ce passage nous apprend que l'expédition du Capitaine Franklin était . ..

    (A) la première à tenter ce voyage.
    (B) une des nombreuses expéditions de ce genre.
    (C) une expédition mythique.
    (D) un évènement important pour l'Angleterre.

76. Qui a organisé la première expédition de recherches?

    (A) L'épouse du commandant
    (B) Des officiers britanniques
    (C) Des archéologues
    (D) Un commandant de navire

77. Qu'est-ce que les premières recherches ont révélé?

    (A) Le capitaine avait écrit des messages
    (B) Un officier avait trouvé un canot
    (C) Le commandant n'avait pas survécu
    (D) Un tube dans de la glace

78. La cause principale de la disparition des deux navires a été . . .

    (A) le mauvais temps.
    (B) une épave.
    (C) la glace.
    (D) un glacier.

79. D'après le texte, les survivants avaient essayé . . .

    (A) de réparer les deux navires.
    (B) d'atteindre une destination au sud.
    (C) de construire un canot.
    (D) de contacter Lady Franklin.

continued...

Ce soir-là, il faisait une chaleur extraordinaire. Je devais rencontrer mon père à son bureau, au dixième étage d'un grand immeuble. Nous allions ensuite acheter un cadeau pour maman dont l'anniversaire approchait rapidement. Heureusement que nous n'avions rien eu à inventer pour expliquer notre retard à maman: elle allait tarder elle-même parce qu'elle devait se faire couper les cheveux et n'avait pu obtenir de rendez-vous chez le coiffeur que dans la soirée. C'était même elle qui s'était excusée en nous disant qu'elle rentrerait trop tard et qu'il valait mieux que papa et moi allions dîner au restaurant. Parfaite coincidence! Cela nous donnerait assez de temps pour bien choisir notre cadeau.

Une fois dans l'immeuble, j'ai pris l'ascenseur qui venait d'arriver et je me suis trouvé tout seul, les autres personnes qui attendaient s'étant toutes engouffrées dans un autre ascenseur. J'ai appuyé sur le bouton et l'ascenseur a démarré. Quelques secondes plus tard, il s'est arrêté… entre deux étages! J'ai commencé à avoir peur et j'ai appuyé sur le bouton d'alarme… rien! J'ai cherché un téléphone pour appeler le concierge… rien! Finalement, je me suis mis à crier et quelqu'un m'a entendu. Au bout de quelques minutes, l'ascenseur a bougé un petit peu, puis un petit peu encore, et puis s'est arrêté de nouveau. Je tremblais de peur, mais lorsque la porte s'est ouverte, j'ai pu sortir car j'étais à l'étage même. L'ennui, c'est que j'étais au troisième étage. Comme je n'avais plus envie de me retrouver enfermé dans un ascenseur, j'ai pris les escaliers pour arriver au dixième étage. Quand je suis arrivé, j'étais à bout de souffle! Papa commençait à se demander ce qui était arrivé et avait déjà téléphoné au concierge lui-même. Heureusement que ce petit contretemps ne nous a pas empêchés d'acheter un joli cadeau à maman!

80. Pour quelle raison le narrateur et son père devaient-il dîner au restaurant ce soir-là?

(A) Il n'y avait rien dans le frigidaire.
(B) Le père devait travailler tard.
(C) La mère devait faire des achats.
(D) La mère avait un rendez-vous.

81. Le narrateur et son père étaient heureux . . .

(A) parce qu'ils n'aimaient pas manger chez eux.
(B) parce que la mère pourrait ainsi se reposer.
(C) parce qu'il faisait très chaud.
(D) parce qu'ils n'auraient pas à cacher la vériter.

82. Pourquoi le narrateur était-il seul dans l'ascenseur?

(A) Les autres avaient pris un autre ascenseur.
(B) Il était déjà tard et tout le monde était parti.
(C) Il préférait ne parler à personne.
(D) Les autres personnes avaient préféré l'escalier.

83. Comment a-t-on pu aider le narrateur?

(A) Il a téléphoné au concierge.
(B) Il a appelé au secours.
(C) Il a appuyé sur un bouton.
(D) Il a ouvert la porte.

continued...

84. Qu'est-ce que le narrateur a fait à la fin?

(A) Il est monté par les escaliers.
(B) Il a pris un autre ascenseur.
(C) Il est allé acheter le cadeau tout seul.
(D) Il a appelé son père.

85. Qu'est-ce que l'incident de l'ascenseur a causé?

(A) Ils n'ont pas eu le temps d'acheter le cadeau.
(B) Le père du narrateur s'est inquiété.
(C) On a bloqué la porte de l'ascenseur.
(D) Tout le monde a dû prendre l'escalier.

Scoring the SAT II French Subject Test

Once you have taken the sample test, compare your answers with those given in Part IV of this book.

1. Count the number of correct answers and mark the total here __________
2. Count the number of incorrect answers and mark the total here __________
3. Divide the total number of incorrect answers by 3 and mark the total here __________

You will now proceed as follows:

Subtract (3) from (1) and mark the result here __________

Round the result obtained to the nearest whole number. This is your **raw** test score. The raw test score will be converted to a **scaled** score.

To help you evaluate your approximate scaled score, please consult the following table. However, remember that these scores are approximate and may vary slightly from test to test.

Raw Score	Scaled Score
75 to 85	800
61 to 74	710 to 790
49 to 60	640 to 700
39 to 48	590 to 630
28 to 38	540 to 580
20 to 27	500 to 530
–1 to 19	380 to 490
–13 to –2	310 to 370
–28 to –14	220 to 300

SAMPLE TEST I

French Subject Test with Listening

Answer Sheet

1. Ⓐ Ⓑ Ⓒ Ⓓ Ⓔ	23. Ⓐ Ⓑ Ⓒ Ⓓ Ⓔ	45. Ⓐ Ⓑ Ⓒ Ⓓ Ⓔ	67. Ⓐ Ⓑ Ⓒ Ⓓ Ⓔ
2. Ⓐ Ⓑ Ⓒ Ⓓ Ⓔ	24. Ⓐ Ⓑ Ⓒ Ⓓ Ⓔ	46. Ⓐ Ⓑ Ⓒ Ⓓ Ⓔ	68. Ⓐ Ⓑ Ⓒ Ⓓ Ⓔ
3. Ⓐ Ⓑ Ⓒ Ⓓ Ⓔ	25. Ⓐ Ⓑ Ⓒ Ⓓ Ⓔ	47. Ⓐ Ⓑ Ⓒ Ⓓ Ⓔ	69. Ⓐ Ⓑ Ⓒ Ⓓ Ⓔ
4. Ⓐ Ⓑ Ⓒ Ⓓ Ⓔ	26. Ⓐ Ⓑ Ⓒ Ⓓ Ⓔ	48. Ⓐ Ⓑ Ⓒ Ⓓ Ⓔ	70. Ⓐ Ⓑ Ⓒ Ⓓ Ⓔ
5. Ⓐ Ⓑ Ⓒ Ⓓ Ⓔ	27. Ⓐ Ⓑ Ⓒ Ⓓ Ⓔ	49. Ⓐ Ⓑ Ⓒ Ⓓ Ⓔ	71. Ⓐ Ⓑ Ⓒ Ⓓ Ⓔ
6. Ⓐ Ⓑ Ⓒ Ⓓ Ⓔ	28. Ⓐ Ⓑ Ⓒ Ⓓ Ⓔ	50. Ⓐ Ⓑ Ⓒ Ⓓ Ⓔ	72. Ⓐ Ⓑ Ⓒ Ⓓ Ⓔ
7. Ⓐ Ⓑ Ⓒ Ⓓ Ⓔ	29. Ⓐ Ⓑ Ⓒ Ⓓ Ⓔ	51. Ⓐ Ⓑ Ⓒ Ⓓ Ⓔ	73. Ⓐ Ⓑ Ⓒ Ⓓ Ⓔ
8. Ⓐ Ⓑ Ⓒ Ⓓ Ⓔ	30. Ⓐ Ⓑ Ⓒ Ⓓ Ⓔ	52. Ⓐ Ⓑ Ⓒ Ⓓ Ⓔ	74. Ⓐ Ⓑ Ⓒ Ⓓ Ⓔ
9. Ⓐ Ⓑ Ⓒ Ⓓ Ⓔ	31. Ⓐ Ⓑ Ⓒ Ⓓ Ⓔ	53. Ⓐ Ⓑ Ⓒ Ⓓ Ⓔ	75. Ⓐ Ⓑ Ⓒ Ⓓ Ⓔ
10. Ⓐ Ⓑ Ⓒ Ⓓ Ⓔ	32. Ⓐ Ⓑ Ⓒ Ⓓ Ⓔ	54. Ⓐ Ⓑ Ⓒ Ⓓ Ⓔ	76. Ⓐ Ⓑ Ⓒ Ⓓ Ⓔ
11. Ⓐ Ⓑ Ⓒ Ⓓ Ⓔ	33. Ⓐ Ⓑ Ⓒ Ⓓ Ⓔ	55. Ⓐ Ⓑ Ⓒ Ⓓ Ⓔ	77. Ⓐ Ⓑ Ⓒ Ⓓ Ⓔ
12. Ⓐ Ⓑ Ⓒ Ⓓ Ⓔ	34. Ⓐ Ⓑ Ⓒ Ⓓ Ⓔ	56. Ⓐ Ⓑ Ⓒ Ⓓ Ⓔ	78. Ⓐ Ⓑ Ⓒ Ⓓ Ⓔ
13. Ⓐ Ⓑ Ⓒ Ⓓ Ⓔ	35. Ⓐ Ⓑ Ⓒ Ⓓ Ⓔ	57. Ⓐ Ⓑ Ⓒ Ⓓ Ⓔ	79. Ⓐ Ⓑ Ⓒ Ⓓ Ⓔ
14. Ⓐ Ⓑ Ⓒ Ⓓ Ⓔ	36. Ⓐ Ⓑ Ⓒ Ⓓ Ⓔ	58. Ⓐ Ⓑ Ⓒ Ⓓ Ⓔ	80. Ⓐ Ⓑ Ⓒ Ⓓ Ⓔ
15. Ⓐ Ⓑ Ⓒ Ⓓ Ⓔ	37. Ⓐ Ⓑ Ⓒ Ⓓ Ⓔ	59. Ⓐ Ⓑ Ⓒ Ⓓ Ⓔ	81. Ⓐ Ⓑ Ⓒ Ⓓ Ⓔ
16. Ⓐ Ⓑ Ⓒ Ⓓ Ⓔ	38. Ⓐ Ⓑ Ⓒ Ⓓ Ⓔ	60. Ⓐ Ⓑ Ⓒ Ⓓ Ⓔ	82. Ⓐ Ⓑ Ⓒ Ⓓ Ⓔ
17. Ⓐ Ⓑ Ⓒ Ⓓ Ⓔ	39. Ⓐ Ⓑ Ⓒ Ⓓ Ⓔ	61. Ⓐ Ⓑ Ⓒ Ⓓ Ⓔ	83. Ⓐ Ⓑ Ⓒ Ⓓ Ⓔ
18. Ⓐ Ⓑ Ⓒ Ⓓ Ⓔ	40. Ⓐ Ⓑ Ⓒ Ⓓ Ⓔ	62. Ⓐ Ⓑ Ⓒ Ⓓ Ⓔ	84. Ⓐ Ⓑ Ⓒ Ⓓ Ⓔ
19. Ⓐ Ⓑ Ⓒ Ⓓ Ⓔ	41. Ⓐ Ⓑ Ⓒ Ⓓ Ⓔ	63. Ⓐ Ⓑ Ⓒ Ⓓ Ⓔ	85. Ⓐ Ⓑ Ⓒ Ⓓ Ⓔ
20. Ⓐ Ⓑ Ⓒ Ⓓ Ⓔ	42. Ⓐ Ⓑ Ⓒ Ⓓ Ⓔ	64. Ⓐ Ⓑ Ⓒ Ⓓ Ⓔ	86. Ⓐ Ⓑ Ⓒ Ⓓ Ⓔ
21. Ⓐ Ⓑ Ⓒ Ⓓ Ⓔ	43. Ⓐ Ⓑ Ⓒ Ⓓ Ⓔ	65. Ⓐ Ⓑ Ⓒ Ⓓ Ⓔ	87. Ⓐ Ⓑ Ⓒ Ⓓ Ⓔ
22. Ⓐ Ⓑ Ⓒ Ⓓ Ⓔ	44. Ⓐ Ⓑ Ⓒ Ⓓ Ⓔ	66. Ⓐ Ⓑ Ⓒ Ⓓ Ⓔ	

French Subject Test with Listening

(The answers to this sample test can be found in Part Four of this book.)

SECTION I—LISTENING

Part A

Directions: In this section, you will hear four sentences (A), (B), (C), and (D). You will hear these sentences only once, and they will not be printed in your book. As you listen to the sentences, look carefully at the picture and select the sentence that best fits what is in the picture.

1.

continued...

2.

3.

continued...

4.

5.

continued...

6.

7.

continued...

8.

9.

continued...

10.

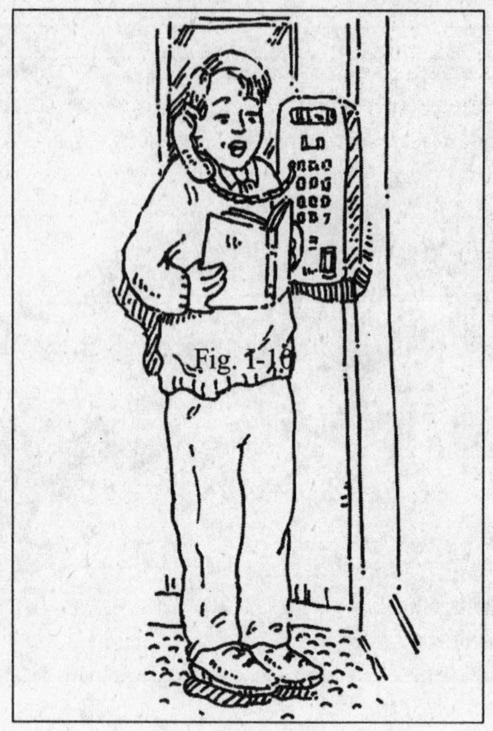
Fig. 1-10

Part B

<u>Directions</u>: In this section, you will hear a series of short dialogues. These dialogues will not be printed in your book, but each dialogue will be repeated. For each selection, you will be asked one or two questions followed by three possible answers—(A), (B), and (C). These answers are not printed in your book. You will hear them only once. Listen carefully to the speaker and mark the correct answer on your answer sheet. You are now ready to begin.

Questions 11 through 22

continued...

Part C

Directions: You will hear a series of extended dialogues. These dialogues will not be printed in your book, and you will hear each only once. After listening to each dialogue, you will be asked several questions followed by four possible answers—(A), (B), (C), and (D). These questions are printed in your book. You will hear them only once. Select the best answer to the question from among the four choices printed in your book and mark the correct answer on your answer sheet. You are now ready to begin.

Dialogue 1

23. Qu'est-ce que Jacques reproche à Philippe?

(A) De ne pas être allé à l'école
(B) D'avoir manqué un rendez-vous
(C) D'avoir déménagé en banlieue
(D) De ne pas avoir gardé contact

24. Pour quelle raison la soeur de Philippe est-elle heureuse?

(A) Elle vient d'avoir cinq ans
(B) Elle aime jouer avec ses voisins
(C) Elle adore sa nouvelle maison
(D) Elle aime son école

25. Pourquoi Philippe m'est-il pas heureux?

(A) Il déteste sa nouvelle école
(B) Il n'aime pas les élèves
(C) Les professeurs le traumatisent
(D) Ses amis lui manquent

26. Qu'est-ce que Philippe essaie de faire?

(A) De s'habituer à sa nouvelle vie
(B) De parler avec ses professeurs
(C) De s'accrocher à son ancienne vie
(D) D'accueillir les élèves de son école

Dialogue 2

27. Qu'est-ce que nous apprenons de Monsieur et Madame Blancpain?

(A) Ils étaient célèbres il y a quelques années
(B) Ils ont toujours enseigné la danse classique
(C) Ils ont toujours enseigné la danse moderne
(D) Ils ont un studio près de Didier

28. Qu'est-ce que Line, la soeur de Didier, aimerait?

(A) Que Claire prenne aussi des leçons de danse
(B) Que Didier prenne aussi des leçons de danse
(C) Que Didier soit plus discipliné
(D) Que Claire réponde à ses questions

29. Pourquoi Didier ne veut-il pas apprendre la danse?

(A) Il n'aime pas les Blancpain
(B) Il n'apprécie pas la danse
(C) Il n'a pas le temps
(D) Il a peur d'avoir l'air bête

continued...

Dialogue 3

30. Qu'est-ce que Vanessa dit à sa mère?
    - (A) Elle doit finir ses devoirs.
    - (B) Elle doit faire de la recherche.
    - (C) Elle doit lire une pièce de théatre.
    - (D) Elle doit aller au théatre.

31. Qu'est-ce que la mère de Vanessa lui rappelle?
    - (A) Il y a plusieurs livres utiles à la maison.
    - (B) Il faut qu'elle prépare le dîner.
    - (C) Il faut qu'elle aille à la bibliothèque.
    - (D) Il ne faut pas qu'elle tarde.

32. Pour quelle raison Vanessa n'est pas trop sûre d'elle-même?
    - (A) Elle n'a jamais étudié la littérature.
    - (B) Elle ne connaît pas bien le dix-huitième siècle.
    - (C) Elle ne sait pas bien la littérature anglaise.
    - (D) Elle n'a jamais vu de pièce de théatre classique.

33. Qu'est-ce que la mère pense que Vanessa voudra faire ce soir?
    - (A) Dormir
    - (B) Manger
    - (C) Sortir
    - (D) Étudier

continued...

SECTION II—READING

Time—40 minutes
Questions 34–87

Part A

Directions: This part consists of a series of incomplete statements followed by four possible answers. Among the four choices, select the answer that best fits the statement.

34. Elle n'a pas su _____ à la question parce qu'elle n'avait pas étudié.

(A) répondre
(B) comprendre
(C) résoudre
(D) finir

35. Quand j'aurai fini de le lire, je mettrai ce livre sur _____.

(A) la bibliothèque
(B) la librairie
(C) l'étagère
(D) le tiroir

36. Avant de sortir, Christine a pris son _____ parce qu'il pleuvait.

(A) ombrelle
(B) imperméable
(C) veston
(D) tablier

37. Si tu vas à Paris, n'oublie pas d'acheter un _____ de la ville, tu en auras besoin!

(A) quartier
(B) plan
(C) livre
(D) métro

38. Louis, tu ferais bien de te _____, sinon tu vas rater l'autobus.

(A) courir
(B) détendre
(C) dépêcher
(D) discuter

39. Pour pouvoir retrouver plus tard les phrases importantes du chapitre, elle les avait _____.

(A) décrites
(B) lues
(C) finies
(D) soulignées

40. Je ne comprends _____ rien dans cette classe depuis le début de l'année.

(A) actuellement
(B) vraiment
(C) hier
(D) comment

41. Corinne, n'oublie pas de _____ la table avant de t'habiller, tu n'en auras pas le temps après.

(A) mettre
(B) fixer
(C) placer
(D) ranger

42. Avant de vous _____ dans la lecture de ce roman, vous feriez bien de faire un peu de recherche sur son auteur.

(A) commencer
(B) lancer
(C) analyser
(D) passer

continued...

Part B

Directions: Each of the following incomplete sentences is followed by four choices. Select, among these choices, the one that forms a grammatically correct sentence. If (A) is followed by dashes, this means that, in order to form a grammatically correct sentence, no word needs to be inserted.

43. Ils sont sortis avec _____ la semaine passée

(A) leur
(B) te
(C) elle
(D) il

44. Il est évident que vous _____ malade, vous feriez bien de vous reposer.

(A) soyez
(B) seriez
(C) étiez
(D) êtes

45. Elle est vraiment gentille _____ tout le monde, c'est pour cela qu'on l'aime.

(A) vers
(B) envers
(C) à
(D) par

46. Les élèves se sont levés lorsque le directeur est entré _____ la classe.

(A) ---
(B) à
(C) par
(D) dans

47. Je crois qu'ils comptent se rendre _____ Australie cet hiver.

(A) à l'
(B) dans l'
(C) en
(D) pour

48. Les amies qu'elle avait _____ étaient toutes là.

(A) invitées
(B) invité
(C) invitée
(D) invités

49. Je préfère ma voiture à _____ de ma soeur.

(A) celui
(B) cette
(C) cela
(D) celle

50. Nous sommes allés au restaurant _____ avoir raccompagné Monique.

(A) pour
(B) après
(C) en
(D) puis

51. Si elle achète cette bague et qu'elle _____ donne, je serai heureuse pour toi.

(A) t'en
(B) te la
(C) t'y
(D) te le

52. Je donnerai le cadeau à Josette lorsque je la _____.

(A) vois
(B) voyais
(C) verrais
(D) verrai

continued...

Part C

Directions: The following paragraphs contain some blank spaces. Choose, among the four answers that accompany each blank, the one that best completes the sentence, either for the meaning or for the grammar. In some instances, the first answer (A) may only have dashes, indicating that no insertion is necessary to form a grammatically correct sentence.

Je ne comprends pas pourquoi Paulette ------- toujours en retard quand elle vient chez moi. Je sais bien que chaque

53. (A) est
(B) soit
(C) serait
(D) était

fois qu'elle doit ------- chez ses autres amis, elle vient toujours ------- l'heure. Je finis ------- perdre patience!

54. (A) allant
(B) allait
(C) va
(D) aller

55. (A) ---
(B) sur
(C) à
(D) dans

56. (A) par
(B) de
(C) en
(D) à

La semaine prochaine, je donne une fête pour une de nos amies qui ------- à New York ------- un an et qui vient passer

57. (A) vivrait
(B) vécut
(C) vit
(D) vivait

58. (A) il y a
(B) dans
(C) pendant
(D) depuis

quelques jours parmi nous avant d'y -------. Cette fois-ci, si Paulette ------- en retard, je ne l'inviterai jamais plus!

59. (A) venir
(B) aller
(C) retourner
(D) parvenir

60. (A) arrivera
(B) arrivait
(C) arrive
(D) arriverait

------- vous que c'est le roi Louis XIV, autrement connu sous le nom de Roi Soleil, qui, lorsqu'il ------- l'Edit de

61. (A) Savez
(B) Connaissez
(C) Expliquez
(D) Décrivez

62. (A) a révoqué
(B) révoquait
(C) révoquerait
(D) révoque

Nantes, a en même ------ fait naître la traditon de l'asile politique en Europe? En effet, ------- révocation ------- des

63. (A) fois
(B) moment
(C) temps
(D) époque

64. (A) ce
(B) cette
(C) celle
(D) celui

65. (A) force
(B) a forcé
(C) forçait
(D) aura forcé

milliers de protestants à ------- la France et . . . vous -------, à demander asile à des pays voisins, ------- que

66. (A) partir
(B) délaisser
(C) sortir
(D) quitter

67. (A) l'avez deviné
(B) l'avez devinée
(C) la devinez
(D) le deviniez

68. (A) comme
(B) aussi
(C) tels
(D) tant

l'Angleterre, l'Allemagne, etc. Plus tard, les nobles ------- ont suivi le même ------- au temps de la Révolution Française,

69. (A) ---
(B) qui
(C) qu'
(D) lesquels

70. (A) voyage
(B) moyen
(C) départ
(D) chemin

cette fois-ci afin d' ------- le couperet de Madame Guillotine!

71. (A) abolir
(B) tromper
(C) éviter
(D) tricher

continued...

Part D

Directions: Read the following passages very carefully for comprehension. Each of these passages is followed by an incomplete statement or a question. Choose, among the four answers that follow, the completion or the answer that best applies, according to the text.

Afin de ne pas oublier l'heure exacte de son rendez-vous avec Martine, Guillaume avait inscrit, sur son calendrier "RVM730JS" soit "**R**endez-**V**ous avec **M**artine à **7h30** **J**eudi **S**oir". Il ne voulait certainement pas que tous ses collègues sachent ce qui se passait dans sa vie privée. Si, par exemple, Victor Laforgue soupçonnait quelque chose, il le raconterait à tous les autres, et Guillaume devrait souffrir les regards taquins et les questions indiscrètes. Ce n'est pas qu'il avait honte de sortir avec Martine, au contraire, il en était très fier. Martine était si intelligente, si jolie, et son sens de l'humour était tellement fin que tous les hommes auraient voulu être à sa place. La raison de sa réticence était la suivante: quelques mois auparavant, Delphine, la secrétaire du Directeur des ventes, Monsieur Papin, avait brièvement mentionné à une collègue qu'elle avait fait la connaissance d'un jeune homme formidable et qu'elle en était tombée amoureuse. Victor Laforgue, dont le bureau se trouvait tout près, avait entendu la confidence et avait répété cela à plusieurs autres employés. Avant la fin de la journée, tout le monde était au courant et les questions pleuvaient sur la pauvre Delphine, qui était très gênée et aurait bien aimé disparaître du bureau.

72. Guillaume craignait surtout que . . .

(A) Martine refuse de sortir avec lui.
(B) Delphine commence à le taquiner.
(C) ses collègues pensent qu'il avait honte.
(D) tous les employés sachent avec qui il sortait.

73. D'après ce passage, nous apprenons . . .

(A) qu'il y a trop de bavardages dans ce bureau.
(B) que beaucoup d'hommes auraient aimé travailler là.
(C) que Guillaume cachait son calendrier.
(D) que Martine était une collègue de Guillaume.

74. L'expression "quelques mois auparavant" signifie . . .

(A) pendant quelques mois.
(B) depuis quelques mois.
(C) il y a quelques mois.
(D) dans quelques mois.

75. De quoi Delphine était-elle coupable?

(A) D'avoir eu confiance en une amie.
(B) D'avoir parlé trop fort.
(C) De ne pas avoir donné de détails.
(D) De ne pas avoir abrégé sa conversation.

continued...

76. La réaction de Delphine, à la fin de ce passage, est . . .

(A) inquiétante
(B) justifiée
(C) étonnante
(D) prématurée

Quand je suis arrivé chez mes grands-parents, il faisait un temps épouvantable. Il pleuvait des cordes, le tonnerre grondait, et les éclairs déchiraient le ciel, lui donnant un aspect effrayant. Il faisait très sombre, et ce n'était que tôt dans l'après-midi. Mes vacances d'été commençaient bien! Cependant, j'étais tellement heureux de retrouver mon grand-père et ma grand-mère que cela m'était égal. Tant pis si le premier jour je ne pourrais pas jouer dans le jardin avec leur énorme chien Cartouche. J'allais passer trois semaines chez eux pendant que papa et maman étaient aux Etats-Unis. Bien entendu, j'avais voulu partir avec eux, mais il s'agissait d'un voyage d'affaires pour papa, et seule maman pouvait l'accompagner. Quoique déçu de ne pas pouvoir voir la statue de la Liberté, je me consolais à l'idée des jolis cadeaux qu'ils allaient me rapporter. Peut-être un chapeau et des bottes de cowboy? Et puis, j'allais jouer avec Cartouche, j'allais être gâté par mes grands-parents. Et papa et maman prendraient beaucoup de photos, j'en étais sûr. Tout en me léchant les lèvres, je pensais avec délices aux bons gâteaux de grand-mère. Je pensais aussi aux merveilleuses légendes campagnardes que grand-père allait me raconter. Il en connaissait des histoires, lui! Et puis, papa m'avait dit que grand-père avait été soldat et qu'il avait fait la guerre. Quelle guerre? Je savais qu'il y avait eu deux guerres mondiales, mais quand? Etait-il parti dans d'autres pays? Avait-il été fait prisonnier? Avait-il été blessé? Ça, j'allais le savoir! Mon pépé ne me cacherait rien!

77. Lorsqu'il est arrivé chez ses grands-parents, le jeune garçon . . .

(A) était déçu.
(B) très content.
(C) triste.
(D) effrayé.

78. Pourquoi les parents du jeune garçon étaient-ils partis?

(A) Pour travail
(B) Pour des vacances
(C) Pour une conférence
(D) Pour acheter des vêtements

79. Qu'est-ce que le garçon attend impatiemment?

(A) De voir la statue de la Liberté
(B) D'acheter des habits de cowboy
(C) De passer trois semaines aux Etats-Unis
(D) De jouer avec le chien de ses grands-parents

80. Selon ce passage, la grand-mère du garçon aimait beaucoup . . .

(A) raconter des histoires.
(B) jouer avec Cartouche.
(C) faire de la bonne cuisine.
(D) prendre des photos.

continued...

81. Lorsque le garçon dit “il en connaissait des histoires, lui,” il exprime . . .

    (A) de l’incertitude.
    (B) de la fierté.
    (C) de l’ironie.
    (D) de la peine.

82. La série de questions à la fin de ce passage indique que le garçon . . .

    (A) aime les aventures.
    (B) s’intéresse aux histoires campagnardes.
    (C) a peur de la guerre.
    (D) n’ose pas parler de guerre à son grand-père.

Qui n’a pas rêvé d’une jolie petite maison à la campagne ou au bord de la mer, loin des bruits et de la pollution de la ville? L’obstacle, très souvent, c’est le prix. Cependant, aujourd’hui, votre rêve va se réaliser grâce à la société “Terrains Vacances” qui vous offre toute une série de petits terrains à prix très abordables. Une fois le terrain acheté, vous pouvez construire la maison de vos rêves quand le temps et les finances vous le permettront. Entretemps direz-vous, pas de vacances? Mais si, vous les aurez, vos vacances. Vous pourrez faire du camping, et, si cela ne vous attire pas, vous pourrez toujours louer une chambre à l’auberge du village, faire des excursions aux alentours, et vous arrêter “chez vous” pour faire un pique nique! Si c’est le bord de la mer qui vous tente, vous pourrez profiter des bains de mer, des randonnées en bateau, bien avant que votre maison ne soit construite. Pour en savoir davantage, visitez notre site web www.terrvacances.com

83. Quel endroit n’est pas mentionné dans cette publicité?

    (A) La mer
    (B) La campagne
    (C) La ville
    (D) La montagne

84. D’après ce passage, en général, comment sont les maisons de vacances?

    (A) Trop loin de tout
    (B) Assez bruyantes
    (C) Très chères
    (D) Bon marché

85. Qu’est-ce que l’on conseille à ceux qui n’ont pas assez d’argent?

    (A) d’acheter un terrain
    (B) de louer une maison
    (C) d’acheter une tente
    (D) d’attendre un peu

continued...

Ce jour-là, je suis arrivée à l'école de bonne heure, ce qui m'a donné le temps de réviser avant l'examen de maths. Je n'ai jamais été forte en maths, mais je me débrouille quand même et, quoique, selon mon père, mes notes ne soient pas bonnes, je n'ai jamais échoué à un examen. Papa, lui, a toujours été premier en maths . . . du moins c'est ce qu'il me dit!

L'examen n'était pas trop difficile et la plupart des élèves avaient l'air satisfaits. Moi, je suis toujours inquiète jusqu'au moment où je reçois ma note. Ce matin, Madame Dufresne a rendu les examens. Quelle n'a été ma surprise: j'ai eu la meilleure note de la classe! Je me demande ce que papa va dire cette fois-ci!

86. La narratrice semble penser . . .

(A) que ses notes de maths ne sont pas bonnes.
(B) que l'examen sera très difficile.
(C) qu'elle est bonne en maths.
(D) que son père a tendance à exagérer.

87. Selon ce passage, on peut supposer que le père de la narratrice . . .

(A) sera satisfait.
(B) n'aimera pas sa note.
(C) lui fera une surprise.
(D) parlera à Mme Dufresne.

continued...

Scoring the SAT II French with Listening Test

Listening

Once you have taken the sample test, compare your answers with those given in Part Four of this book.

1. Count the number of correct answers for questions 1 through 10 and 23 through 33 and mark the total here __________
2. Count the number of incorrect answers for these two sections __________
3. Divide the total number of incorrect answers by 3 and mark the result here __________
4. Subtract (3) from (1) and mark the result here __________
5. Count the number of correct answers for questions 11 through 22 and mark the total here __________
6. Count the number of incorrect answers for questions 11 through 22 and mark the total here __________
7. Divide the number obtained in (6) by 2 and mark the result here __________
8. Subtract the amount obtained in (7) from that in (5) and mark the result here __________
9. Add the result from (8) to the result from (4) and enter the number here __________
10. Round the number from (9) to the nearest whole number __________

The number obtained in (10) is your raw Listening subscore.

Reading

1. Count the number of correct answers for questions 34 through 87 and mark the total here __________
2. Count the number of incorrect answers and mark the total here __________
3. Multiply the number from (2) by 3 and mark the total here __________
4. Subtract (3) from (1) and mark the result here __________
5. Round the number obtained in (4) to the nearest whole number __________

The number obtained in (5) is your raw Reading subscore.

Raw Composite Score

1. Divide your unrounded Listening subscore by 1.3164 __________
2. Add your unrounded Reading subscore __________
3. Round the result obtained to the nearest whole number __________

The number obtained in (3) is your Raw Composite Score.

To help you evaluate your approximate scaled score, please consult the following table. However, remember that these scores are approximate and may vary slightly from test to test.

Raw Composite Score	Scaled Score
70 to 79	800
57 to 69	710 to 790
44 to 56	620 to 700
31 to 43	540 to 610
19 to 30	470 to 530
8 to 18	410 to 460
–1 to 7	360 to 400
–15 to –2	280 to 350
–28 to –16	200 to 270

SAMPLE TEST II

French Subject Test

Answer Sheet

1. Ⓐ Ⓑ Ⓒ Ⓓ Ⓔ	23. Ⓐ Ⓑ Ⓒ Ⓓ Ⓔ	45. Ⓐ Ⓑ Ⓒ Ⓓ Ⓔ	67. Ⓐ Ⓑ Ⓒ Ⓓ Ⓔ
2. Ⓐ Ⓑ Ⓒ Ⓓ Ⓔ	24. Ⓐ Ⓑ Ⓒ Ⓓ Ⓔ	46. Ⓐ Ⓑ Ⓒ Ⓓ Ⓔ	68. Ⓐ Ⓑ Ⓒ Ⓓ Ⓔ
3. Ⓐ Ⓑ Ⓒ Ⓓ Ⓔ	25. Ⓐ Ⓑ Ⓒ Ⓓ Ⓔ	47. Ⓐ Ⓑ Ⓒ Ⓓ Ⓔ	69. Ⓐ Ⓑ Ⓒ Ⓓ Ⓔ
4. Ⓐ Ⓑ Ⓒ Ⓓ Ⓔ	26. Ⓐ Ⓑ Ⓒ Ⓓ Ⓔ	48. Ⓐ Ⓑ Ⓒ Ⓓ Ⓔ	70. Ⓐ Ⓑ Ⓒ Ⓓ Ⓔ
5. Ⓐ Ⓑ Ⓒ Ⓓ Ⓔ	27. Ⓐ Ⓑ Ⓒ Ⓓ Ⓔ	49. Ⓐ Ⓑ Ⓒ Ⓓ Ⓔ	71. Ⓐ Ⓑ Ⓒ Ⓓ Ⓔ
6. Ⓐ Ⓑ Ⓒ Ⓓ Ⓔ	28. Ⓐ Ⓑ Ⓒ Ⓓ Ⓔ	50. Ⓐ Ⓑ Ⓒ Ⓓ Ⓔ	72. Ⓐ Ⓑ Ⓒ Ⓓ Ⓔ
7. Ⓐ Ⓑ Ⓒ Ⓓ Ⓔ	29. Ⓐ Ⓑ Ⓒ Ⓓ Ⓔ	51. Ⓐ Ⓑ Ⓒ Ⓓ Ⓔ	73. Ⓐ Ⓑ Ⓒ Ⓓ Ⓔ
8. Ⓐ Ⓑ Ⓒ Ⓓ Ⓔ	30. Ⓐ Ⓑ Ⓒ Ⓓ Ⓔ	52. Ⓐ Ⓑ Ⓒ Ⓓ Ⓔ	74. Ⓐ Ⓑ Ⓒ Ⓓ Ⓔ
9. Ⓐ Ⓑ Ⓒ Ⓓ Ⓔ	31. Ⓐ Ⓑ Ⓒ Ⓓ Ⓔ	53. Ⓐ Ⓑ Ⓒ Ⓓ Ⓔ	75. Ⓐ Ⓑ Ⓒ Ⓓ Ⓔ
10. Ⓐ Ⓑ Ⓒ Ⓓ Ⓔ	32. Ⓐ Ⓑ Ⓒ Ⓓ Ⓔ	54. Ⓐ Ⓑ Ⓒ Ⓓ Ⓔ	76. Ⓐ Ⓑ Ⓒ Ⓓ Ⓔ
11. Ⓐ Ⓑ Ⓒ Ⓓ Ⓔ	33. Ⓐ Ⓑ Ⓒ Ⓓ Ⓔ	55. Ⓐ Ⓑ Ⓒ Ⓓ Ⓔ	77. Ⓐ Ⓑ Ⓒ Ⓓ Ⓔ
12. Ⓐ Ⓑ Ⓒ Ⓓ Ⓔ	34. Ⓐ Ⓑ Ⓒ Ⓓ Ⓔ	56. Ⓐ Ⓑ Ⓒ Ⓓ Ⓔ	78. Ⓐ Ⓑ Ⓒ Ⓓ Ⓔ
13. Ⓐ Ⓑ Ⓒ Ⓓ Ⓔ	35. Ⓐ Ⓑ Ⓒ Ⓓ Ⓔ	57. Ⓐ Ⓑ Ⓒ Ⓓ Ⓔ	79. Ⓐ Ⓑ Ⓒ Ⓓ Ⓔ
14. Ⓐ Ⓑ Ⓒ Ⓓ Ⓔ	36. Ⓐ Ⓑ Ⓒ Ⓓ Ⓔ	58. Ⓐ Ⓑ Ⓒ Ⓓ Ⓔ	80. Ⓐ Ⓑ Ⓒ Ⓓ Ⓔ
15. Ⓐ Ⓑ Ⓒ Ⓓ Ⓔ	37. Ⓐ Ⓑ Ⓒ Ⓓ Ⓔ	59. Ⓐ Ⓑ Ⓒ Ⓓ Ⓔ	81. Ⓐ Ⓑ Ⓒ Ⓓ Ⓔ
16. Ⓐ Ⓑ Ⓒ Ⓓ Ⓔ	38. Ⓐ Ⓑ Ⓒ Ⓓ Ⓔ	60. Ⓐ Ⓑ Ⓒ Ⓓ Ⓔ	82. Ⓐ Ⓑ Ⓒ Ⓓ Ⓔ
17. Ⓐ Ⓑ Ⓒ Ⓓ Ⓔ	39. Ⓐ Ⓑ Ⓒ Ⓓ Ⓔ	61. Ⓐ Ⓑ Ⓒ Ⓓ Ⓔ	83. Ⓐ Ⓑ Ⓒ Ⓓ Ⓔ
18. Ⓐ Ⓑ Ⓒ Ⓓ Ⓔ	40. Ⓐ Ⓑ Ⓒ Ⓓ Ⓔ	62. Ⓐ Ⓑ Ⓒ Ⓓ Ⓔ	84. Ⓐ Ⓑ Ⓒ Ⓓ Ⓔ
19. Ⓐ Ⓑ Ⓒ Ⓓ Ⓔ	41. Ⓐ Ⓑ Ⓒ Ⓓ Ⓔ	63. Ⓐ Ⓑ Ⓒ Ⓓ Ⓔ	85. Ⓐ Ⓑ Ⓒ Ⓓ Ⓔ
20. Ⓐ Ⓑ Ⓒ Ⓓ Ⓔ	42. Ⓐ Ⓑ Ⓒ Ⓓ Ⓔ	64. Ⓐ Ⓑ Ⓒ Ⓓ Ⓔ	
21. Ⓐ Ⓑ Ⓒ Ⓓ Ⓔ	43. Ⓐ Ⓑ Ⓒ Ⓓ Ⓔ	65. Ⓐ Ⓑ Ⓒ Ⓓ Ⓔ	
22. Ⓐ Ⓑ Ⓒ Ⓓ Ⓔ	44. Ⓐ Ⓑ Ⓒ Ⓓ Ⓔ	66. Ⓐ Ⓑ Ⓒ Ⓓ Ⓔ	

French Subject Test

(The answers to this sample test can be found in Part Four of this book.)

Part A

Directions: This part consists of a series of incomplete statements followed by four possible answers. Among the four choices, select the answer that best fits the statement.

1. Vous devez boire beaucoup d'eau lorsque vous prenez ce _____.

(A) médecin
(B) pilule
(C) médicament
(D) antibiotique

2. La route était couverte de débris après _____.

(A) le tonnerre
(B) l'éclair
(C) l'orage
(D) le débarras

3. Elle a _____ ses amis au café.

(A) rejoint
(B) raconté
(C) répondu
(D) parlé

4. Je suis fatigué, mais il faut que je _____ mes affaires.

(A) fasse
(B) regarde
(C) place
(D) range

5. Lorsqu'elle a entendu le tonnerre, ma petite soeur a poussé _____.

(A) une larme
(B) des pleurs
(C) un regard
(D) un cri

6. Ils ont oublié de _____ leurs billets avant de prendre le train.

(A) pointer
(B) composter
(C) vendre
(D) acheter

7. Papa a dit qu'il avait besoin d'une nouvelle paire de _____.

(A) poings
(B) spectacles
(C) glaces
(D) lunettes

8. Il fait très chaud aujourd'hui, mais _____ à tous ces arbres, il y a assez d'ombre.

(A) grâce
(B) merci
(C) heureusement
(D) parce qu'

continued...

9. Tu n'aurais pas dû _____ à ton père, tu seras puni.

    (A) irriter
    (B) ennuyer
    (C) mentir
    (D) tromper

10. Dans le jardin, ils se sont assis sur un _____.

    (A) arbre
    (B) parc
    (C) banc
    (D) gazon

11. L'été _____ nous irons chez mes grand-parents pour les vacances.

    (A) suivant
    (B) après
    (C) dernier
    (D) prochain

12. Voyons Suzanne, tu n'es jamais _____ à temps, nous serons en retard.

    (A) dressée
    (B) prête
    (C) finie
    (D) dépêchée

13. Mon frère était malade samedi, c'est _____ il n'a pas pu venir à ta soirée.

    (A) pourquoi
    (B) parce qu'
    (C) avant
    (D) après

14. J'aimerais vous _____ au pharmacien de votre quartier.

    (A) introduire
    (B) rencontrer
    (C) présenter
    (D) connaître

15. Marguerite n'est pas du tout _____, elle regarde la télé du matin au soir au lieu de faire ses devoirs.

    (A) patiente
    (B) raisonnable
    (C) sensible
    (D) paresseuse

16. Tu es bien aimable de vouloir m'_____ à ouvrir cette grosse boîte.

    (A) assister
    (B) inviter
    (C) attendre
    (D) aider

17. Il a acheté des _____ parce qu'il veut être très élégant pour votre dîner.

    (A) pantalons
    (B) chaussures
    (C) costumes
    (D) pantoufles

18. On vient _____ les portes de l'école parce que les élèves vont arriver dans un quart d'heure.

    (A) d'ouvrir
    (B) de fermer
    (C) de commencer
    (D) de refaire

19. Comment vous _____-vous lorsque vous êtes en vacances?

    (A) distrayez
    (B) accomplissez
    (C) nagez
    (D) jouez

20. Ce livre m'a beaucoup _____, tu devrais le lire aussi.

    (A) aimé
    (B) ennuyé
    (C) détesté
    (D) plu

continued...

Part B

Directions: In this part, each sentence contains a blank. Select, from the four choices that follow, the one that forms a grammatically correct sentence. Whenever there are dashes following (A), it means that no insertion is necessary. However, this may or may not be the correct answer.

21. Il allait partout _____ cheval

(A) par
(B) sur
(C) avec
(D) à

22. Ils sont partis _____ avoir donné le cadeau à maman.

(A) pour
(B) près d'
(C) en
(D) après

23. Nous ne voulions pas voir ce film avant de _____ quel est le sujet.

(A) sachant
(B) savoir
(C) su
(D) savions

24. Invitez-la donc _____ elle a envie de participer à la fête.

(A) bien qu'
(B) lorsqu'
(C) puisqu'
(D) afin qu'

25. Je crois qu'il vient _____ Pérou.

(A) du
(B) de
(C) en
(D) à

26. Le TGV roule très _____.

(A) rapide
(B) beau
(C) lent
(D) vite

27. Je n'ai pas vu ce _____ arrivé lorsqu'il est tombé.

(A) qui
(B) qu'
(C) dont
(D) quel

28. Le musée devant _____ le bus s'arrête est tout près d'ici.

(A) quoi
(B) qui
(C) lequel
(D) que

29. Chaque fois que j'écris _____ mes parents, je demande des nouvelles de mes grands-parents.

(A) ---
(B) aux
(C) pour
(D) à

30. Non merci, je ne veux pas _____ beurre pour ma tartine.

(A) de
(B) du
(C) de la
(D) un

continued...

31. Il est utile que vous _____ conduire ici.

(A) savez
(B) sachez
(C) sachiez
(D) saurez

32. Elles ont acheté des fleurs pour _____.

(A) leur
(B) vous
(C) ils
(D) tu

33. Nous avons cherché _____ ce livre dans toutes les librairies.

(A) —
(B) pour
(C) avec
(D) à

34. J'ai acheté six tasses _____ café pour compléter mon service de porcelaine.

(A) ---
(B) de
(C) à
(D) pour

continued...

Part C

Directions: The following paragraphs contain some blank spaces. Choose, among the four answers that accompany each blank, the one that best completes the sentence, either for the meaning or for the grammar. In some instances, the first answer (A) may only have dashes, indicating that no insertion is necessary to form a grammatically correct sentence.

Nous n'avions pas vu nos cousins ------- plusieurs mois lorsque nous avons reçu une lettre nous ------- leur

35. (A) dans
(B) en
(C) depuis
(D) il y a

36. (A) annoncer
(B) annoncions
(C) annonçant
(D) annonçait

venue trois semaines plus -------. Leur mère qui était malade, devait ------- une opération et leur père avait décidé

37. (A) après
(B) en retard
(C) tôt
(D) tard

38. (A) subir
(B) procéder
(C) soutenir
(D) recevoir

que, s'ils étaient chez ------- tante Juliette pourrait -------. Dès qu'ils -------, on dînera tous ensemble et ensuite,

39. (A) eux
(B) moi
(C) nous
(D) elle

40. (A) rester
(B) se reposer
(C) se fatiguer
(D) détendre

41. (A) sont arrivés
(B) arrivent
(C) arriveront
(D) arrivaient

comme chaque ------- qu'ils viennent nous ------, nous regarderons une émission télévisée. -------, papa exige

42. (A) fois
(B) temps
(C) occasion
(D) mois

43. (A) voyons
(B) voir
(C) voyant
(D) verrons

44. (A) Enfin
(B) Aussi
(C) D'habitude
(D) Autrefois

qu'on joue dehors, si ------- il fait beau. Cependant, lorsque Didier et Maggy sont ici, c'est la -------.

45. (A) toutefois
(B) malgré
(C) souvent
(D) toujours

46. (A) nature
(B) liberté
(C) amusement
(D) bonheur

Nous avons passé notre bac il y a ------- années, et ------- nous avons perdu contact. ------ n'a été ma

47. (A) plusieurs
(B) beaucoup
(C) longtemps
(D) tellement

48. (A) avant
(B) lorsque
(C) depuis
(D) ainsi

49. (A) Ça
(B) Elle
(C) Rien
(D) Quelle

surprise lorsque, ------- récemment, ------- un coup de fil de Line m' ------- qu'elle allait ------- l'été prochain.

50. (A) tout
(B) tant
(C) aussi
(D) hier

51. (A) je recevais
(B) j'ai reçu
(C) je recevrais
(D) je recevrai

52. (A) annonçait
(B) annonçant
(C) annonce
(D) a annoncé

53. (A) marier
(B) épouser
(C) se marier
(D) s'épouser

Elle voulait que j'assiste ------- son mariage. Elle avait aussi invité ------- de nos amies. Quelle -------

54. (A) ---
(B) de
(C) en
(D) à

55. (A) toutes
(B) la plupart
(C) quelques
(D) bien

56. (A) ---
(B) la
(C) une
(D) cette

merveilleuse occasion pour une réunion!

continued...

Part D

Directions: Each of the passages in this section is followed by questions or incomplete statements. Among the four choices, choose the one that applies to the passage.

Afin de tromper sa solitude, un vieux monsieur de 90 ans, Antoine Lemaître, qui vivait seul dans un petit appartement de banlieue, a passé plusieurs appels téléphoniques anonymes a des dizaines d'habitants de la région. La police n'a pas eu trop de difficultés a démasquer le coupable grâce à une mise sous surveillance de la ligne téléphonique. Antoine Lemaître a tout de suite reconnu ce qu'il avait fait. Ce nonagénaire, sans enfants ni famille, à moitié sourd, a expliqué aux détectives venus l'arrêter, que, fatigué de regarder la télévision, il voulait avoir des conversations pour lui redonner le courage de faire face à la vie. Un des détectives lui a demandé s'il avait des amis, et monsieur Lemaître a répondu tristement: "J'avais des amis, mais vous savez monsieur, ils avaient mon âge, donc . . . ." Lorsque les personnes qui avaient déposé plainte ont appris qui était le coupable et pourquoi il avait agi de cette manière, elles ont tout de suite retiré leurs accusations.

57. "Afin de tromper sa solitude" indique que . . .

(A) Antoine était vieux.
(B) Antoine vivait dans un petit appartement.
(C) Antoine se sentait isolé.
(D) Antoine connaissait beaucoup d'habitants.

58. Lorsqu'il a été confronté, Antoine a . . .

(A) avoué.
(B) nié.
(C) menti.
(D) excusé.

59. Quelle raison Antoine a-t-il donnée pour expliquer ce qu'il avait fait?

(A) Il imitait ce qu'il voyait à la télévision.
(B) Il aimait parler avec les autres.
(C) Il voulait agir de cette façon.
(D) Il détestait les habitants de sa région.

60. La phrase "j'avais des amis . . . donc" signifie que ses amis . . .

(A) ont déménagé.
(B) ont quitté la ville.
(C) sont morts.
(D) ne venaient plus le voir.

61. Qu'est-ce que les interlocuteurs qui avaient déposé plainte ont fait à la fin?

(A) Ils ont agi avec précaution.
(B) Ils sont venus le voir.
(C) Ils ont parlé aux détectives.
(D) Ils ont changé d'avis.

continued...

(Adapté du conte "Les Bijoux" de Guy de Maupassant)

Il mit le collier dans sa poche et chercha une boutique de bijoutier qui lui inspirât confiance. Il en vit une enfin et entra, un peu honteux d'étaler ainsi sa misère et de chercher à vendre une chose de si peu de prix.

"Monsieur, dit-il au marchand, je voudrais bien savoir ce que vous estimez ce morceau."

L'homme reçut l'objet, l'examina, le retourna, le soupesa, prit une loupe, appela son employé, lui fit bas des remarques, reposa le collier sur son comptoir et le regarda de loin pour mieux juger de l'effet.

Monsieur Lantin, gêné par toutes ces cérémonies, allait ouvrir la bouche pour dire: "Oh! Je sais bien que cela n'a aucune valeur,"—quand le bijoutier prononça.

"Monsieur, cela vaut de douze à quinze mille francs, jamais je ne pourrais l'acheter que si vous m'en faisiez connaître exactement la provenance."

Lantin ouvrit des yeux énormes, ne comprenant pas. Il balbutia enfin: "Vous dites? . . . Vous êtes sûr?"

62. Monsieur Lantin voulait vendre le collier parce qu'il . . .

(A) n'en avait pas besoin.
(B) avait des problèmes financiers.
(C) avait honte.
(D) pensait qu'il valait beaucoup d'argent.

63. Le bijoutier examine le collier . . .

(A) rapidement.
(B) minutieusement.
(C) remarquablement.
(D) vivement.

64. Monsieur Lantin pense que le bijou . . .

(A) n'est pas cher.
(B) n'a pas été volé.
(C) est ancien.
(D) est superbe.

65. La phrase "gêné par toutes ces cérémonies" indique que Monsieur Lantin . . .

(A) trouve que le bijoutier exagère.
(B) a peur que le bijoutier n'achète pas le bijou.
(C) craint que le collier ne coûte trop cher.
(D) pense que le bijoutier n'aime pas le collier.

continued...

(Passage adapté d'un conte de Voltaire)

Les deux habitants interplanétaires, l'un de Sirius et l'autre de Saturne, sont tous les deux des géants, quoique l'un soit plus petit que l'autre. Ils décident de faire un voyage en sautant d'une planète à l'autre. Ils arrivent enfin sur la Terre, qui est très petite. A leur arrivée, ils se rendent compte qu'ils ont très faim et mangent à leur déjeuner deux montagnes. Ensuite, ils ont envie de voyage du nord au sud. Comme ils vont très vite, ils font le tour du globe en trente-six heures. Ils traversent la mer Méditerranée et le grand Océan sans même se mouiller. Ils essaient de découvrir si ce globe est habité ou non, mais, comme leurs yeux et leurs oreilles sont infiniment grands, ils ne peuvent ni voir ni entendre les habitants de la Terre qui, eux, sont très petits. Les deux voyageurs commencent alors un débat sur la nature de la Terre. En parlant, le Sirien casse le fil de son collier de diamants. Les diamants tombent et le Saturnien en ramasse un. Il remarque que c'est un excellent microscope. Après quelques instants, il remarque quelque chose qui flotte sur la mer, c'est un vaisseau. Il le prend dans la main et remarque quelque chose qui bouge: ce sont des passagers et des marins. Le Sirien croit que ces objets sont des atomes et il voit que ces atomes se parlent. S'ils se parlent, c'est qu'ils ont une intelligence, mais attribuer une intelligence à des atomes, c'est absurde. "Il faut examiner ces insectes" dit le Saturnien.

66. Comment les deux voyageurs peuvent-ils voyager d'une planète à l'autre?

(A) Ils ont un vaisseau interplanétaire.
(B) Ils font des pas énormes.
(C) Ils peuvent voler.
(D) Ils traversent un océan.

67. Dans ce passage, nous apprenons que les deux voyageurs . . .

(A) ne sont pas de la même taille.
(B) ont des yeux différents.
(C) viennent de la même planète.
(D) ne sont pas tous les deux intelligents.

68. Les deux pensent que la Terre n'est pas habitée parce que les habitants de la Terre . . .

(A) se cachent quand ils les voient.
(B) sont dans la montagne.
(C) sont infiniment petits.
(D) sont dans un vaisseau.

69. Pour voir ce qui se passe sur Terre, ils se servent . . .

(A) d'un miroir.
(B) d'un microscope.
(C) d'une pierre précieuse.
(D) d'un bateau.

70. En voyant pour la première fois des êtres humains, le Sirien pense que ceux-ci sont . . .

(A) des insectes.
(B) des atomes.
(C) des poissons.
(D) des animaux.

continued...

L'art épistolaire, c'est-à-dire l'art d'écrire des lettres, est aujourd'hui en voie de disparition. Autrefois, les gens communiquaient uniquement de cette façon lorsqu'ils vivaient loin les uns des autres ou même s'ils habitaient dans la même ville, mais dans un quartier un peu éloigné. Comme les lettres représentaient des documents permanents, on s'appliquait, on écrivait longuement, on corrigeait la lettre plusieurs fois et on la relisait bien avant de l'envoyer. Souvent, surtout dans les petites villes, quand quelqu'un recevait une lettre venant d'un grande ville telle que Paris, le destinataire lisait cette lettre à haute voix à tous ses proches. Il y a quelques années encore, quand on écrivait une lettre, on faisait à peu près la même chose, car on voulait s'assurer que c'était bien rédigé. Cependant, la technologie a changé cela. Aujourd'hui, grâce au "mel" ou "courriel" ou "email," on peut envoyer des messages à tout le monde sans trop se préoccuper des fautes de frappe ou de grammaire. On écrit vite, on écrit comme on parle. Cela veut-il dire qu'il faut regretter "le bon vieux temps"? Cela dépend. Il y a toujours une place pour les lettres que l'on envoie par la poste, mais les messages électroniques permettent de garder contact avec des amis sans passer trop de temps à écrire. De nos jours, tout le monde étant trop occupé, c'est un excellent moyen de communication.

71. D'après l'auteur de ce passage, autrefois, les gens . . .

(A) communiquaient rarement.
(B) rédigeaient des documents importants.
(C) écrivaient des lettres détaillées.
(D) écrivaient seulement à leurs amis lointains.

72. Que faisait-on avant d'envoyer une lettre?

(A) On la recopiait pour avoir un document permanent
(B) On la lisait à haute voix
(C) On corrigeait les fautes
(D) On faisait des fautes de frappe

73. Quel problème y a-t-il aujourd'hui, selon ce passage?

(A) On fait des erreurs
(B) On n'écrit plus à ses amis
(C) On passe trop de temps à écrire
(D) On lit ses messages trop vite

74. Selon ce que dit l'auteur à la fin du passage, on pense qu'il . . .

(A) regrette le bon vieux temps.
(B) est contre le courrier postal.
(C) pense que les deux moyens de communication sont utiles.
(D) ne passe pas beaucoup de temps à écrire.

continued...

Chere Claudine,

Je viens de voir un film extraordinaire qui m'a beaucoup appris sur la culture africaine. Notre professeur de français l'a loué je crois, ou peut-être acheté. Elle est allée en Afrique l'été passé et est tombée amoureuse de ce continent, nous promettant d'organiser un voyage scolaire pour l'été prochain. Le titre de ce film? "Sango Malo, le prof du village." C'est ainsi que j'ai appris que le Cameroun, un pays de 11 millions d'habitants, a, de tous les pays africains, le plus grand nombre d'habitants sachant lire et écrire. Ce film, basé sur un roman du même nom, raconte l'histoire d'un jeune professeur nommé Malo qui essaie de changer les méthodes d'enseignement de son pays. Il essaie d'enseigner en s'appuyant sur la langue dont se servent les fermiers. Par exemple, en expliquant les mathématiques il montre comment une coopérative divise ses bénéfices. Ses idées quelque peu révolutionnaires irritent, cela va sans dire, le directeur de l'école mais finissent par convaincre les gens du village. Enfin, je ne t'en dis pas davantage, au cas où tu aimerais le voir ou plutôt au cas où ton prof de français le ferait passer en classe. A propos, si le voyage que Mlle Guérin veut organiser a lieu l'été prochain, peut-être aimerais-tu te joindre à nous? Si cela t'intéresse, je peux lui en parler.

Grosses bises,

Laure

75. Où Laure a-t-elle vu le film africain?

(A) Au cinéma
(B) À l'école
(C) Au Cameroun
(D) Chez des amis

76. Qui a tout de suite adoré le continent africain?

(A) Laure
(B) Claudine
(C) Sango Malo
(D) Mlle Guérin

77. Dans le film dont parle Laure, il s'agit d'un professeur qui . . .

(A) veut changer la façon d'enseigner.
(B) veut apprendre les maths aux fermiers.
(C) ne peut pas convaincre les gens du village.
(D) est devenu révolutionnaire.

78. "En s'appuyant sur la langue" veut dire . . .

(A) en se moquant de la langue.
(B) en corrigeant la langue.
(C) en se servant de la langue.
(D) en refusant la langue.

79. Qu'est-ce que Laure propose à son amie Claudine?

(A) De venir la voir
(B) De voyager avec elle
(C) De visiter son école
(D) De louer le film

continued...

Les faïenceries bretonnes HB-Henriot

(Adapté du Journal Français d'Amérique)

Les faïenceries HB-Henriot, connues mondialement pour leurs objets en céramique peints à la main, ont vu le jour en 1690 sous Louis XIV. Leur premier père fondateur, Jean-Baptiste Bousquet, un Provençal né entre les deux centres faïenciers de Moustiers et Marseille, s'installe alors dans le quartier des potiers à Quimper. À 72 ans, il recrute un collaborateur: Pierre-Clément de Caussy qui arrive de Rouen en 1744 et introduit à Quimper de nouvelles méthodes de fabrication et des modèles inspirés des porcelaines chinoises. De Caussy donne sa fille en mariage à Antoine de la Hubaudière, premier d'une longue dynastie qui durera jusqu'en 1917 et dont la marque—Hubaudière-Bousquet—se retrouve dans la marque actuelle (HB). La faïencerie connaîtra une succession d'empreintes dont celle d'Alfred Beau, un photographe qui introduit des tableaux en faïence imitant la peinture sur chevalet, à un moment où la Bretagne attire de nombreux artistes.

Pierre Jules Henriot, originaire de Franche-Comté, et son fils, se font connaître à la fin du 19ème siècle. La faïencerie Henriot fusionnera avec la faïencerie HB pour devenir la Société des faïenceries de Quimper. Depuis 1955, Paul Janssens, un Américian d'origine néerlandaise a commercialisé ces produits aux Etats-Unis.

80. L'expression "ont vu le jour" veut dire que les faïenceries . . .

(A) ont été fondées.
(B) sont devenues célèbres.
(C) ont établi des boutiques.
(D) ont fabriqué des objets.

81. Selon ce passage, les objets mentionnés ici sont peints . . .

(A) dans le monde entier.
(B) à la main.
(C) par des artistes de Provence.
(D) par un seul artiste.

82. Jean-Baptiste Bousquet venait de . . .

(A) la région de Quimper.
(B) Provence.
(C) Rouen.
(D) Franche-Comté.

83. Lorsque Bousquet a fondé la faïencerie, il . . .

(A) a recruté un partenaire.
(B) imitait la porcelaine de Chine.
(C) avait une dizaine d'employés.
(D) était le seul patron.

continued...

84. Les lettres HB qui se retrouvent dans la marque viennent du nom . . .

(A) d'un artiste du 19e siècle.
(B) du gendre de De Caussy.
(C) de deux noms différents.
(D) du quartier des potiers.

85. D'après ce passage, les objets en céramique HB-Henriot . . .

(A) n'ont pas changé depuis 1690.
(B) ont été influencés par plusieurs artistes.
(C) ont changé au 20ème siècle.
(D) se vendent seulement en Europe.

Scoring the SAT II French Subject Test

Once you have taken the sample test, compare your answers with those given in Part Four of this book.

1. Count the number of correct answers and mark the total here __________
2. Count the number of incorrect answers and mark the total here __________
3. Divide the total number of incorrect answers by 3 and mark the total here __________

You will now proceed as follows:

Subtract (3) from (1) and mark the result here __________

Round the result obtained to the nearest whole number. This is your **raw** test score. The raw test score will be converted to a **scaled** score.

To help you evaluate your approximate scaled score, please consult the following table. However, remember that these scores are approximate and may vary slightly from test to test.

Raw Score	Scaled Score
75 to 85	800
61 to 74	710 to 790
49 to 60	640 to 700
39 to 48	590 to 630
28 to 38	540 to 580
20 to 27	500 to 530
–1 to 19	380 to 490
–13 to –2	310 to 370
–28 to –14	220 to 300

SAMPLE TEST II

French Subject Test with Listening

Answer Sheet

1. Ⓐ Ⓑ Ⓒ Ⓓ Ⓔ	23. Ⓐ Ⓑ Ⓒ Ⓓ Ⓔ	45. Ⓐ Ⓑ Ⓒ Ⓓ Ⓔ	67. Ⓐ Ⓑ Ⓒ Ⓓ Ⓔ
2. Ⓐ Ⓑ Ⓒ Ⓓ Ⓔ	24. Ⓐ Ⓑ Ⓒ Ⓓ Ⓔ	46. Ⓐ Ⓑ Ⓒ Ⓓ Ⓔ	68. Ⓐ Ⓑ Ⓒ Ⓓ Ⓔ
3. Ⓐ Ⓑ Ⓒ Ⓓ Ⓔ	25. Ⓐ Ⓑ Ⓒ Ⓓ Ⓔ	47. Ⓐ Ⓑ Ⓒ Ⓓ Ⓔ	69. Ⓐ Ⓑ Ⓒ Ⓓ Ⓔ
4. Ⓐ Ⓑ Ⓒ Ⓓ Ⓔ	26. Ⓐ Ⓑ Ⓒ Ⓓ Ⓔ	48. Ⓐ Ⓑ Ⓒ Ⓓ Ⓔ	70. Ⓐ Ⓑ Ⓒ Ⓓ Ⓔ
5. Ⓐ Ⓑ Ⓒ Ⓓ Ⓔ	27. Ⓐ Ⓑ Ⓒ Ⓓ Ⓔ	49. Ⓐ Ⓑ Ⓒ Ⓓ Ⓔ	71. Ⓐ Ⓑ Ⓒ Ⓓ Ⓔ
6. Ⓐ Ⓑ Ⓒ Ⓓ Ⓔ	28. Ⓐ Ⓑ Ⓒ Ⓓ Ⓔ	50. Ⓐ Ⓑ Ⓒ Ⓓ Ⓔ	72. Ⓐ Ⓑ Ⓒ Ⓓ Ⓔ
7. Ⓐ Ⓑ Ⓒ Ⓓ Ⓔ	29. Ⓐ Ⓑ Ⓒ Ⓓ Ⓔ	51. Ⓐ Ⓑ Ⓒ Ⓓ Ⓔ	73. Ⓐ Ⓑ Ⓒ Ⓓ Ⓔ
8. Ⓐ Ⓑ Ⓒ Ⓓ Ⓔ	30. Ⓐ Ⓑ Ⓒ Ⓓ Ⓔ	52. Ⓐ Ⓑ Ⓒ Ⓓ Ⓔ	74. Ⓐ Ⓑ Ⓒ Ⓓ Ⓔ
9. Ⓐ Ⓑ Ⓒ Ⓓ Ⓔ	31. Ⓐ Ⓑ Ⓒ Ⓓ Ⓔ	53. Ⓐ Ⓑ Ⓒ Ⓓ Ⓔ	75. Ⓐ Ⓑ Ⓒ Ⓓ Ⓔ
10. Ⓐ Ⓑ Ⓒ Ⓓ Ⓔ	32. Ⓐ Ⓑ Ⓒ Ⓓ Ⓔ	54. Ⓐ Ⓑ Ⓒ Ⓓ Ⓔ	76. Ⓐ Ⓑ Ⓒ Ⓓ Ⓔ
11. Ⓐ Ⓑ Ⓒ Ⓓ Ⓔ	33. Ⓐ Ⓑ Ⓒ Ⓓ Ⓔ	55. Ⓐ Ⓑ Ⓒ Ⓓ Ⓔ	77. Ⓐ Ⓑ Ⓒ Ⓓ Ⓔ
12. Ⓐ Ⓑ Ⓒ Ⓓ Ⓔ	34. Ⓐ Ⓑ Ⓒ Ⓓ Ⓔ	56. Ⓐ Ⓑ Ⓒ Ⓓ Ⓔ	78. Ⓐ Ⓑ Ⓒ Ⓓ Ⓔ
13. Ⓐ Ⓑ Ⓒ Ⓓ Ⓔ	35. Ⓐ Ⓑ Ⓒ Ⓓ Ⓔ	57. Ⓐ Ⓑ Ⓒ Ⓓ Ⓔ	79. Ⓐ Ⓑ Ⓒ Ⓓ Ⓔ
14. Ⓐ Ⓑ Ⓒ Ⓓ Ⓔ	36. Ⓐ Ⓑ Ⓒ Ⓓ Ⓔ	58. Ⓐ Ⓑ Ⓒ Ⓓ Ⓔ	80. Ⓐ Ⓑ Ⓒ Ⓓ Ⓔ
15. Ⓐ Ⓑ Ⓒ Ⓓ Ⓔ	37. Ⓐ Ⓑ Ⓒ Ⓓ Ⓔ	59. Ⓐ Ⓑ Ⓒ Ⓓ Ⓔ	81. Ⓐ Ⓑ Ⓒ Ⓓ Ⓔ
16. Ⓐ Ⓑ Ⓒ Ⓓ Ⓔ	38. Ⓐ Ⓑ Ⓒ Ⓓ Ⓔ	60. Ⓐ Ⓑ Ⓒ Ⓓ Ⓔ	82. Ⓐ Ⓑ Ⓒ Ⓓ Ⓔ
17. Ⓐ Ⓑ Ⓒ Ⓓ Ⓔ	39. Ⓐ Ⓑ Ⓒ Ⓓ Ⓔ	61. Ⓐ Ⓑ Ⓒ Ⓓ Ⓔ	83. Ⓐ Ⓑ Ⓒ Ⓓ Ⓔ
18. Ⓐ Ⓑ Ⓒ Ⓓ Ⓔ	40. Ⓐ Ⓑ Ⓒ Ⓓ Ⓔ	62. Ⓐ Ⓑ Ⓒ Ⓓ Ⓔ	84. Ⓐ Ⓑ Ⓒ Ⓓ Ⓔ
19. Ⓐ Ⓑ Ⓒ Ⓓ Ⓔ	41. Ⓐ Ⓑ Ⓒ Ⓓ Ⓔ	63. Ⓐ Ⓑ Ⓒ Ⓓ Ⓔ	85. Ⓐ Ⓑ Ⓒ Ⓓ Ⓔ
20. Ⓐ Ⓑ Ⓒ Ⓓ Ⓔ	42. Ⓐ Ⓑ Ⓒ Ⓓ Ⓔ	64. Ⓐ Ⓑ Ⓒ Ⓓ Ⓔ	86. Ⓐ Ⓑ Ⓒ Ⓓ Ⓔ
21. Ⓐ Ⓑ Ⓒ Ⓓ Ⓔ	43. Ⓐ Ⓑ Ⓒ Ⓓ Ⓔ	65. Ⓐ Ⓑ Ⓒ Ⓓ Ⓔ	87. Ⓐ Ⓑ Ⓒ Ⓓ Ⓔ
22. Ⓐ Ⓑ Ⓒ Ⓓ Ⓔ	44. Ⓐ Ⓑ Ⓒ Ⓓ Ⓔ	66. Ⓐ Ⓑ Ⓒ Ⓓ Ⓔ	

French Subject Test with Listening

(The answers to this sample test can be found in Part Four of this book.)

SECTION I—LISTENING

Approximate time—20 minutes
Questions 1–33

Part A

Directions: In this section, you will hear four sentences (A), (B), (C), and (D). You will hear these sentences only once, and they will not be printed in your book. As you listen to the sentences, look carefully at the picture and select the sentence that best fits what is in the picture.

1.

continued...

2.

3.

continued...

4.

5.

continued...

6.

7.

continued...

8.

9.

continued...

10.

Part B

Directions: In this section, you will hear a series of short dialogues. These dialogues will not be printed in your book, but each dialogue will be repeated. For each selection, you will be asked one or two questions followed by three possible answers—(A), (B), and (C). These answers are not printed in your book. You will hear them only once. Listen carefully to the speaker and mark the correct answer on your answer sheet. You are now ready to begin.

Questions 11 through 22

continued...

Part C

Directions: You will hear a series of extended dialogues. These dialogues will not be printed in your book, and you will hear each only once. After listening to each dialogue, you will be asked several questions followed by four possible answers—(A), (B), (C), and (D). These questions are printed in your book. You will hear them only once. Select the best answer to the question from among the four choices printed in your book and mark the correct answer on your answer sheet. You are now ready to begin.

Dialogue 1

(M. et Madame Delorme sont en voiture à la campagne)

23. Qu'est-ce qui fait croire à Monsieur Delorme qu'ils se sont perdus?
    (A) La route n'est pas indiquée dans le guide.
    (B) Il a déjà vu ce pont.
    (C) Il a déjà vu cette maison.
    (D) Il voit les mêmes signes routiers.

24. Pourquoi Mme. Delorme veut-elle s'arrêter devant la maison?
    (A) Elle connaît les propriétaires.
    (B) Elle aimerait acheter la maison.
    (C) Eette maison lui rappelle des souvenirs.
    (D) Elle ne veut pas perdre son temps.

25. Comment Monsieur Delorme réagit-il à la suggestion de sa femme?
    (A) Il n'est pas enthousiaste.
    (B) Il est tout-à-fait d'accord.
    (C) Il la trouve ridicule.
    (D) Il va la suivre immédiatement.

26. Qu'est-ce Monsieur Delorme aimerait faire?
    (A) Consulter une carte routière
    (B) Demander son chemin ailleurs
    (C) Continuer à chercher le propriétaire
    (D) Trouver un signe routier

Dialogue 2

(Deux amis discutent de leurs projets d'avenir)

27. Pourquoi Jean-Claude pense-t-il que le choix de Liliane n'est pas réaliste?
    (A) Elle aime se coucher à la même heure tous les soirs.
    (B) Elle fait toujours la grasse matinée.
    (C) Elle n'est pas vraiment responsable.
    (D) Elle n'a jamais voyagé.

28. Quel est, selon Jean-Claude, l'aspect désagréable de la carrière que Liliane voudrait choisir?
    (A) On ne voit jamais sa famille.
    (B) Il n'y a pas d'heures régulières.
    (C) C'est un travail dangereux.
    (D) On doit beaucoup pratiquer.

29. Qu'est-ce que Jean-Claude a appris à jouer depuis qu'il était tout petit?
    (A) La musique rock
    (B) De la guitare
    (C) La musique de Mozart
    (D) Du piano

30. Quelle réaction peut-on anticiper de la part de Liliane à ce que dit Jean-Claude à la fin?
    (A) La joie
    (B) La colère
    (C) L'admiration
    (D) La surprise

continued...

Dialogue 3

(Deux amis, Maurice et Louise se rencontrent dans la rue)

31. Pourquoi Louise pense-t-elle que Maurice est malade?

(A) Il ne conduit pas sa voiture.
(B) Il a l'air fatigué.
(C) Il a dormi jusqu'à minuit.
(D) Il n'a pas fait ses devoirs.

32. Qu'est-ce que Maurice explique?

(A) Il n'a pas fini ses devoirs.
(B) Il a fait des mauvais rêves.
(C) Il a eu un accident de voiture.
(D) Il s'est levé très tôt pour étudier.

33. Selon ce que Maurice raconte, qu'est-ce qu'il ne pouvait pas faire?

(A) Arrêter la voiture
(B) Vérifier ses devoirs
(C) Rouler à toute vitesse
(D) Nager dans le lac

continued...

SECTION II—READING

Time—40 minutes
Questions 34–87

Part A

Directions: This part consists of a series of incomplete statements followed by four possible answers. Among the four choices, select the answer that best fits the statement.

34. Je ne comprends pas pourquoi je n'ai pas obtenu ce _____.

(A) procès
(B) poste
(C) examen
(D) degré

35. On m'a dit que vous étiez malade, est-ce que vous _____ mieux maintenant.

(A) sentez
(B) allez
(C) portez
(D) soignez

36. J'ai _____ parce que je n'ai pas bien dormi hier soir.

(A) peur
(B) froid
(C) sommeil
(D) mal

37. Nadine, ne regarde pas la télé _____ que tu fais tes devoirs.

(A) lorsque
(B) pour
(C) cependant
(D) pendant

38. Il est _____ et n'a pas l'intention de se marier.

(A) célibataire
(B) bachelier
(C) sympathique
(D) impatient

39. Nos idées sont tout-à-fait _____.

(A) pareilles
(B) mêmes
(C) rassemblées
(D) réduites

40. Serge ne s'est pas bien _____ devant les amis de ses parents.

(A) porté
(B) tenu
(C) agi
(D) répondu

41. Mes parents sont _____ de moi parce que j'ai gagné la course.

(A) heureux
(B) soucieux
(C) fiers
(D) réjouis

42. Il est bon de se reposer avant d'_____ un long voyage

(A) aller
(B) apprendre
(C) obtenir
(D) entreprendre

continued...

Part B

Directions: Each of the following incomplete sentences is followed by four choices. Select, among these choices, the one that forms a grammatically correct sentence. If (A) is followed by dashes, this means that, in order to form a grammatically correct sentence, no word needs to be inserted.

43. Non merci, je ne veux pas _____ beurre pour ma tartine.

(A) de
(B) du
(C) de la
(D) un

44. Il est utile que vous _____ conduire ici.

(A) savez
(B) sachez
(C) sachiez
(D) saurez

45. Elles ont acheté des fleurs pour _____.

(A) leur
(B) vous
(C) ils
(D) tu

46. Nous avons cherché _____ ce livre dans toutes les librairies.

(A) ---
(B) pour
(C) avec
(D) à

47. J'ai acheté six tasses _____ café pour compléter mon service de porcelaine.

(A) ---
(B) de
(C) à
(D) pour

48. Ces pommes sont _____ que les autres.

(A) meilleures
(B) bonnes
(C) mieux
(D) moins

49. _____ s'est passé hier?

(A) qui
(B) qu'est-ce qui
(C) qui est-ce qui
(D) qu'est-ce que

50. _____ coûte cette robe? Cent dollars.

(A) Qu'est-ce qui
(B) Qui
(C) Comment
(D) Combien

51. Je trouve que cette idée est très _____.

(A) mal
(B) mieux
(C) mauvaise
(D) meilleure

continued...

Part C

Directions: The following paragraphs contain some blank spaces. Choose, among the four answers that accompany each blank, the one that best completes the sentence, either for the meaning or for the grammar. In some instances, the first answer (A) may only have dashes, indicating that no insertion is necessary to form a grammatically correct sentence.

Le problème de Sylvie, c'est qu'elle ne se rappelle jamais ------- numéro de téléphone! On a beau

52. (A) ---
(B) son
(C) à
(D) par

------- dire, elle ne fait ------- effort. L'autre jour, sa voiture est------- en panne sur une petite -------

53. (A) lui la
(B) le lui
(C) la lui
(D) lui les

54. (A) pas
(B) jamais
(C) aucun
(D) nulle

55. (A) tombée
(B) allée
(C) arrivée
(D) arrêtée

56. (A) chemin
(B) avenue
(C) route
(D) autoroute

de village. Desespérée, elle a essayé ------- appeler son mari à la maison. Vous l'avez -------,

57. (A) ---
(B) d'
(C) à
(D) y

58. (A) deviné
(B) eu
(C) connu
(D) appris

elle ne savait pas son numéro!

Si Marie ------- qu'elle aurait une si mauvaise note ------- l'examen de maths, elle aurait étudié beaucoup

59. (A) savait
(B) saurait
(C) avait su
(D) aurait su

60. (A) sur
(B) à
(C) dans
(D) au

------ sérieusement, au lieu de ------- son temps à regarder la télévision. Depuis que ses parents ------- ce téléviseur

61. (A) plus
(B) très
(C) aussi
(D) tant

62. (A) dépenser
(B) prendre
(C) occuper
(D) passer

63. (A) ont acheté
(B) achètent
(C) achetaient
(D) achèteraient

géant, elle est toujours ------- la "boîte magique" comme------- appelle son petit frère. ------- elle a reçu sa note,

64. (A) avant
(B) sur
(C) près
(D) devant

65. (A) s'
(B) lui
(C) t'
(D) l'

66. (A) Dès
(B) Quand
(C) Depuis
(D) Après

elle s'est mise à ------- tristement. Mais, que voulez-vous, c'est si -------, la télévision! Après tout, son

67. (A) pleuvoir
(B) crier
(C) pleurer
(D) plaindre

68. (A) tentant
(B) frappant
(C) touchant
(D) étouffant

père, ------- aussi, est toujours collé ------- "petit écran" (qui n'est pas si petit!!!)

69. (A) lui
(B) l'
(C) elle
(D) il

70. (A) du
(B) à côté
(C) en face
(D) au

continued...

Part D

Directions: Read the following passages very carefully for comprehension. Each of these passages is followed by an incomplete statement or a question. Choose, among the four answers that follow, the completion or the answer that best applies, according to the text.

Vous rêvez d'une montre qui soit non seulement élégante mais qui puisse aussi subir les épreuves d'une vie active? Nous avons créé pour vous une montre dont le boitier solide vous permettra d'accomplir toutes sortes de tâches au travail et à la maison, une montre que vous pourrez en même temps arborer à n'importe quel dîner d'affaires ou même au théatre? La montre "Alpha" a été conçue pour satisfaire les plus difficiles, mais surtout pour répondre aux nombreuses exigences de la vie moderne. Plusieurs modèles que vous pouvez soit commander, soit acheter sur place, sont sûrs de vous séduire. Le seul inconvénient, ce n'est pas son prix, qui est très abordable, c'est qu'il ne vous sera pas facile de choisir entre ces créations artistiques d'une qualité exceptionnelle.

71. Dans cette annonce publicitaire, qu'est-ce qui n'est PAS mentionné au sujet de cette montre?

    (A) Sa solidité
    (B) Son bracelet
    (C) Son aspect
    (D) Son adaptabilité

72. Le verbe "arborer" signifie . . .

    (A) porter avec ostentation.
    (B) montrer à tout le monde.
    (C) offrir à quelqu'un.
    (D) apporter avec soi.

73. Selon le passage, qu'est-ce qu'on peut se permettre de faire lorsqu'on met cette montre?

    (A) Aller à des évènements sportifs
    (B) Travailler dans un théatre
    (C) Travailler et s'amuser
    (D) Satisfaire tout le monde

74. A quel problème doit-on faire face si l'on veut acheter une montre "Alpha"?

    (A) On aura trop de choix
    (B) On n'en trouve pas facilement
    (C) Elle coûte trop cher
    (D) Il faut la commander à l'avance

continued...

La jeune fille était assise sur un rocher, sans vraiment regarder nulle part, comme hypnotisée par l'immensité de la mer devant elle. Elle était brune, avec des cheveux coupés très courts, des cheveux que la brise marine ne dérangeait pas. Perdue dans ses pensées, elle n'entendit pas Thierry qui pourtant n'essayait pas de la surprendre. Elle sursauta quand elle l'entendit dire "Alors Irène, tu as oublié qu'il est presque midi et que tout le monde t'attend pour déjeuner?". Elle esquissa un petit sourire et répondit de sa voix douce: " oh, non, je n'ai pas oublié, j'allais quitter mon rocher dans quelques minutes, mais j'ai l'impression d'avoir vu quelque chose dans la mer et . . ."

—Quelque chose dans la mer? Tu n'as pas vu un monstre sous-marin . . . le monstre du Loch Ness peut-être? dit-il en riant.

—Tu te moques de moi Thierry, non, mais franchement, je crois que j'ai vu des dauphins, plusieurs même, et j'attendais qu'ils ressortent.

—Bon, si tu veux, je reste avec toi, on attend les dauphins, et ensuite on rentre parce que tu sais, les autres, ils vont s'impatienter!

75. Dans ce passage, il s'agit d'une jeune fille qui . . .

(A) se concentre sur l'horizon.
(B) admire l'immensité.
(C) espère voir des poissons.
(D) respire la brise marine.

76. Thierry, lorsqu'il est arrivé, a . . .

(A) Fait peur à la jeune fille.
(B) Calmé la jeune fille.
(C) Fait peur aux poissons.
(D) Réveillé la jeune fille.

77. La phrase "elle esquissa un petit sourire" veut dire . . .

(A) Elle se mit à rire.
(B) Elle fit semblant de sourire.
(C) Elle sourit en parlant.
(D) Elle commença à sourire.

78. Quelle a été la réaction de Thierry lorsqu'Irène lui a expliqué pourquoi elle avait tardé?

(A) Il a trouvé cela drôle.
(B) Il l'a critiquée.
(C) Il a été impatient.
(D) Il a compris.

79. A la fin, qu'est-ce que Thierry a décidé de faire?

(A) Aller déjeuner
(B) Chercher le monstre
(C) Quitter Irène
(D) Attendre Irène

continued...

Le train s'arrêta après un parcours de 300 kilomètres. Nous étions dans un petit village, en pleine campagne, et quelques passagers descendirent. J'avais l'intention de continuer mon voyage, mais pour une raison que je ne peux comprendre moi-même, je décidai de m'attarder quelques jours dans cet endroit pittoresque. Une famille, ou du moins je crois qu'il s'agissait d'une famille, attendait visiblement un des passagers et sitôt qu'il descendit du train, ce furent des embrassades, des effusions, des questions qui restaient sans réponse parce qu'elles se suivaient sans interruption. Quel plaisir de voir cette affection sans bornes. A ce moment-là, un autre passager descendit. Personne ne l'attendait, lui. Il semblait chercher quelqu'un, il avait l'air déçu parce qu'on n'était pas venu le recevoir. Il regarda à gauche, puis à droite, consulta sa montre nerveusement, puis, haussant les épaules, se dirigea vers la porte de la gare. A ce moment, une voix féminine se fit entendre:

—Guy! Guy!

Il se retourna et son visage s'éclaira quand il vit la jeune femme s'avancer vers lui.

—Je m'excuse, je m'excuse . . . mais j'ai eu une panne en chemin, j'avais tellement peur de ne pas arriver à temps! Heureusement que tu m'as attendue!

80. Le mot "parcours" signifie . . .

(A) distance.
(B) changement.
(C) course.
(D) montée.

81. Pourquoi le narrateur est-il descendu du train?

(A) Il était fatigué.
(B) Il ne le savait pas lui-même.
(C) Une amie l'attendait.
(D) Sa famille l'attendait.

82. D'après ce texte, il est évident que le mot " effusions" se rapporte à . . .

(A) la joie du narrateur.
(B) l'accueil que le premier passager a reçu.
(C) la surprise de la famille qui attendait.
(D) la déception du narrateur.

83. A la fin du premier paragraphe, les actions du deuxième passager reflètent . . .

(A) la déception.
(B) la colère.
(C) la patience.
(D) la joie.

84. La jeune fille était en retard parce qu'elle . . .

(A) avait oublié l'heure d'arrivée du train.
(B) avait eu un accident.
(C) s'était trompée de chemin.
(D) avait eu des problèmes de voiture.

continued...

85. A la fin de ce passage, la jeune fille semble être . . .

(A) rassurée.
(B) inquiète.
(C) malheureuse.
(D) optimiste.

Vous souffrez d'insomnies? Vous êtes toujours fatigués pendant la journée? Vous avez consulté votre médecin et celui-ci vous a dit que vous n'aviez rien de grave? Il est fort possible que votre problème soit . . . votre matelas!

Pour votre bien-être, Batelle a créé des matelas à partir de produits naturels vous permettant de retrouver le confort et la douceur que vous méritez bien après une longue journée de travail. Nos matelas, ni trop fermes ni trop souples, se plient à tous les mouvements tout en soutenant la colonne vertébrale. Batelle, l'ami du marchand de sable, vous aidera à retrouver votre sommeil d'enfant!

86. Cette publicité s'adresse à . . .

(A) ceux qui ont des enfants.
(B) des médecins.
(C) ceux qui dorment mal.
(D) des marchands.

87. Toutes les caractéristiques suivantes sont mentionnées SAUF . . .

(A) la fermeté du matelas.
(B) le repos du client.
(C) les produits utilisés.
(D) la durabilité du matelas.

Scoring the SAT II French with Listening Test

Listening

Once you have taken the sample test, compare your answers with those given in Part Four of this book.

1. Count the number of correct answers for questions 1 through 10 and 23 through 33 and mark the total here __________
2. Count the number of incorrect answers for these two sections __________
3. Divide the total number of incorrect answers by 3 and mark the result here __________
4. Subtract (3) from (1) and mark the result here __________
5. Count the number of correct answers for questions 11 through 22 and mark the total here __________
6. Count the number of incorrect answers for questions 11 through 22 and mark the total here __________
7. Divide the number obtained in (6) by 2 and mark the result here __________
8. Subtract the amount obtained in (7) from that in (5) and mark the result here __________
9. Add the result from (8) to the result from (4) and enter the number here __________
10. Round the number from (9) to the nearest whole number __________

The number obtained in (10) is your raw Listening subscore.

Reading

1. Count the number of correct answers for questions 34 through 87 and mark the total here __________
2. Count the number of incorrect answers and mark the total here __________
3. Multiply the number from (2) by 3 and mark the total here __________
4. Subtract (3) from (1) and mark the result here __________
5. Round the number obtained in (4) to the nearest whole number __________

The number obtained in (5) is your raw Reading subscore.

Raw Composite Score

1. Divide your unrounded Listening subscore by 1.3164 __________
2. Add your unrounded Reading subscore __________
3. Round the result obtained to the nearest whole number __________

The number obtained in (3) is your Raw Composite Score.

To help you evaluate your approximate scaled score, please consult the following table. However, remember that these scores are approximate and may vary slightly from test to test.

Raw Composite Score	Scaled Score
70 to 79	800
57 to 69	710 to 790
44 to 56	620 to 700
31 to 43	540 to 610
19 to 30	470 to 530
8 to 18	410 to 460
–1 to 7	360 to 400
–15 to –2	280 to 350
–28 to –16	200 to 270

SAMPLE TEST III

French Subject Test

Answer Sheet

1. Ⓐ Ⓑ Ⓒ Ⓓ Ⓔ
2. Ⓐ Ⓑ Ⓒ Ⓓ Ⓔ
3. Ⓐ Ⓑ Ⓒ Ⓓ Ⓔ
4. Ⓐ Ⓑ Ⓒ Ⓓ Ⓔ
5. Ⓐ Ⓑ Ⓒ Ⓓ Ⓔ
6. Ⓐ Ⓑ Ⓒ Ⓓ Ⓔ
7. Ⓐ Ⓑ Ⓒ Ⓓ Ⓔ
8. Ⓐ Ⓑ Ⓒ Ⓓ Ⓔ
9. Ⓐ Ⓑ Ⓒ Ⓓ Ⓔ
10. Ⓐ Ⓑ Ⓒ Ⓓ Ⓔ
11. Ⓐ Ⓑ Ⓒ Ⓓ Ⓔ
12. Ⓐ Ⓑ Ⓒ Ⓓ Ⓔ
13. Ⓐ Ⓑ Ⓒ Ⓓ Ⓔ
14. Ⓐ Ⓑ Ⓒ Ⓓ Ⓔ
15. Ⓐ Ⓑ Ⓒ Ⓓ Ⓔ
16. Ⓐ Ⓑ Ⓒ Ⓓ Ⓔ
17. Ⓐ Ⓑ Ⓒ Ⓓ Ⓔ
18. Ⓐ Ⓑ Ⓒ Ⓓ Ⓔ
19. Ⓐ Ⓑ Ⓒ Ⓓ Ⓔ
20. Ⓐ Ⓑ Ⓒ Ⓓ Ⓔ
21. Ⓐ Ⓑ Ⓒ Ⓓ Ⓔ
22. Ⓐ Ⓑ Ⓒ Ⓓ Ⓔ
23. Ⓐ Ⓑ Ⓒ Ⓓ Ⓔ
24. Ⓐ Ⓑ Ⓒ Ⓓ Ⓔ
25. Ⓐ Ⓑ Ⓒ Ⓓ Ⓔ
26. Ⓐ Ⓑ Ⓒ Ⓓ Ⓔ
27. Ⓐ Ⓑ Ⓒ Ⓓ Ⓔ
28. Ⓐ Ⓑ Ⓒ Ⓓ Ⓔ
29. Ⓐ Ⓑ Ⓒ Ⓓ Ⓔ
30. Ⓐ Ⓑ Ⓒ Ⓓ Ⓔ
31. Ⓐ Ⓑ Ⓒ Ⓓ Ⓔ
32. Ⓐ Ⓑ Ⓒ Ⓓ Ⓔ
33. Ⓐ Ⓑ Ⓒ Ⓓ Ⓔ
34. Ⓐ Ⓑ Ⓒ Ⓓ Ⓔ
35. Ⓐ Ⓑ Ⓒ Ⓓ Ⓔ
36. Ⓐ Ⓑ Ⓒ Ⓓ Ⓔ
37. Ⓐ Ⓑ Ⓒ Ⓓ Ⓔ
38. Ⓐ Ⓑ Ⓒ Ⓓ Ⓔ
39. Ⓐ Ⓑ Ⓒ Ⓓ Ⓔ
40. Ⓐ Ⓑ Ⓒ Ⓓ Ⓔ
41. Ⓐ Ⓑ Ⓒ Ⓓ Ⓔ
42. Ⓐ Ⓑ Ⓒ Ⓓ Ⓔ
43. Ⓐ Ⓑ Ⓒ Ⓓ Ⓔ
44. Ⓐ Ⓑ Ⓒ Ⓓ Ⓔ
45. Ⓐ Ⓑ Ⓒ Ⓓ Ⓔ
46. Ⓐ Ⓑ Ⓒ Ⓓ Ⓔ
47. Ⓐ Ⓑ Ⓒ Ⓓ Ⓔ
48. Ⓐ Ⓑ Ⓒ Ⓓ Ⓔ
49. Ⓐ Ⓑ Ⓒ Ⓓ Ⓔ
50. Ⓐ Ⓑ Ⓒ Ⓓ Ⓔ
51. Ⓐ Ⓑ Ⓒ Ⓓ Ⓔ
52. Ⓐ Ⓑ Ⓒ Ⓓ Ⓔ
53. Ⓐ Ⓑ Ⓒ Ⓓ Ⓔ
54. Ⓐ Ⓑ Ⓒ Ⓓ Ⓔ
55. Ⓐ Ⓑ Ⓒ Ⓓ Ⓔ
56. Ⓐ Ⓑ Ⓒ Ⓓ Ⓔ
57. Ⓐ Ⓑ Ⓒ Ⓓ Ⓔ
58. Ⓐ Ⓑ Ⓒ Ⓓ Ⓔ
59. Ⓐ Ⓑ Ⓒ Ⓓ Ⓔ
60. Ⓐ Ⓑ Ⓒ Ⓓ Ⓔ
61. Ⓐ Ⓑ Ⓒ Ⓓ Ⓔ
62. Ⓐ Ⓑ Ⓒ Ⓓ Ⓔ
63. Ⓐ Ⓑ Ⓒ Ⓓ Ⓔ
64. Ⓐ Ⓑ Ⓒ Ⓓ Ⓔ
65. Ⓐ Ⓑ Ⓒ Ⓓ Ⓔ
66. Ⓐ Ⓑ Ⓒ Ⓓ Ⓔ
67. Ⓐ Ⓑ Ⓒ Ⓓ Ⓔ
68. Ⓐ Ⓑ Ⓒ Ⓓ Ⓔ
69. Ⓐ Ⓑ Ⓒ Ⓓ Ⓔ
70. Ⓐ Ⓑ Ⓒ Ⓓ Ⓔ
71. Ⓐ Ⓑ Ⓒ Ⓓ Ⓔ
72. Ⓐ Ⓑ Ⓒ Ⓓ Ⓔ
73. Ⓐ Ⓑ Ⓒ Ⓓ Ⓔ
74. Ⓐ Ⓑ Ⓒ Ⓓ Ⓔ
75. Ⓐ Ⓑ Ⓒ Ⓓ Ⓔ
76. Ⓐ Ⓑ Ⓒ Ⓓ Ⓔ
77. Ⓐ Ⓑ Ⓒ Ⓓ Ⓔ
78. Ⓐ Ⓑ Ⓒ Ⓓ Ⓔ
79. Ⓐ Ⓑ Ⓒ Ⓓ Ⓔ
80. Ⓐ Ⓑ Ⓒ Ⓓ Ⓔ
81. Ⓐ Ⓑ Ⓒ Ⓓ Ⓔ
82. Ⓐ Ⓑ Ⓒ Ⓓ Ⓔ
83. Ⓐ Ⓑ Ⓒ Ⓓ Ⓔ
84. Ⓐ Ⓑ Ⓒ Ⓓ Ⓔ
85. Ⓐ Ⓑ Ⓒ Ⓓ Ⓔ

Sample Test III

French Subject Test

(The answers to this sample test can be found in Part Four of this book.)

Part A

Directions: This part consists of a series of incomplete statements followed by four possible answers. Among the four choices, select the answer that best fits the statement.

1. Tu as _____ de lire le livre avant de voir ce film, ça t'aidera à le comprendre.
   (A) tort
   (B) raison
   (C) envie
   (D) droit

2. Je vais en _____ pour les vacances de Printemps.
   (A) Chypre
   (B) Colorado
   (C) Portugal
   (D) Floride

3. J'ai acheté _____ livres lorsque j'étais à Paris.
   (A) beaucoup
   (B) plusieurs
   (C) un tas
   (D) une quantité

4. _____ mon oncle, il ne faut jamais nager après avoir mangé.
   (A) Selon
   (B) Après
   (C) Envers
   (D) Durant

5. Le fiancé de Micheline est _____ quelqu'un d'extraordinaire.
   (A) toutefois
   (B) vraiment
   (C) actuellement
   (D) couramment

6. Aujourd'hui, elle porte un chandail bleu qui lui _____ très bien.
   (A) va
   (B) devient
   (C) suit
   (D) regarde

7. Elle sait qu'elle chante _____, c'est pourquoi elle refuse de faire partie du choeur de l'école.
   (A) bien
   (B) facilement
   (C) faux
   (D) souvent

8. Il a envie d'un _____ pour faire de la recherche.
   (A) clavier
   (B) libraire
   (C) ordinateur
   (D) écran

continued...

9. Nous les avons attendus pendant vingt minutes sur le _____, mais le train avait du retard.

(A) plafond
(B) wagon
(C) chariot
(D) quai

10. Quand je suis en France, je mange beaucoup de pain avec de la _____ pour le petit-déjeuner.

(A) glace
(B) moutarde
(C) confiture
(D) cuiller

11. Combien coûte le _____ de deux semaines, s'il vous plaît?

(A) séjour
(B) départ
(C) reste
(D) montant

12. Elle est en train de se _____ avant d'aller au théatre.

(A) coucher
(B) déshabiller
(C) prêter
(D) maquiller

13. Pouvez-vous m'indiquer _____ où je peux acheter cela?

(A) l'endroit
(B) la location
(C) le placement
(D) la direction

14. Corinne et son fiancé Paul vont _____ en décembre.

(A) marier
(B) épouser
(C) se marier
(D) se fiancer

15. Ce journaliste a fait une _____ sur la vie scolaire dans les grandes villes et son article va paraître cette semaine.

(A) pièce
(B) discussion
(C) enquête
(D) série

16. Je crois que je vais _____ une limonade parce qu'il fait très chaud.

(A) ordonner
(B) obtenir
(C) recevoir
(D) commander

17. Ce dimanche, je vais _____ une promenade à cheval.

(A) aller
(B) prendre
(C) faire
(D) courir

18. J'adore _____ mes vacances au bord de la mer.

(A) passer
(B) dépenser
(C) aller
(D) faire

19. Je voudrais essayer ces chaussures et j'espère que vous avez ma _____.

(A) taille
(B) pointure
(C) dimension
(D) forme

20. On est très _____ dans ce grand fauteuil.

(A) confortable
(B) à l'aise
(C) rafraîchi
(D) rétabli

continued...

Part B

Directions: In this part, each sentence contains a blank. Select, from the four choices that follow, the one that forms a grammatically correct sentence. Whenever there are dashes following (A), it means that no insertion is necessary. However, this may or may not be the correct answer.

21. Il a parlé de ses problèmes et moi, j'ai parlé _____.

(A) aux miens
(B) des miens
(C) aux miennes
(D) des miennes

22. Est-ce que tu es heureuse dans tes cours? Oui, je _____ suis.

(A) la
(B) le
(C) les
(D) me

23. Il ne faut pas parler _____ mangeant.

(A) par
(B) et
(C) pendant
(D) en

24. _____ combien de temps habitez-vous ici?

(A) Dans
(B) Depuis
(C) Il y a
(D) Ça fait

25. J'ai eu une mauvaise note parce que j'ai fait ma rédaction _____ cinq minutes.

(A) dans
(B) pour
(C) en
(D) pendant

26. Il a fini _____ comprendre ce que je lui ai expliqué.

(A) ---
(B) de
(C) à
(D) par

27. J'écoute toujours _____ mes parents.

(A) ---
(B) à
(C) aux
(D) chez

28. Ils sont partis _____ bonne heure.

(A) ---
(B) de
(C) par
(D) en

29. La jeune fille _____ il parlait habitait dans mon quartier.

(A) qu'
(B) auquel
(C) dont
(D) avec

30. Nous sommes allés _____ la pâtisserie du coin.

(A) chez
(B) dans
(C) depuis
(D) à

continued...

31. J'espère que tu _____ venir nous rendre visite.

    (A) pourras
    (B) puisses
    (C) pouvoir
    (D) pouvant

32. Il vous _____ ces renseignements demain.

    (A) donnerez
    (B) donnez
    (C) donnera
    (D) donnait

33. Je n'irai pas au cinéma _____ j'aie très envie de voir ce film.

    (A) parce que
    (B) puisque
    (C) depuis que
    (D) bien que

34. Ils m'ont offert une tasse _____ thé bien chaud parce qu'il faisait froid.

    (A) de
    (B) avec
    (C) à
    (D) en

continued...

Part C

Directions: The following paragraphs contain some blank spaces. Choose, among the four answers that accompany each blank, the one that best completes the sentence, either for the meaning or for the grammar. In some instances, the first answer (A) may only have dashes, indicating that no insertion is necessary to form a grammatically correct sentence.

Charles venait d'entrer ------- le salon. En le voyant -------, Marthe le regarda d'un air surpris, et il fut

35. (A) ---
(B) à
(C) dans
(D) au

36. (A) paraître
(B) paraissant
(C) paraît
(D) paraîssait

------- par cela. ------- il ne savait pas, c'est que ses parents avaient annoncé ------- qu'il ------- ce matin-là

37. (A) étonnant
(B) troublé
(C) touchant
(D) fatigué

38. (A) Ce dont
(B) Quoi
(C) Ce qu'
(D) Cela

39. (A) la journée
(B) la veille
(C) la nuit
(D) la semaine

40. (A) part
(B) partira
(C) partait
(D) sera parti

pour Dakar. --------- ne savait que --------- vol avait été --------- à cause --------- mauvais temps. Il y avait, ---------

41. (A) Nul
(B) Aucun
(C) Quelqu'un
(D) Certains

42. (A) sa
(B) ce
(C) son
(D) cet

43. (A) annulé
(B) omis
(C) rempli
(D) cassé

44. (A) ---
(B) du
(C) de
(D) le

45. (A) par
(B) selon
(C) pour
(D) après

la météo, plusieurs -------. Heureusement qu'il avait pu ------- son départ jusqu'au -------. De toute -------,

46. (A) averses
(B) glaces
(C) neiges
(D) tonnerres

47. (A) remis
(B) remettait
(C) remettre
(D) remet

48. (A) demain
(B) lendemain
(C) nuit
(D) prochain

49. (A) chemin
(B) cas
(C) façon
(D) idée

ce petit inconvénient ------- permettait de voir Marthe ------- une fois.

50. (A) leur
(B) le
(C) lui
(D) la

51. (A) plus
(B) en plus
(C) de nouveau
(D) encore

Sarah, une jeune étudiante américaine en vacances ------- Genève, a écrit ------- son professeur de français,

52. (A) à
(B) au
(C) en
(D) de

53. (A) ---
(B) chez
(C) au
(D) à

Mme Maréchal. ------- elle veut lui faire -------, elle a écrit en français! Mme Maréchal va être ------- surprise!

54. (A) Si
(B) Comme
(C) A cause d'
(D) Pour qu'

55. (A) heureuse
(B) plaisir
(C) joyeuse
(D) bonheur

56. (A) si
(B) beaucoup
(C) après
(D) autant

continued...

Part D

Directions: Each passage in this section is followed by questions or incomplete statements. Among the four choices, choose the one that applies to the passage.

(Adapté de "Carmen" de Prosper Mérimée)

J'allai voir le prisonnier, muni d'un paquet de cigares. On m'introduisit chez Don José au moment où il prenait son repas. Il me fit un signe de tête assez froid, et me remercia poliment du cadeau que je lui apportais. Après avoir compté les cigares du paquet que j'avais mis entre ses mains, il en choisit un certain nombre, et me rendit le reste, observant qu'il n'avait pas besoin d'en prendre davantage.

Je lui demandai si, avec un peu d'argent, ou par le crédit de mes amis, je pourrais faire quelque chose pour lui. Il me pria de faire dire une messe pour le salut de son âme.

Après un moment de silence, il reprit:

—Oserai-je encore vous demander un service? . . . Quand vous reviendrez dans votre pays, peut-être passerez-vous par la Navarre, au moins vous passerez par Vitoria, qui n'en est pas fort éloignée.

—Oui, lui dis-je, je passerai certainement par Vitoria; mais il n'est pas impossible que je me détourne pour aller à Pampelune, et, à cause de vous, je crois que je ferais volontiers ce détour.

—Eh bien! Si vous allez à Pampelune, vous y verrez plus d'une chose qui vous intéressera . . . C'est une belle ville . . . Je vous donnerai cette médaille (il me montrait une petite médaille d'argent qu'il portait au cou), vous l'envelopperez dans du papier . . . il s'arrêta un instant pour maîtriser son émotion . . . et vous la remettrez ou vous la ferez remettre à une bonne femme dont je vous dirai l'adresse.—Vous direz que je suis mort, vous ne direz pas comment.

57. D'après ce texte, on peut penser que Don José rend quelques cigares au visiteur parce qu'il . . .

    (A) n'aime vraiment pas fumer.
    (B) voudrait que le visiteur fume avec lui.
    (C) sait qu'il n'aura pas le temps de les fumer.
    (D) n'apprécie pas le geste du visiteur.

58. La première chose que le prisonnier demande au visiteur prouve . . .

    (A) son amour pour son amie.
    (B) son attachement à la religion.
    (C) sa peur de mourir.
    (D) son mépris pour l'argent.

59. Le narrateur dit qu'il fera peut-être un détour pendant son voyage . . .

    (A) pour voir les amis de Don José.
    (B) parce que le prisonnier lui en avait parlé.
    (C) pour acheter des médailles.
    (D) parce qu'il aime la Navarre.

continued...

60. La phrase "vous l'envelopperez dans du papier" montre que le prisonnier veut . . .

(A) cacher la médaille.
(B) vendre la médaille.
(C) se débarrasser de la médaille.
(D) offrir la médaille.

61. Dans ce passage, il est évident que, lorsque le prisonnier parle au narrateur, il . . .

(A) a très peur.
(B) est impatient.
(C) est furieux.
(D) est très ému.

62. La dernière phrase de ce passage indique que le prisonnier . . .

(A) ne veut pas faire de la peine à la femme.
(B) ne veut pas qu'elle sache qu'il est mort.
(C) voudrait que la femme vienne le voir.
(D) voudrait que le narrateur aide la femme.

(Adapté de "Mon oncle Jules" de Guy de Maupassant)

Mon oncle Jules, le frère de mon père, était le seul espoir de la famille, après en avoir été la terreur. Javais entendu parler de lui depuis mon enfance, et il me semblait que je l'aurais reconnu du premier coup, tant sa pensée m'était devenue familière. Je savais tous les détails de son existence, jusqu'au jour de son départ pour l'Amérique, bien qu'on ne parlât qu'à voix basse de cette période de sa vie.

Il avait eu, paraît-il, une mauvaise conduite, c'est-à-dire qu'il avait mangé quelque argent, ce qui est bien le plus grand des crimes pour les familles pauvres. Chez les riches, un homme qui s'amuse *fait des bêtises*. Il est ce qu'on appelle en souriant, un noceur. Chez les pauvres, un garçon qui force les parents à dépenser tout leur argent, devient un mauvais sujet, un gueux.

Et cette distinction est juste, bien que le fait soit le même, car les conséquences seules déterminent la gravité de l'acte. Enfin, l'oncle Jules avait notablement diminué l'héritage sur lequel comptait mon père.

63. L'expression "du premier coup" veut dire . . .

(A) immédiatement.
(B) quelquefois.
(C) il y a longtemps.
(D) une seule fois.

64. Pourquoi pensez vous que Jules était le seul espoir de la famille, d'après ce passage?

(A) C'était le plus jeune de la famille.
(B) Il était parti pour un autre pays.
(C) Il avait retrouvé l'argent qu'il avait perdu.
(D) Il n'avait pas fait de bêtises.

continued...

65. Comment, aurait-on jugé les actions de Jules s'il avait été riche?

(A) On l'aurait critiqué
(B) On aurait trouvé ça drôle
(C) On l'aurait traîté de gueux
(D) On l'aurait félicité

66. Qu'est-ce qui distingue la gravité d'un acte selon ce texte?

(A) Le résultat de cet acte
(B) L'âge de la personne qui commet l'acte
(C) La famille dont il est question
(D) Le montant qui a été dilapidé

L'Orient-Express – Train légendaire

(adapté du Journal Français d'Amérique)

L'Orient-Express fascine toujours et continue, après Agatha Christie, de nourrir l'imagination des écrivains, des cinéastes et des poètes. Inauguré à la fin du 19e siècle, ce palace roulant a fait rêver tous les puissants de l'époque, provoquant des jalousies, convoitises et rivalités. C'est grâce à la détermination d'un Américain du Kentucky, James B. Sherwood, qu'a pu ressusciter en 1977 toute la splendeur de ce train mythique qui connut un triste sort après la deuxième guerre mondiale. Les dix-sept voitures qui le composent aujourd'hui resplendissent de leur couleur bleu-marine rehaussée d'un filet d'or. Individuelles, doubles ou suites, les cabines douillettes et confortables sont toutes équipées d'un cabinet de toilette avec eau chaude, de douces serviettes de bain et d'une gamme complète de produits de toilette personnalisés. Après le départ de Paris, le dîner est servi dans les trois voitures-restaurants qui, comme l'ensemble du train, ont été entièrement restaurées selon leur propre style d'origine. La voiture 4095, de fabrication anglaise, date de 1927. La voiture 4110, de même fabrication, est dans le style de l'Etoile du Nord et la voiture 4141, construite en France en 1929 est dans le style Côte d'Azur. C'est dans ce cadre infiniment raffiné que l'on sert le dîner. Une cuisine gastronomique est offerte aux passagers. En faisant le choix de menus saisonniers, le chef, connu dans le monde entier, ne sert que des produits frais et de qualité. Le résultat est inoubliable.

67. Dans ce passage, toutes les personnes suivantes sont mentionnées SAUF . . .

(A) les écrivains.
(B) les poètes.
(C) les acteurs.
(D) les cinéastes.

68. Une des réactions négatives mentionnée est . . .

(A) la paresse
(B) l'envie
(C) la haine
(D) l'avarice

continued...

69. Quand l'Orient-Express a-t-il retrouvé sa beauté et son luxe?

(A) Après la guerre
(B) Au début du vingtième siècle
(C) Aux environs de 1927
(D) Dans les années 70

70. L'expression "rehaussée d'un filet d'or" veut dire que la couleur bleu-marine . . .

(A) est bordée d'une couleur brillante.
(B) a des points dorés.
(C) a des rayures couleur or.
(D) est ornée d'un trait doré.

71. Qu'est-ce qui caractérise les cabines de l'Orient-Express . . .

(A) elles ont la même couleur que le train.
(B) elles ne se ressemblent pas.
(C) elles sont très confortables.
(D) elles sont personnalisées.

72. Qu'est-ce qu'on peut trouver dans les cabinets de toilette?

(A) Une série de produits de toilette
(B) Des serviettes bleu-marine et or
(C) Des robes de chambre personnalisées
(D) Des baignoires avec eau chaude

73. Les trois restaurants ont la particularité suivante . . .

(A) ils ont été fabriqués en Angleterre.
(B) ils ont des styles différents.
(C) ils datent de 1977.
(D) ils ont trois chefs différents.

74. L'article suggère que les menus . . .

(A) sont internationaux.
(B) changent tous les jours.
(C) dépendent des saisons.
(D) offrent beaucoup de fruits.

Emma avait ouvert la porte mais le vent glacial qui envahit l'entrée de la maison l'obligea de la refermer immédiatement. Elle avait promis à Pierre qu'elle l'attendrait dans le jardin car il n'était jamais venu chez elle et aurait du mal à lire le numéro de l'adresse, celui-ci étant minuscule et à moitié caché par un arbre. Tous ceux qui venaient la voir s'en plaignaient, lui disant qu'elle devait soit changer l'emplacement de ce numéro, soit couper l'arbre—chose inconcevable pour une passionnée de l'écologie!

—Pourvu qu'il reconnaisse la maison d'après ma description pensa-t-elle.

Trois petits coups discrètement frappés la rassurèrent. Elle ouvrit la porte et Pierre entra, serrant son anorak frileusement.

continued...

—Quel froid de canard! Tu as bien fait de ne pas m'attendre dans le jardin! Mais tu as raison, ce n'est pas facile de trouver ta maison. Heureusement qu'un de tes voisins sortait de chez lui et je lui ai demandé ... enfin, me voici! Tu m'offres une tasse de thé ou de café bien chaud?

—Bien sûr! Je viens justement de mettre du bon café dans la cafetière, ce sera prêt dans quelques minutes. Tu n'aurais pas envie d'une tranche de gateau aux amandes?

—C'est toi qui l'as fait? Je ne savais pas que tu avais des talents de pâtissière!

—On voit que tu me connais bien ... non, c'est maman qui me l'a apporté, elle l'a acheté à la pâtisserie du coin... alors c'est oui ou c'est non?

—C'est oui! Un gourmand comme moi ne refuse jamais une telle offre.

75. Emma a dû refermer la porte . . .

(A) parce que Pierre n'était pas encore là.
(B) parce qu'il faisait trop de vent.
(C) parce que Pierre l'attendrait dans le jardin.
(D) parce qu'elle ne voulait pas de pluie dans l'entrée.

76. Pourquoi Pierre aurait-il du mal à reconnaître la maison?

(A) Elle était cachée par les arbres.
(B) L'entrée ne se voyait pas de la rue.
(C) L'adresse était effacée.
(D) Le numéro était trop petit.

77. D'après ce passage, nous apprenons qu'Emma . . .

(A) n'aimait pas sa maison.
(B) voulait protéger la nature.
(C) était bonne cuisinière.
(D) n'aimait pas le thé.

78. Le mot "frileusement" indique que Pierre . . .

(A) avait froid.
(B) était fatigué.
(C) avait soif.
(D) était essouflé.

79. Quand Emma offre une tranche de gateau à Pierre, celui-ci . . .

(A) a l'air surpris.
(B) a peur d'accepter.
(C) pense qu'elle l'a acheté.
(D) pense que sa mère l'a fait.

80. En réalité, d'où vient le gateau?

(A) La mère d'Emma l'a fait
(B) Emma elle-même l'a fait
(C) Pierre l'a apporté
(D) La mère d'Emma l'a acheté

continued...

Médiblanc—Le dentifrice pour dents sensibles!

Conçu en collaboration avec une équipe de dentistes, le dentifrice Médiblanc associe deux sels de fluor actifs qui non seulement favorisent la protection contre les caries mais aussi limitent le développement de la plaque bactérienne. Grâce à son fluorure d'amines, les lésions carieuses débutantes sont reminéralisées. Cependant, cette formule contient une base qui respecte vos gencives, assurant ainsi un brossage sans douleur. Médiblanc est un médicament de prévention quotidienne pour vos dents. Demandez conseil à votre pharmacien ou à votre chirurgien-dentiste.

81. Le dentifrice Médiblanc a été créé . . .

    (A) par un chirurgien-dentiste.
    (B) par une équipe de pharmaciens.
    (C) avec la participation de dentistes.
    (D) avec l'autorisation de médecins.

82. Dans cette annonce publicitaire, quelques-uns des clients visés sont ceux qui . . .

    (A) ont les gencives délicates.
    (B) n'aiment pas le fluor.
    (C) se brossent rarement les dents.
    (D) ont les dents jaunes.

83. Que faut-il faire avant de se servir de Médiblanc?

    (A) Acheter des sels de fluor.
    (B) Consulter le médecin ou le pharmacien.
    (C) Se brosser les dents tous les jours.
    (D) Lire la notice attentivement.

Je venais de m'asseoir dans l'avion quand une vieille dame est entrée, l'air un peu inquiet, consultant son billet et sa carte d'embarquement tout en essayant de trouver son siège. L'hôtesse est tout de suite venue à son secours et lui a indiqué le siège près du mien. Une fois assise, la vieille dame s'est tournée vers moi, et, inclinant la tête comme pour s'excuser, m'a demandé comment on attachait la ceinture de sécurité.

—Vous savez monsieur, c'est la première fois que je voyage en avion, et je ne sais pas ce qu'il faut faire.

Je lui ai montré la boucle et elle a attaché la ceinture elle-même. Après m'avoir remercié, elle m'a dit: Je vais au mariage de mon petit-fils, vous savez. Il y aura toute ma famille là-bas, même ma soeur que je n'ai pas vue depuis dix ans. Que voulez-vous monsieur, je suis peureuse, mais pour mon petit-fils, j'ai décidé de faire ce voyage par avion, à l'âge de soixante-quinze ans!

84. La vieille dame ne savait pas . . .

    (A) où était sa carte d'embarquement.
    (B) où l'hôtesse voulait qu'elle aille.
    (C) comment fermer la boucle.
    (D) comment se servir de la ceinture de sécurité.

85. Elle a fait ce premier voyage en avion pour . . .

    (A) pour assister à une célébration familiale.
    (B) pour célébrer ses soixante-quinze ans.
    (C) pour voir sa famille.
    (D) pour l'anniversaire de sa soeur.

Scoring the SAT II French Subject Test

Once you have taken the sample test, compare your answers with those given in Part Four of this book.

1. Count the number of correct answers and mark the total here __________
2. Count the number of incorrect answers and mark the total here __________
3. Divide the total number of incorrect answers by 3 and mark the total here __________

You will now proceed as follows:

Subtract (3) from (1) and mark the result here __________

Round the result obtained to the nearest whole number. This is your **raw** test score. The raw test score will be converted to a **scaled** score.

To help you evaluate your approximate scaled score, please consult the following table. However, remember that these scores are approximate and may vary slightly from test to test.

Raw Score	Scaled Score
75 to 85	800
61 to 74	710 to 790
49 to 60	640 to 700
39 to 48	590 to 630
28 to 38	540 to 580
20 to 27	500 to 530
–1 to 19	380 to 490
–13 to –2	310 to 370
–28 to –14	220 to 300

SAMPLE TEST III

French Subject Test with Listening

Answer Sheet

1. Ⓐ Ⓑ Ⓒ Ⓓ Ⓔ
2. Ⓐ Ⓑ Ⓒ Ⓓ Ⓔ
3. Ⓐ Ⓑ Ⓒ Ⓓ Ⓔ
4. Ⓐ Ⓑ Ⓒ Ⓓ Ⓔ
5. Ⓐ Ⓑ Ⓒ Ⓓ Ⓔ
6. Ⓐ Ⓑ Ⓒ Ⓓ Ⓔ
7. Ⓐ Ⓑ Ⓒ Ⓓ Ⓔ
8. Ⓐ Ⓑ Ⓒ Ⓓ Ⓔ
9. Ⓐ Ⓑ Ⓒ Ⓓ Ⓔ
10. Ⓐ Ⓑ Ⓒ Ⓓ Ⓔ
11. Ⓐ Ⓑ Ⓒ Ⓓ Ⓔ
12. Ⓐ Ⓑ Ⓒ Ⓓ Ⓔ
13. Ⓐ Ⓑ Ⓒ Ⓓ Ⓔ
14. Ⓐ Ⓑ Ⓒ Ⓓ Ⓔ
15. Ⓐ Ⓑ Ⓒ Ⓓ Ⓔ
16. Ⓐ Ⓑ Ⓒ Ⓓ Ⓔ
17. Ⓐ Ⓑ Ⓒ Ⓓ Ⓔ
18. Ⓐ Ⓑ Ⓒ Ⓓ Ⓔ
19. Ⓐ Ⓑ Ⓒ Ⓓ Ⓔ
20. Ⓐ Ⓑ Ⓒ Ⓓ Ⓔ
21. Ⓐ Ⓑ Ⓒ Ⓓ Ⓔ
22. Ⓐ Ⓑ Ⓒ Ⓓ Ⓔ
23. Ⓐ Ⓑ Ⓒ Ⓓ Ⓔ
24. Ⓐ Ⓑ Ⓒ Ⓓ Ⓔ
25. Ⓐ Ⓑ Ⓒ Ⓓ Ⓔ
26. Ⓐ Ⓑ Ⓒ Ⓓ Ⓔ
27. Ⓐ Ⓑ Ⓒ Ⓓ Ⓔ
28. Ⓐ Ⓑ Ⓒ Ⓓ Ⓔ
29. Ⓐ Ⓑ Ⓒ Ⓓ Ⓔ
30. Ⓐ Ⓑ Ⓒ Ⓓ Ⓔ
31. Ⓐ Ⓑ Ⓒ Ⓓ Ⓔ
32. Ⓐ Ⓑ Ⓒ Ⓓ Ⓔ
33. Ⓐ Ⓑ Ⓒ Ⓓ Ⓔ
34. Ⓐ Ⓑ Ⓒ Ⓓ Ⓔ
35. Ⓐ Ⓑ Ⓒ Ⓓ Ⓔ
36. Ⓐ Ⓑ Ⓒ Ⓓ Ⓔ
37. Ⓐ Ⓑ Ⓒ Ⓓ Ⓔ
38. Ⓐ Ⓑ Ⓒ Ⓓ Ⓔ
39. Ⓐ Ⓑ Ⓒ Ⓓ Ⓔ
40. Ⓐ Ⓑ Ⓒ Ⓓ Ⓔ
41. Ⓐ Ⓑ Ⓒ Ⓓ Ⓔ
42. Ⓐ Ⓑ Ⓒ Ⓓ Ⓔ
43. Ⓐ Ⓑ Ⓒ Ⓓ Ⓔ
44. Ⓐ Ⓑ Ⓒ Ⓓ Ⓔ
45. Ⓐ Ⓑ Ⓒ Ⓓ Ⓔ
46. Ⓐ Ⓑ Ⓒ Ⓓ Ⓔ
47. Ⓐ Ⓑ Ⓒ Ⓓ Ⓔ
48. Ⓐ Ⓑ Ⓒ Ⓓ Ⓔ
49. Ⓐ Ⓑ Ⓒ Ⓓ Ⓔ
50. Ⓐ Ⓑ Ⓒ Ⓓ Ⓔ
51. Ⓐ Ⓑ Ⓒ Ⓓ Ⓔ
52. Ⓐ Ⓑ Ⓒ Ⓓ Ⓔ
53. Ⓐ Ⓑ Ⓒ Ⓓ Ⓔ
54. Ⓐ Ⓑ Ⓒ Ⓓ Ⓔ
55. Ⓐ Ⓑ Ⓒ Ⓓ Ⓔ
56. Ⓐ Ⓑ Ⓒ Ⓓ Ⓔ
57. Ⓐ Ⓑ Ⓒ Ⓓ Ⓔ
58. Ⓐ Ⓑ Ⓒ Ⓓ Ⓔ
59. Ⓐ Ⓑ Ⓒ Ⓓ Ⓔ
60. Ⓐ Ⓑ Ⓒ Ⓓ Ⓔ
61. Ⓐ Ⓑ Ⓒ Ⓓ Ⓔ
62. Ⓐ Ⓑ Ⓒ Ⓓ Ⓔ
63. Ⓐ Ⓑ Ⓒ Ⓓ Ⓔ
64. Ⓐ Ⓑ Ⓒ Ⓓ Ⓔ
65. Ⓐ Ⓑ Ⓒ Ⓓ Ⓔ
66. Ⓐ Ⓑ Ⓒ Ⓓ Ⓔ
67. Ⓐ Ⓑ Ⓒ Ⓓ Ⓔ
68. Ⓐ Ⓑ Ⓒ Ⓓ Ⓔ
69. Ⓐ Ⓑ Ⓒ Ⓓ Ⓔ
70. Ⓐ Ⓑ Ⓒ Ⓓ Ⓔ
71. Ⓐ Ⓑ Ⓒ Ⓓ Ⓔ
72. Ⓐ Ⓑ Ⓒ Ⓓ Ⓔ
73. Ⓐ Ⓑ Ⓒ Ⓓ Ⓔ
74. Ⓐ Ⓑ Ⓒ Ⓓ Ⓔ
75. Ⓐ Ⓑ Ⓒ Ⓓ Ⓔ
76. Ⓐ Ⓑ Ⓒ Ⓓ Ⓔ
77. Ⓐ Ⓑ Ⓒ Ⓓ Ⓔ
78. Ⓐ Ⓑ Ⓒ Ⓓ Ⓔ
79. Ⓐ Ⓑ Ⓒ Ⓓ Ⓔ
80. Ⓐ Ⓑ Ⓒ Ⓓ Ⓔ
81. Ⓐ Ⓑ Ⓒ Ⓓ Ⓔ
82. Ⓐ Ⓑ Ⓒ Ⓓ Ⓔ
83. Ⓐ Ⓑ Ⓒ Ⓓ Ⓔ
84. Ⓐ Ⓑ Ⓒ Ⓓ Ⓔ
85. Ⓐ Ⓑ Ⓒ Ⓓ Ⓔ
86. Ⓐ Ⓑ Ⓒ Ⓓ Ⓔ
87. Ⓐ Ⓑ Ⓒ Ⓓ Ⓔ

French Subject Test with Listening

(The answers to this sample test can be found in Part Four of this book.)

SECTION I—LISTENING

Approximate time—20 minutes
Questions 1–33

Part A

Directions: In this section, you will hear four sentences (A), (B), (C), and (D). You will hear these sentences only once, and they will not be printed in your book. As you listen to the sentences, look carefully at the picture and select the sentence that best fits what is in the picture.

1.

continued...

2.

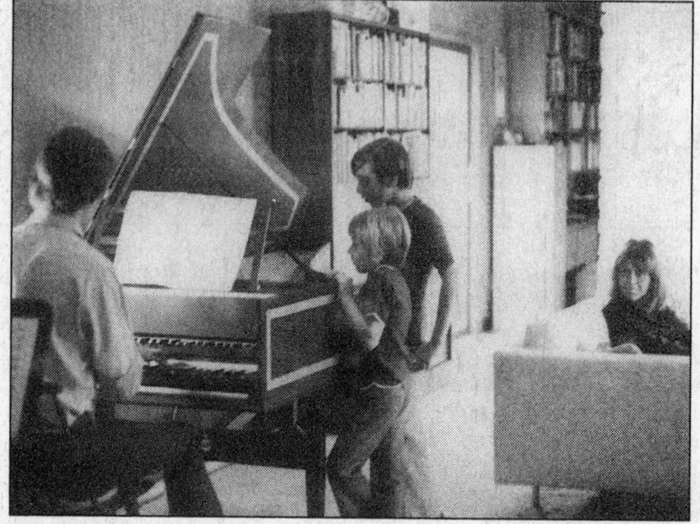

3.

continued...

4.

5.

continued...

6. 

7. 

continued...

8.

9.

continued...

10.

Part B

Directions: In this section, you will hear a series of short dialogues. These dialogues will not be printed in your book, but each dialogue will be repeated. For each selection, you will be asked one or two questions followed by three possible answers—(A), (B), and (C). These answers are not printed in your book. You will hear them only once. Listen carefully to the speaker and mark the correct answer on your answer sheet. You are now ready to begin.

Questions 11 through 22

continued...

Part C

Directions: You will hear a series of extended dialogues. These dialogues will not be printed in your book, and you will hear each only once. After listening to each dialogue, you will be asked several questions followed by four possible answers—(A), (B), (C), and (D). These questions are printed in your book. You will hear them only once. Select the best answer to the question from among the four choices printed in your book and mark the correct answer on your answer sheet. You are now ready to begin.

Dialogue 1

23. Comment Françoise peut-elle aider Abena?

(A) Elle écrira à sa grand'mère.
(B) Elle s'occupera de ses plantes.
(C) Elle arrosera son jardin.
(D) Elle la calmera.

24. Que dit Abena de la maladie de sa grand'mère?

(A) Elle ne sait pas ce qu'elle a.
(B) C'est une maladie assez grave.
(C) On a dû l'hospitaliser.
(D) Ce n'est pas grave.

25. D'après ce passage, pourquoi Abena n'a-t-elle pas vu ses cousins depuis longtemps?

(A) Elle va rarement au Mali.
(B) Ils ne viennent jamais la voir.
(C) Ils travaillent dans un autre pays.
(D) Ils étudient dans un autre pays.

26. Quand Abena est-elle partie pour la France?

(A) Lorsqu'elle est allée à l'université
(B) Lorsqu'elle s'est mariée
(C) Lorsque sa grand'mère est tombée malade
(D) Lorsqu'elle est allée au lycée

Dialogue 2

(Deux élèves, Michel et David, discutent)

27. Pourquoi Michel n'a-t-il pas bien étudié pour l'examen?

(A) Il a regardé une émission télévisée.
(B) Il se sentait mal.
(C) On lui a dit que le prof était malade.
(D) Il a joué dans un match.

28. Qu'est-ce que son ami David n'aimerait pas?

(A) Passer l'examen aujourd'hui
(B) Avoir une remplaçante
(C) Aller voir un match avec Michel
(D) Devoir encore réviser pour l'examen

29. Que dit la remplaçante à propos de Monsieur Masson?

(A) Il n'a pas préparé l'examen.
(B) Il a eu un accident au match de foot.
(C) Il a subi une opération.
(D) Il sera absent pendant longtemps.

30. En entendant ce que dit la remplaçante, quelle sera la réaction de Michel?

(A) Il sera ravi
(B) Il sera indifférent
(C) Il sera malheureux
(D) Il sera impatient

continued...

Dialogue 3

31. Où la jeune fille a-t-elle trouvé le livre?

    (A) Au fond de la bibliothèque
    (B) Sur un banc devant la bibliothèque
    (C) Sur une place
    (D) Dans la salle de classe

32. Quand devait-on rendre ce livre?

    (A) Il y a plusieurs jours
    (B) Deux semaines plus tard
    (C) Le jour précédent
    (D) Un mois plus tôt

33. Qu'est-ce que le bibliothécaire pense que l'étudiant qui avait emprunté le livre aurait dû faire?

    (A) Venir lui parler
    (B) Acheter un autre livre
    (C) Vérifier en classe
    (D) Donner le livre à la jeune fille

continued...

SECTION II—READING

Time—40 minutes
Questions 34–87

Part A

Directions: This part consists of a series of incomplete statements followed by four possible answers. Among the four choices, select the answer that best fits the statement.

34. Je pense que cette robe est _____.

(A) bon marché
(B) avare
(C) expansive
(D) lente

35. Cet homme est _____ d'extraordinaire.

(A) un ami
(B) une personne
(C) quelqu'un
(D) toujours

36. Il a _____ ce livre en français.

(A) traduit
(B) décoré
(C) illustré
(D) couvert

37. Ils ont passé leurs vacances dans un _____ à la montagne.

(A) ressort
(B) carrosse
(C) immeuble
(D) chalet

38. Ce paquet est très _____, il doit y avoir des briques dedans!

(A) énorme
(B) immense
(C) lourd
(D) haut

39. Tu ferais mieux de te _____ au lieu de parler au téléphone avec tes amis sinon tu seras en retard pour l'école.

(A) détendre
(B) courir
(C) dépêcher
(D) dresser

40. L'année dernière, j'ai _____ un cours de géographie très intéressant.

(A) appris
(B) suivi
(C) pris
(D) complété

41. Quel désastre! Je me suis _____ de route et maintenant nous sommes perdus!

(A) oublié
(B) quitté
(C) pris
(D) trompé

42. Quand nous sommes allés à la _____, nous avons pris nos maillots de bain.

(A) maison
(B) montagne
(C) plage
(D) roulotte

continued...

Part B

Directions: Each of the following incomplete sentences is followed by four choices. Select, among these choices, the one that forms a grammatically correct sentence. If (A) is followed by dashes, this means that, in order to form a grammatically correct sentence, no word needs to be inserted.

43. Elle _____ au premier rang parce qu'elle veut bien voir.

(A) se met
(B) se mettait
(C) se mit
(D) se mette

44. Nous nous sommes lavé _____ mains.

(A) les
(B) nos
(C) des
(D) aux

45. L'architecte a fait _____ une villa au bord de la mer.

(A) construit
(B) construire
(C) construisait
(D) construite

46. Dans _____ livre est-ce que tu as trouvé ces renseignements?

(A) quoi
(B) lequel
(C) quel
(D) combien

47. Nous sommes partis _____ la France au mois de janvier.

(A) ---
(B) pour
(C) à
(D) en

48. Elle est retournée _____ au stade parce qu'elle y avait oublié ses gants.

(A) souvent
(B) immédiatement
(C) envers
(D) vers

49. J'attendrai jusqu'à ce qu'il _____ pour dîner avec lui.

(A) vienne
(B) vient
(C) viendra
(D) viendrait

50. Les notes? Oui, il ____ a données ce matin.

(A) les nous
(B) les y
(C) nous en
(D) nous les

51. Quand tu ____ ton cousin, tu lui diras bonjour de ma part.

(A) vois
(B) verras
(C) as vu
(D) auras vu

continued...

Part C

Directions: The following paragraphs contain some blank spaces. Choose among the four answers that accompany each blank, the one that best completes the sentence, either for the meaning or for the grammar. In some instances, the first answer (A) may only have dashes, indicating that no insertion is necessary to form a grammatically correct sentence.

La vieille dame marchait -------. Elle portait un gros sac qui avait l'air d'être très lourd. En ------- le coin de la

52. (A) lentement
(B) évidemment
(C) gravement
(D) poliment

53. (A) arrivant
(B) atteignant
(C) joignant
(D) allant

rue, elle regarda à gauche et à droite avant de -------. Un jeune garçon d'une dizaine ------, la voyant ------- se

54. (A) traversant
(B) traverse
(C) traverser
(D) traversera

55. (A) années
(B) d'années
(C) des années
(D) les années

56. (A) hésiter
(B) débattre
(C) refléter
(D) ennuyer

------- pour l'aider. Il était encore plus petit ------- elle, mais elle accepta, heureuse qu'il y ------- toujours des âmes

57. (A) sortit
(B) mêla
(C) précipita
(D) leva

58. (A) d'
(B) qu'
(C) aussi
(D) pour

59. (A) avait
(B) aura
(C) ait
(D) a eu

charitables. Quand ils arrivèrent au ------- d'en face, elle --------remercia tant de fois qu'il en fut un peu -------.

60. (A) mur
(B) trottoir
(C) chemin
(D) carré

61. (A) ---
(B) lui
(C) y
(D) le

62. (A) confus
(B) embrassé
(C) détourné
(D) rougi

Si seulement vous ------- cette pièce avec -------, vous l'auriez beaucoup appréciée. Bien -------, comme

63. (A) avez vu
(B) aviez vu
(C) auriez vu
(D) aurez vu

64. (A) ils
(B) toi
(C) leur
(D) nous

65. (A) que
(B) entendu
(C) encore
(D) tôt

vous étiez ------- Genève à ce moment-là, nous ne pouvions pas vous ------- inviter. Il faut vous dire que -------.

66. (A) ---
(B) en
(C) à
(D) par

67. (A) en
(B) y
(C) l'
(D) les

68. (A) ce qui
(B) quoi
(C) lequel
(D) laquelle

nous a le plus plu, c'était le deuxième acte. C'est là que, pour la première ------- on peut voir l'acteur qui, pour son

69. (A) présentation
(B) occasion
(C) partie
(D) fois

rôle dans la pièce, ------- apprendre à faire de la boxe. Il était marrant!

70. (A) devait
(B) devrait
(C) a dû
(D) doit

continued...

Part D

Directions: Read the following passages very carefully for comprehension. Each of these passages is followed by an incomplete statement or a question. Choose, among the four answers that follow, the completion or the answer that best applies, according to the text.

Si vous aimez le Camembert, vous aurez le coup de foudre pour le Livarot. Ce fromage fermier doit son nom à la petite ville de Livarot, située près de Lisieux, lieu des pélerinages à Sainte-Thérèse de l'Enfant Jésus. C'est à Livarot qu' il y avait un des plus grands marchés régionaux où, vous l'avez deviné, se vendaient ces fromages. On soupçonne que le Livarot est né vers la fin du Moyen Age, en basse Normandie. Déjà apprécié au dix-septième siècle, ce n'est qu'au dix-neuvième siècle qu'il a connu son apogée et, comme nous savons, ce succès continue de nos jours. Ce fromage fait à partir du lait de vache a une saveur prononcée et une forme cylindrique. Tout comme le Camembert, c'est un fromage à pâte molle. Savez-vous qu'il faut environ cinq litres de lait de vache pour faire un Livarot de 500 grammes?

71. La phrase "vous aurez le coup de foudre pour le Livarot" signifie . . .

(A) vous achèterez le Livarot.
(B) vous chercherez le Livarot.
(C) vous tomberez amoureux du Livarot.
(D) vous comparerez le Livarot au Camembert.

72. Le Livarot est né . . .

(A) au dix-neuvième siècle.
(B) à Lisieux.
(C) en basse Normandie.
(D) au dix-septième siècle.

73. Lisieux est une ville connue pour . . .

(A) ses fromageries.
(B) ses lieux saints.
(C) ses fermes.
(D) ses vaches.

74. On mentionne toutes les caractéristiques suivantes de ce fromages SAUF . . .

(A) sa croûte.
(B) sa forme.
(C) sa pâte.
(D) son goût.

continued...

J'ai pris la route, tout de suite après dîner, pour arriver chez Stéphanie avant minuit. Maman, qui m'avait accompagnée jusqu'à la voiture, m'a fait mille recommandations. Rien qu'à l'idée de me savoir seule sur l'autoroute après le coucher du soleil la remplit d'inquiétude. Moi, j'aime beaucoup mieux conduire pendant la nuit, quand il y a moins de circulation . . . et puis, ma petite voiture roule à merveille! Heureusement, depuis qu'elle m'a acheté un téléphone portable et qu'elle peut me joindre n'importe où et n'importe quand, maman est un peu plus calme.

—Et surtout, n'oublie pas de . . .

—Ne t'en fais pas maman, je t'appelle sitôt que j'arrive, OK?

—Et ne crains surtout pas de me réveiller! Tu sais bien que j'attendrai ton appel!

J'avais fait une cinquantaine de kilomètres quand, tout à coup, j'ai entendu un petit bruit bizarre venant du moteur. J'ai quand même continué pendant encore une dizaine de kilomètres, espérant que le bruit cesserait. Malheureusement, plus j'avançais, plus le bruit s'intensifiait. Finalement, la voiture a commencé à ralentir avant de s'arrêter tout de bon.

Il faisait déjà noir, et je n'avais aucune envie de sortir de la voiture. A contrecoeur, j'ai sorti le téléphone de mon sac et j'ai appelé maman.

—Tu es déjà arrivée? Tu as dû conduire comme une folle!

—Non maman . . . mais la voiture a un petit problème . . . passe-moi le numéro de Laure, je ne suis pas trop loin de chez elle. Vincent pourra venir me chercher, et le matin on verra.

—Excellente idée . . . tu peux passer la nuit chez eux, ta soeur et ton beau-frère seront ravis de te voir . . . mais quel dommage que Vincent soit nul dans le domaine mécanique, sinon il aurait pu t'aider! Enfin, il pourra au moins te conduire au garage. Attends, ne quitte pas, je cours chercher mon carnet d'adresses . . .

75. La mère de la narratrice est inquiète parce qu'elle . . .

(A) trouve la voiture de sa fille trop petite.
(B) pense que sa fille conduit comme une folle.
(C) n'aime pas que sa fille conduise la nuit.
(D) pense que la voiture est trop vieille.

76. La phrase qui commence par "Heureusement, depuis qu'elle" a pour sujet . . .

(A) la narratrice.
(B) la voiture.
(C) Stéphanie.
(D) la mère.

77. Quand sa fille téléphonera, la mère sera en train . . .

(A) d'attendre.
(B) de dormir.
(C) de dîner.
(D) de se reposer.

78. La voiture de la narratrice s'est arrêtée . . .

(A) à dix kilomètres de chez elle.
(B) tout près de la maison de Stéphanie.
(C) à environ cinquante kilomètres de chez elle.
(D) à environ soixante kilomètres de chez elle.

continued...

79. Lorsque la mère répond à l'appel de la narratrice, elle pense que sa fille . . .

(A) a eu un accident.
(B) a fait un excès de vitesse.
(C) a eu une panne d'automobile.
(D) a oublié un numéro de téléphone.

80. Quel numéro de téléphone la narratrice semble-t-elle avoir oublié?

(A) Celui de sa soeur
(B) Celui de Stéphanie
(C) Celui du mécanicien
(D) Celui de son frère

81. Où la narratrice devra-t-elle passer la nuit?

(A) Chez des amis
(B) Chez sa soeur
(C) Dans sa voiture
(D) Au garage

82. Selon la mère de la narratrice, Vincent pourra . . .

(A) réparer la voiture lui-même.
(B) ramener la narratrice à la maison.
(C) venir chercher la narratrice.
(D) accompagner la narratrice chez le garagiste.

Interview de Gaetane Dumont

QUESTION—Madame Dumont, votre livre sur Gustave Le Gray qui fut l'ami d'Alexandre Dumas, du moins pour un certain temps, a tout de suite connu un immense succès . . . or jusqu'à la publication de votre oeuvre, on ne connaissait vraiment pas grand'chose sur la vie privée de Gustave Le Gray. A quoi attribuez-vous donc cet engouement pour cette biographie romancée?

GAETANE DUMONT—J'imagine que le fait que Le Gray ait étudié à l'école des Beaux-Arts et se soit consacré pour un temps à la peinture avant de se passionner pour Daguerre et l'art de la photographie au XIXe siècle n'est pas la cause de cette admiration. On a tendance à oublier qu'il a inventé le négatif sur verre et le négatif sur papier ciré sec en 1851. Il fut beaucoup meilleur photographe que peintre. Certains disent que c'est son amitié avec Dumas et l'intérêt qui entoure l'auteur des Trois Mousquetaires qui ont contribué à la popularité du livre. Je ne suis pas d'accord, c'était un admirable photographe, ne l'oublions pas!

QUESTION—Quoique réservant plusieurs pages à Dumas, la plus grande partie de votre oeuvre est quand même consacrée à la vie de Gustave Le Gray.

GAETANE DUMONT—En effet. C'est un personnage que je trouve fascinant. Venant d'un milieu de petite bourgeoisie, il devint le photographe le plus célèbre de Paris. Mais, ce qui m'a fascinée, c'est la complexité de ce personnage qui voyagea dans plusieurs pays, renvoyant des

continued...

photos aux journaux français, mais qui fut un mauvais époux et père, abandonnant sa femme et ses enfants pour poursuivre ses rêves. Il eut aussi le malheur de perdre quatre de ses six enfants prématurément.

QUESTION—Et lui-même est-ce qu'il est mort au Moyen Orient?

GAETANE DUMONT—Ah, il faudra que vous lisiez le livre pour le savoir.

83. Au début de ce passage, nous apprenons que l'amitié de Le Gray et de Dumas . . .

(A) datait de leur enfance.
(B) dura toute la vie.
(C) ne dura pas toujours.
(D) commença à l'école des Beaux Arts.

84. Selon Gaëtane Dumont, son livre sur Le Gray a connu beaucoup de succès parce qu'il . . .

(A) était bon photographe.
(B) était l'ami d'Alexandre Dumas.
(C) avait peint beaucoup de tableaux.
(D) avait contribué au livre de Dumas.

85. Dans ce passage, il évident que Le Gray . . .

(A) a eu une bonne vie de famille.
(B) a voyagé avec ses enfants.
(C) a eu une vie mouvementée.
(D) a illustré beaucoup de livres.

86. D'après ce passage, Le Gray a été tout ce qui suit SAUF . . .

(A) voyageur.
(B) peintre.
(C) inventeur.
(D) écrivain.

87. Ce que dit à la fin Gaëtane Dumont indique qu'elle . . .

(A) pense que l'intervieweur n'a pas lu son roman.
(B) a une mauvaise opinion d'Alexandre Dumas.
(C) ne sait pas comment Le Gray est mort.
(D) croit que l'intervieweur lui pose trop de questions.

Scoring the SAT II French with Listening Test

Listening

Once you have taken the sample test, compare your answers with those given in Part Four of this book.

1. Count the number of correct answers for questions 1 through 10 and 23 through 33 and mark the total here __________
2. Count the number of incorrect answers for these two sections __________
3. Divide the total number of incorrect answers by 3 and mark the result here __________
4. Subtract (3) from (1) and mark the result here __________
5. Count the number of correct answers for questions 11 through 22 and mark the total here __________
6. Count the number of incorrect answers for questions 11 through 22 and mark the total here __________
7. Divide the number obtained in (6) by 2 and mark the result here __________
8. Subtract the amount obtained in (7) from that in (5) and mark the result here __________
9. Add the result from (8) to the result from (4) and enter the number here __________
10. Round the number from (9) to the nearest whole number __________

The number obtained in (10) is your raw Listening subscore.

Reading

1. Count the number of correct answers for questions 34 through 87 and mark the total here __________
2. Count the number of incorrect answers and mark the total here __________
3. Multiply the number from (2) by 3 and mark the total here __________
4. Subtract (3) from (1) and mark the result here __________
5. Round the number obtained in (4) to the nearest whole number __________

The number obtained in (5) is your raw Reading subscore.

Raw Composite Score

1. Divide your unrounded Listening subscore by 1.3164 __________
2. Add your unrounded Reading subscore __________
3. Round the result obtained to the nearest whole number __________

The number obtained in (3) is your Raw Composite Score.

To help you evaluate your approximate scaled score, please consult the following table. However, remember that these scores are approximate and may vary slightly from test to test.

Raw Composite Score	Scaled Score
70 to 79	800
57 to 69	710 to 790
44 to 56	620 to 700
31 to 43	540 to 610
19 to 30	470 to 530
8 to 18	410 to 460
–1 to 7	360 to 400
–15 to –2	280 to 350
–28 to –16	200 to 270

SAMPLE TEST IV

French Subject Test

Answer Sheet

1. Ⓐ Ⓑ Ⓒ Ⓓ Ⓔ
2. Ⓐ Ⓑ Ⓒ Ⓓ Ⓔ
3. Ⓐ Ⓑ Ⓒ Ⓓ Ⓔ
4. Ⓐ Ⓑ Ⓒ Ⓓ Ⓔ
5. Ⓐ Ⓑ Ⓒ Ⓓ Ⓔ
6. Ⓐ Ⓑ Ⓒ Ⓓ Ⓔ
7. Ⓐ Ⓑ Ⓒ Ⓓ Ⓔ
8. Ⓐ Ⓑ Ⓒ Ⓓ Ⓔ
9. Ⓐ Ⓑ Ⓒ Ⓓ Ⓔ
10. Ⓐ Ⓑ Ⓒ Ⓓ Ⓔ
11. Ⓐ Ⓑ Ⓒ Ⓓ Ⓔ
12. Ⓐ Ⓑ Ⓒ Ⓓ Ⓔ
13. Ⓐ Ⓑ Ⓒ Ⓓ Ⓔ
14. Ⓐ Ⓑ Ⓒ Ⓓ Ⓔ
15. Ⓐ Ⓑ Ⓒ Ⓓ Ⓔ
16. Ⓐ Ⓑ Ⓒ Ⓓ Ⓔ
17. Ⓐ Ⓑ Ⓒ Ⓓ Ⓔ
18. Ⓐ Ⓑ Ⓒ Ⓓ Ⓔ
19. Ⓐ Ⓑ Ⓒ Ⓓ Ⓔ
20. Ⓐ Ⓑ Ⓒ Ⓓ Ⓔ
21. Ⓐ Ⓑ Ⓒ Ⓓ Ⓔ
22. Ⓐ Ⓑ Ⓒ Ⓓ Ⓔ
23. Ⓐ Ⓑ Ⓒ Ⓓ Ⓔ
24. Ⓐ Ⓑ Ⓒ Ⓓ Ⓔ
25. Ⓐ Ⓑ Ⓒ Ⓓ Ⓔ
26. Ⓐ Ⓑ Ⓒ Ⓓ Ⓔ
27. Ⓐ Ⓑ Ⓒ Ⓓ Ⓔ
28. Ⓐ Ⓑ Ⓒ Ⓓ Ⓔ
29. Ⓐ Ⓑ Ⓒ Ⓓ Ⓔ
30. Ⓐ Ⓑ Ⓒ Ⓓ Ⓔ
31. Ⓐ Ⓑ Ⓒ Ⓓ Ⓔ
32. Ⓐ Ⓑ Ⓒ Ⓓ Ⓔ
33. Ⓐ Ⓑ Ⓒ Ⓓ Ⓔ
34. Ⓐ Ⓑ Ⓒ Ⓓ Ⓔ
35. Ⓐ Ⓑ Ⓒ Ⓓ Ⓔ
36. Ⓐ Ⓑ Ⓒ Ⓓ Ⓔ
37. Ⓐ Ⓑ Ⓒ Ⓓ Ⓔ
38. Ⓐ Ⓑ Ⓒ Ⓓ Ⓔ
39. Ⓐ Ⓑ Ⓒ Ⓓ Ⓔ
40. Ⓐ Ⓑ Ⓒ Ⓓ Ⓔ
41. Ⓐ Ⓑ Ⓒ Ⓓ Ⓔ
42. Ⓐ Ⓑ Ⓒ Ⓓ Ⓔ
43. Ⓐ Ⓑ Ⓒ Ⓓ Ⓔ
44. Ⓐ Ⓑ Ⓒ Ⓓ Ⓔ
45. Ⓐ Ⓑ Ⓒ Ⓓ Ⓔ
46. Ⓐ Ⓑ Ⓒ Ⓓ Ⓔ
47. Ⓐ Ⓑ Ⓒ Ⓓ Ⓔ
48. Ⓐ Ⓑ Ⓒ Ⓓ Ⓔ
49. Ⓐ Ⓑ Ⓒ Ⓓ Ⓔ
50. Ⓐ Ⓑ Ⓒ Ⓓ Ⓔ
51. Ⓐ Ⓑ Ⓒ Ⓓ Ⓔ
52. Ⓐ Ⓑ Ⓒ Ⓓ Ⓔ
53. Ⓐ Ⓑ Ⓒ Ⓓ Ⓔ
54. Ⓐ Ⓑ Ⓒ Ⓓ Ⓔ
55. Ⓐ Ⓑ Ⓒ Ⓓ Ⓔ
56. Ⓐ Ⓑ Ⓒ Ⓓ Ⓔ
57. Ⓐ Ⓑ Ⓒ Ⓓ Ⓔ
58. Ⓐ Ⓑ Ⓒ Ⓓ Ⓔ
59. Ⓐ Ⓑ Ⓒ Ⓓ Ⓔ
60. Ⓐ Ⓑ Ⓒ Ⓓ Ⓔ
61. Ⓐ Ⓑ Ⓒ Ⓓ Ⓔ
62. Ⓐ Ⓑ Ⓒ Ⓓ Ⓔ
63. Ⓐ Ⓑ Ⓒ Ⓓ Ⓔ
64. Ⓐ Ⓑ Ⓒ Ⓓ Ⓔ
65. Ⓐ Ⓑ Ⓒ Ⓓ Ⓔ
66. Ⓐ Ⓑ Ⓒ Ⓓ Ⓔ
67. Ⓐ Ⓑ Ⓒ Ⓓ Ⓔ
68. Ⓐ Ⓑ Ⓒ Ⓓ Ⓔ
69. Ⓐ Ⓑ Ⓒ Ⓓ Ⓔ
70. Ⓐ Ⓑ Ⓒ Ⓓ Ⓔ
71. Ⓐ Ⓑ Ⓒ Ⓓ Ⓔ
72. Ⓐ Ⓑ Ⓒ Ⓓ Ⓔ
73. Ⓐ Ⓑ Ⓒ Ⓓ Ⓔ
74. Ⓐ Ⓑ Ⓒ Ⓓ Ⓔ
75. Ⓐ Ⓑ Ⓒ Ⓓ Ⓔ
76. Ⓐ Ⓑ Ⓒ Ⓓ Ⓔ
77. Ⓐ Ⓑ Ⓒ Ⓓ Ⓔ
78. Ⓐ Ⓑ Ⓒ Ⓓ Ⓔ
79. Ⓐ Ⓑ Ⓒ Ⓓ Ⓔ
80. Ⓐ Ⓑ Ⓒ Ⓓ Ⓔ
81. Ⓐ Ⓑ Ⓒ Ⓓ Ⓔ
82. Ⓐ Ⓑ Ⓒ Ⓓ Ⓔ
83. Ⓐ Ⓑ Ⓒ Ⓓ Ⓔ
84. Ⓐ Ⓑ Ⓒ Ⓓ Ⓔ
85. Ⓐ Ⓑ Ⓒ Ⓓ Ⓔ
86. Ⓐ Ⓑ Ⓒ Ⓓ Ⓔ
87. Ⓐ Ⓑ Ⓒ Ⓓ Ⓔ

Sample Test IV

French Subject Test

(The answers to this sample test can be found in Part Four of this book.)

Part A

Directions: This part consists of a series of incomplete statements followed by four possible answers. Among the four choices, select the answer that best fits the statement.

1. Ma soeur travaille dans une compagnie _____ dans l'électronique.
   (A) faisant
   (B) spécialisée
   (C) créant
   (D) recherchée

2. Denis est très _____, il n'étudie presque jamais.
   (A) généreux
   (B) menteur
   (C) paresseux
   (D) travailleur

3. Je crois que c'est une _____ d'atterrissage pour hélicoptères.
   (A) piste
   (B) terrain
   (C) ligne
   (D) course

4. Cet évènement sportif _____ un très grand nombre de spectateurs.
   (A) emporte
   (B) amène
   (C) attire
   (D) offre

5. On a _____ un vol dans cette bijouterie.
   (A) commandé
   (B) commis
   (C) appris
   (D) dételé

6. Mon frère collectionne des _____ parce qu'il aime la géographie.
   (A) vases
   (B) dessins
   (C) timbres
   (D) bouteilles

7. Après le dîner, nous avons réglé _____.
   (A) le fromage
   (B) l'addition
   (C) le dessert
   (D) les fruits

8. Ils se sont _____ rendez-vous devant le restaurant.
   (A) donné
   (B) fait
   (C) pris
   (D) arrangé

continued...

9. Elle a acheté un chemisier à _____ courtes.

   (A) cols
   (B) manches
   (C) boutons
   (D) poches

10. Delphine s'est _____ avant de sortir.

   (A) maquillée
   (B) dîné
   (C) dressée
   (D) téléphoné

11. Il est recommandé de porter un _____ lorsqu'on a une motocyclette.

   (A) chapeau
   (B) casque
   (C) vélo
   (D) gant

12. Elle _____ un cours de dessin qu'elle aime beaucoup.

   (A) fait
   (B) attend
   (C) assiste
   (D) suit

13. Ils sont _____ ici aujourd'hui? Je ne peux pas le croire!

   (A) actuellement
   (B) vraiment
   (C) avant
   (D) parfois

14. Oh, quel ennui, j'ai _____ le train! Il faudra attendre le prochain!

   (A) manqué
   (B) passé
   (C) misé
   (D) pris

15. Jacques est très _____: il réfléchit toujours avant d'agir.

   (A) sensible
   (B) prévenant
   (C) actif
   (D) raisonnable

16. Hier soir, à la télé, j'ai vu une _____ très intéressante sur le Pôle Nord.

   (A) émission
   (B) description
   (C) mission
   (D) découverte

17. Il a mis sa valise dans le _____ de la voiture.

   (A) tronc
   (B) siège
   (C) coffre
   (D) volant

18. Moi, j'adore faire la _____ matinée pendant les vacances.

   (A) longue
   (B) grasse
   (C) lente
   (D) détendue

19. Tu ferais mieux de te _____ avant la compétition.

   (A) traîner
   (B) pratiquer
   (C) rester
   (D) reposer

20. Après le dîner, les enfants ont fait la _____.

   (A) table
   (B) vaisselle
   (C) cuisine
   (D) récréation

continued...

Part B

Directions: In this part, each sentence contains a blank. Select, from the four choices that follow, the one that forms a grammatically correct sentence. Whenever there are dashes following (A), it means that no insertion is necessary. However, this may or may not be the correct answer.

21. J'ai parlé _____ mon professeur pour qu'il m'explique la leçon.

(A) ---
(B) de
(C) à
(D) pour

22. Tes réponses sont _____ que les miennes.

(A) meilleures
(B) bonnes
(C) mieux
(D) moins

23. _____ s'est passé au stade?

(A) Qui
(B) Qu'est-ce qui
(C) Qui est-ce qui
(D) Qu'est-ce que

24. _____ pèse votre valise? 20 kilos.

(A) Qu'est-ce qui
(B) Qui
(C) Comment
(D) Combien

25. Cette soupe est vraiment _____.

(A) mal
(B) mieux
(C) mauvaise
(D) meilleure

26. Marie m'a parlé de ses frères, mais moi, je ne lui ai pas parlé _____.

(A) aux miens
(B) des miens
(C) aux miennes
(D) des miennes

27. Es-tu fier de tes notes, Pierre? Bien sûr que je _____ suis!

(A) la
(B) le
(C) les
(D) me

28. J'ai beaucoup ri _____ lisant cette histoire.

(A) par
(B) et
(C) pendant
(D) en

29. _____ combien d'années sont-ils mariés? Dix ans.

(A) Dans
(B) Depuis
(C) Il y a
(D) Ça fait

30. J'avais tellement faim que j'ai mangé ce gâteau _____ une minute!

(A) dans
(B) pour
(C) en
(D) avant

31. Nous avons fini _____ comprendre les explications du prof.

(A) ---
(B) de
(C) à
(D) par

continued...

32. Il n'écoute jamais _____ ses employés.

(A) ---
(B) à
(C) aux
(D) chez

33. Elle s'est réveillée _____ bonne heure ce matin.

(A) ---
(B) de
(C) par
(D) en

34. Le stylo _____ elle avait envie coûtait très cher.

(A) qu'
(B) auquel
(C) dont
(D) avec

continued...

Part C

Directions: The following paragraphs contain some blank spaces. Choose, among the four answers that accompany each blank, the one that best completes the sentence, either for the meaning or for the grammar. In some instances, the first answer (A) may only have dashes, indicating that no insertion is necessary to form a grammatically correct sentence.

Ce matin, dans le jardin, Nicole a été ------- par une abeille, ou même -------. Elle n'en est pas sûre. Tout

35. (A) frappée (B) cognée (C) poussée (D) piquée
36. (A) plusieurs (B) autres (C) tant (D) certaines

------- elle sait, c'est que cet insecte lui a ------- très mal, que son bras gauche est ------- rouge et que, maintenant,

37. (A) ce que (B) ce qu' (C) quoi (D) qu'
38. (A) fait (B) donné (C) causé (D) heurté
39. (A) tout (B) beaucoup (C) aussi (D) peu

il y ------- une enflure au-dessus du coude. Sa maman lui a ------- de suite ôté l'aiguillon, et ------- elle

40. (A) aurait (B) a (C) avait (D) aura
41. (A) toute (B) tous (C) tout (D) toutes
42. (A) avec (B) ensuite (C) pendant (D) tandis

a frotté l'endroit qui ------- piqué avec ------- savon. Il est vrai que c'est un ------- de grand'mère, mais ça a

43. (A) serait (B) a (C) avait été (D) aura été
44. (A) de (B) le (C) du (D) de la
45. (A) défaut (B) docteur (C) recette (D) remède

réussi. D'après sa mère, ces ------- recettes marchent toujours!

46. (A) anciennes (B) déprimantes (C) correctes (D) triées

Pour la Saint Valentin, papa a offert ------- maman un très ------- parfum. D'habitude, il lui achète des fleurs

47. (A) --- (B) pour (C) à (D) de
48. (A) bon (B) bien (C) cher (D) délicieux

mais ou des chocolats. Ce changement ------- a surprise, mais elle ne s'en est pas ------- La ------- de la Saint Valentin,

49. (A) lui (B) l' (C) y (D) en
50. (A) déçue (B) refusée (C) plainte (D) confuse
51. (A) veille (B) célébration (C) présence (D) fête

maman est allée chez ------- du quartier, ------- un joli porte-clefs en argent et ------- a fait graver ses -------.

52. (A) le magasin (B) la boutique (C) le bijoutier (D) la joaillerie
53. (A) a fait (B) a vendu (C) a offert (D) a choisi
54. (A) l' (B) y (C) en (D) leur
55. (A) noms (B) initiales (C) bijoux (D) dates

Ainsi, il aura un cadeau beau et utile. ------- à moi, je leur ai apporté un joli bouquet de roses.

56. (A) Déjà (B) Quant (C) Pour (D) Bien

continued...

Part D

Directions: Each passage in this section is followed by questions or incomplete s[illegible]nts. Among the four choices, choose the one that applies to the passage.

(Adapté du Journal Français d'Amérique)

Peintre français né en 1659 à Perpignan, mort à Paris en 1743, Hyacinthe Rigaud c[illegible]nce ses études de dessin à Montpellier puis, après un court séjour à Lyon, vient se fixer à [illegible] il remporte dès 1682 le premier prix de peinture avec *Caïn bâtissant la ville d'Enoch.* Mais [illegible]re Le Brun lui conseille de renoncer au voyage habituel effectué en Italie par les artistes et [illegible]i-quer l'art du portrait à Paris. Sage conseil, en effet, outre le portrait de Le Brun, il peint bientôt ceux de la famille royale et toutes les célébrités de son temps; diplomates, hommes de guerre, hommes d'église et savants cherchent à se faire peindre par Rigaud, surnommé le "peintre des grands". Maître du portrait d'apparat à l'ambitieuse mise en scène, son portrait de *Louis XIV en costume de sacre* exécuté en 1701 est connu de tout le monde. Toutefois, l'artiste est capable d'oeuvres familières tel le double portrait de *Madame Rigaud*, mère de l'artiste, en 1695, qui se trouve au Louvre.

57. Au début de ce passage, nous apprenons que Hyacinthe Rigaud . . .

    (A) a commencé ses études à Paris.
    (B) a remporté un prix de dessin à Lyon.
    (C) a remporté un prix à l'âge de 23 ans.
    (D) a étudié sous Le Brun.

58. A cette époque, les artistes avaient l'habitude . . .

    (A) d'étudier à Montpellier.
    (B) de voyager en Italie.
    (C) de peindre des portraits d'hommes d'église.
    (D) de peindre des scènes de famille.

59. Selon Le Brun, qu'est-ce que Rigaud devait faire?

    (A) Des portraits à Paris
    (B) Des tableaux en Italie
    (C) Des portraits de célébrités
    (D) La connaissance du peintre des grands

60. Parmi les tableaux que Rigaud a peints, on trouve tous les suivants SAUF . . .

    (A) des portraits de famille.
    (B) des paysages de campagne.
    (C) des portrait de guerriers.
    (D) des portraits de nobles.

continued...

61. Selon ce passage, un des tableaux de Rigaud que l'on peut voir au Louvre est celui . . .

(A) de Louis XIV.
(B) de Le Brun.
(C) de Caïn.
(D) de sa mère.

Lorsque cinq membres de l'équipe archéologique de Howard Carter, le découvreur de la tombe de Toutankhamon, disparurent en moins d'un an, on commença à croire à une malédiction. Certains disaient qu'il s'agissait là de la vengeance du pharaon contre ceux qui avaient profané sa tombe. Le jeune Pharaon, mort vers 1342 avant Jesus Christ avait été enterré avec d'innombrables trésors. Or, en 1923, l'archéologue Carter, subventionné par Lord Carnavon, enlevait une brique du mur d'entrée de la tombe de Toutankhamon. Lord Carnavon mourut au moment de ce triomphe pour lequel il avait payé, avant même de voir la momie du jeune roi. On raconte qu'au moment exact du décès de Lord Carnavon, son chien qui se trouvait en Angleterre se mit a hurler et puis tomba mort lui-même! L'histoire de la malédiction allait commencer. Pour essayer d'expliquer la mort de Carnavon et des quatre autres membres de l'équipe, certains inventèrent des histoires de poisons, d'autres affirmèrent que le dieu Anubis avait dit qu'il tuerait tous ceux qui violeraient cette tombe. Or, cette affirmation ne peut être corroborée par aucun document hieroglyphique. On pense aujourd'hui que les membres de l'équipe archéologique qui ont succombé souffraient déjà de maladies pulmonaires. Il est donc possible que les champignons sur les murs et sur les momies, inhalés par les découvreurs, aient été fatals pour ceux dont les poumons étaient déjà faibles.

62. La première victime de la soi-disant "malédiction" fut . . .

(A) Howard Carter.
(B) le chien de Carter.
(C) Lord Carnavon.
(D) le chien de Lord Carnavon.

63. D'après ce texte, le mot "disparurent" se rapporte . . .

(A) aux trésors de la tombe.
(B) aux briques du mur d'entrée.
(C) aux champignons.
(D) aux membres de l'équipe.

64. Pour quelle raison Toutankhamon se serait-il vengé?

(A) On avait ouvert sa tombe.
(B) On avait volé ses trésors.
(C) On avait maudit le pharaon.
(D) On avait enlevé les briques de la tombe.

65. Selon ce passage, que veut dire le mot "subventionné"?

(A) Fourni
(B) Financé
(C) Supporté
(D) Dirigé

continued...

66. On apprend que le chien de Lord Carnavon . . .

(A) l'a accompagné en Egypte.
(B) a été enterré avec lui.
(C) l'a pleuré pendant des années.
(D) est mort presqu'en même temps.

67. Lord Carnavon a réalisé son rêve mais n'a pas . . .

(A) pu voir la momie.
(B) vu les trésors.
(C) lu les hieroglyphes.
(D) reconnu la statue d'Anubis.

68. La menace d'Anubis dont ont parle ici . . .

(A) est inscrite sur les murs de la tombe.
(B) est inscrite sur le sarcophage.
(C) n'est plus complètement lisible.
(D) n'a été trouvée nulle part.

69. La malédiction est aujourd'hui démystifiée car . . .

(A) les victimes étaient déjà malades.
(B) il n'y avait pas de champignons sur les murs.
(C) les bijoux étaient couverts de poison.
(D) il y avait des microbes sur les briques.

VOS PROCHAINES VACANCES AU SOLEIL AU SUDOTEL

SUDOTEL, l'hôtel qui vous offre loisirs, animations et sports au bord de la mer, avec une vue magnifique, une plage privée ainsi qu'une piscine. Pas besoin de téléphoner à la réception, vous trouverez des serviettes de plage dans votre chambre. Pour les amateurs de plongée sous-marine, nous avons un club de plongée. Vous aimez faire des promenades en pédalo ou en kayak? Vous aimez le ski nautique ou la planche à voile, tout cela est à votre portée. Nous organisons des excursions tous les jours. Pour vous renseigner à ce sujet, veuillez consulter nos panneaux d'information situés dans le hall d'accueil de l'hôtel.

Tous les matins, buffet petit-déjeuner de 6h30 à 10h30. Tous les soirs, diner musical avec vue sur la mer de 19h30 à 22h00.

70. Lorsque vous réservez une chambre au Sudotel, vous y trouverez . . .

(A) un maillot de bain.
(B) une serviette de plage.
(C) un pédalo.
(D) l'équipement de plongée.

71. D'après cette publicité, l'hôtel Sudotel offre tous les avantages suivants SAUF . . .

(A) des excursions.
(B) du ski nautique.
(C) de la planche à voile.
(D) des déjeuners musicaux.

continued...

72. Si l'on veut se renseigner au sujet des sorties organisées, on n'a qu'à . . .

(A) téléphoner au concierge.
(B) vérifier les panneaux d'information.
(C) demander à la réception.
(D) parler aux organisateurs.

"Promenons-nous dans les bois Pendant que le loup n'y est pas"

Que de fois n'ai-je entendu cette chanson enfantine, que de fois l'ai-je chantée avec mes amis lorsque j'avais trois ou quatre ans! Maman me l'avait apprise et papa la chantait avec nous. Mon pauvre papa chantait faux, mais il chantait de tout son coeur, et quand il faisait une fausse note, nous éclations de rire. Les chansons jouent un rôle important dans la vie des enfants, tout en leur apprenant à chanter, elles leur enseignent la poésie et le rythme. A l'école maternelle, nous chantions en faisant des gestes, en applaudissant, en sautant, en marchant. Une chanson, ce n'était pas uniquement pour mettre en valeur la voix, c'était le corps entier qui participait. Aujourd'hui, c'est moi qui enseigne cela à mes enfants. Nous chantons en faisant le bain, en préparant le dîner, et, tous les soirs, pour convaincre ma petite Yvette d'aller se coucher—chose qu'elle essaie toujours de remettre à plus tard—c'est dans une chanson que je lui raconte une histoire. Eh oui . . . pour elle, j'invente de la musique pour tous les contes de fées. Mes chansons ne sont pas en vers, mais elles sont toujours accompagnées d'un air léger, romantique. L'ennui, il faut l'avouer, c'est que parfois j'oublie quel air va avec quel conte de fées et Yvette de me gronder: "Maman! Tu te trompes!"

73. La narratrice avait appris la chanson mentionnée au début . . .

(A) de sa mère.
(B) de son père.
(C) de ses amis.
(D) de son professeur.

74. Comment chantait le père de la narratrice?

(A) Très fort
(B) Très bien
(C) Avec enthousiasme
(D) Avec lenteur

75. D'après ce passage, grâce aux chansons, les enfants apprennent . . .

(A) la poésie.
(B) la danse.
(C) la gymnastique.
(D) les notes.

76. Qu'est-ce que la fille de la narratrice n'aime pas faire?

(A) Chanter dans le bain
(B) Raconter des histoires
(C) Aller dormir
(D) Préparer le dîner

continued...

77. La narratrice semble regretter que les contes de fées . . .

(A) ne soient pas en musique.
(B) soient un peu longs.
(C) s'oublient vite.
(D) soient en vers.

78. La dernière phrase indique que la petite Yvette . . .

(A) n'aime pas les contes de fées.
(B) a une excellente mémoire.
(C) s'ennuie souvent.
(D) chante en faisant des gestes.

Dans le quartier le plus prestigieux de Cannes, maison des années 40 de 200 m. environ. Salon avec terrasse, 4 chambres, terrain de 720 m, garage avec maison de gardien. Prévoir certains travaux de rénovation. Magnifique piscine.

Prix: 5 400 000 euros

Pièces : 6

Agence: LEBLOND-FOIX

79. Dans cette annonce, la maison offre tous les avantages suivants SAUF . . .

(A) la piscine.
(B) la plage.
(C) le garage.
(D) la terrasse.

80. Quel est le seul inconvénient auquel on peut s'attendre?

(A) Il faudra conduire pour aller à la plage.
(B) La maison se trouve loin de la ville.
(C) Il faudra faire des réparations.
(D) Le terrain est trop petit.

En arrivant à Montréal, je fus saisie par la beauté de cette ville québecoise, par son immensité aussi bien que par son charme. Quand je pense que lorsque Jacques Cartier l'a découverte en 1535, c'était une petite bourgade qui s'appelait Hochelaga et, selon le célèbre découvreur, Hochelaga était "une ville toute ronde, et clôturée de bois." Il n'y avait qu'une porte d'entrée et cinquante maisons de bois dans lesquelles se trouvaient plusieurs cheminées et chambres. Au milieu de ces maisons, il y avait une grande salle où l'on faisait du feu et où l'on vivait en communauté. Ils avaient pour lits des écorces de bois étendues sur la terre, couvertes de peaux de bêtes. C'est aussi avec ces peaux de bêtes qu'ils faisaient leurs couvertures et leurs vêtements. En haut de leurs maisons, ils avaient des greniers où ils mettaient leur blé.

Jacques Cartier et les membres de son expédition furent reçus amicalement et même avec enthousiasme par les Amérindiens. Les hommes leur apportèrent du poisson et les femmes du pain, chantant et dansant pour célébrer l'arrivée des nouveaux-venus. Ceux-ci purent observer, autour

continued...

de Hochelaga, des champs cultivés où poussaient des tiges avec épis. Les Amérindiens leur expliquèrent que c'étaient de ces épis qu'ils tiraient la farine dont ils faisaient leur pain. C'est ainsi que Jacques Cartier fit la connaissance des cultures de maïs!

Le fort de Ville-Marie fut construit sur l'emplacement de Hochelaga en 1642, et l'île sur laquelle se trouvait le fort fut baptisée Montréal (ou Mont-Royal), nom actuel de la métropole du Canada.

81. D'après Jacques Cartier, Hochelaga était . . .

(A) un village entouré de forêts.
(B) un village avec plusieurs portes.
(C) une ville remplie de champs.
(D) une ville entourée d'une barrière de bois.

82. D'après ce passage, les habitants de Hochelaga . . .

(A) dormaient par terre.
(B) chassaient les animaux sauvages.
(C) vivaient dans une seule grande maison.
(D) se servaient de bêtes pour cultiver la terre.

83. L'attitude des habitants indique qu'ils . . .

(A) étaient hospitaliers.
(B) avaient peur des étrangers.
(C) mangeaient beaucoup de viande.
(D) se méfiaient de Jacques Cartier.

84. L'expression "nouveaux-venus" s'applique . . .

(A) aux Amérindiens.
(B) aux membres de l'expédition.
(C) aux champs cultivés.
(D) aux épis de blé.

85. Il est évident, d'après ce passage, que les habitants d'Hochelaga . . .

(A) vivent aujourd'hui à Montréal.
(B) ont construit le fort de Ville-Marie.
(C) ont appris quelque chose au découvreur.
(D) vendaient des peaux de bêtes.

Scoring the SAT II French Subject Test

Once you have taken the sample test, compare your answers with those given in Part Four of this book.

1. Count the number of correct answers and mark the total here __________
2. Count the number of incorrect answers and mark the total here __________
3. Divide the total number of incorrect answers by 3 and mark the total here __________

You will now proceed as follows:

Subtract (3) from (1) and mark the result here __________

Round the result obtained to the nearest whole number. This is your **raw** test score. The raw test score will be converted to a **scaled** score.

To help you evaluate your approximate scaled score, please consult the following table. However, remember that these scores are approximate and may vary slightly from test to test.

Raw Score	Scaled Score
75 to 85	800
61 to 74	710 to 790
49 to 60	640 to 700
39 to 48	590 to 630
28 to 38	540 to 580
20 to 27	500 to 530
–1 to 19	380 to 490
–13 to –2	310 to 370
–28 to –14	220 to 300

SAMPLE TEST IV

French Subject Test with Listening

Answer Sheet

1. Ⓐ Ⓑ Ⓒ Ⓓ Ⓔ	23. Ⓐ Ⓑ Ⓒ Ⓓ Ⓔ	45. Ⓐ Ⓑ Ⓒ Ⓓ Ⓔ	67. Ⓐ Ⓑ Ⓒ Ⓓ Ⓔ
2. Ⓐ Ⓑ Ⓒ Ⓓ Ⓔ	24. Ⓐ Ⓑ Ⓒ Ⓓ Ⓔ	46. Ⓐ Ⓑ Ⓒ Ⓓ Ⓔ	68. Ⓐ Ⓑ Ⓒ Ⓓ Ⓔ
3. Ⓐ Ⓑ Ⓒ Ⓓ Ⓔ	25. Ⓐ Ⓑ Ⓒ Ⓓ Ⓔ	47. Ⓐ Ⓑ Ⓒ Ⓓ Ⓔ	69. Ⓐ Ⓑ Ⓒ Ⓓ Ⓔ
4. Ⓐ Ⓑ Ⓒ Ⓓ Ⓔ	26. Ⓐ Ⓑ Ⓒ Ⓓ Ⓔ	48. Ⓐ Ⓑ Ⓒ Ⓓ Ⓔ	70. Ⓐ Ⓑ Ⓒ Ⓓ Ⓔ
5. Ⓐ Ⓑ Ⓒ Ⓓ Ⓔ	27. Ⓐ Ⓑ Ⓒ Ⓓ Ⓔ	49. Ⓐ Ⓑ Ⓒ Ⓓ Ⓔ	71. Ⓐ Ⓑ Ⓒ Ⓓ Ⓔ
6. Ⓐ Ⓑ Ⓒ Ⓓ Ⓔ	28. Ⓐ Ⓑ Ⓒ Ⓓ Ⓔ	50. Ⓐ Ⓑ Ⓒ Ⓓ Ⓔ	72. Ⓐ Ⓑ Ⓒ Ⓓ Ⓔ
7. Ⓐ Ⓑ Ⓒ Ⓓ Ⓔ	29. Ⓐ Ⓑ Ⓒ Ⓓ Ⓔ	51. Ⓐ Ⓑ Ⓒ Ⓓ Ⓔ	73. Ⓐ Ⓑ Ⓒ Ⓓ Ⓔ
8. Ⓐ Ⓑ Ⓒ Ⓓ Ⓔ	30. Ⓐ Ⓑ Ⓒ Ⓓ Ⓔ	52. Ⓐ Ⓑ Ⓒ Ⓓ Ⓔ	74. Ⓐ Ⓑ Ⓒ Ⓓ Ⓔ
9. Ⓐ Ⓑ Ⓒ Ⓓ Ⓔ	31. Ⓐ Ⓑ Ⓒ Ⓓ Ⓔ	53. Ⓐ Ⓑ Ⓒ Ⓓ Ⓔ	75. Ⓐ Ⓑ Ⓒ Ⓓ Ⓔ
10. Ⓐ Ⓑ Ⓒ Ⓓ Ⓔ	32. Ⓐ Ⓑ Ⓒ Ⓓ Ⓔ	54. Ⓐ Ⓑ Ⓒ Ⓓ Ⓔ	76. Ⓐ Ⓑ Ⓒ Ⓓ Ⓔ
11. Ⓐ Ⓑ Ⓒ Ⓓ Ⓔ	33. Ⓐ Ⓑ Ⓒ Ⓓ Ⓔ	55. Ⓐ Ⓑ Ⓒ Ⓓ Ⓔ	77. Ⓐ Ⓑ Ⓒ Ⓓ Ⓔ
12. Ⓐ Ⓑ Ⓒ Ⓓ Ⓔ	34. Ⓐ Ⓑ Ⓒ Ⓓ Ⓔ	56. Ⓐ Ⓑ Ⓒ Ⓓ Ⓔ	78. Ⓐ Ⓑ Ⓒ Ⓓ Ⓔ
13. Ⓐ Ⓑ Ⓒ Ⓓ Ⓔ	35. Ⓐ Ⓑ Ⓒ Ⓓ Ⓔ	57. Ⓐ Ⓑ Ⓒ Ⓓ Ⓔ	79. Ⓐ Ⓑ Ⓒ Ⓓ Ⓔ
14. Ⓐ Ⓑ Ⓒ Ⓓ Ⓔ	36. Ⓐ Ⓑ Ⓒ Ⓓ Ⓔ	58. Ⓐ Ⓑ Ⓒ Ⓓ Ⓔ	80. Ⓐ Ⓑ Ⓒ Ⓓ Ⓔ
15. Ⓐ Ⓑ Ⓒ Ⓓ Ⓔ	37. Ⓐ Ⓑ Ⓒ Ⓓ Ⓔ	59. Ⓐ Ⓑ Ⓒ Ⓓ Ⓔ	81. Ⓐ Ⓑ Ⓒ Ⓓ Ⓔ
16. Ⓐ Ⓑ Ⓒ Ⓓ Ⓔ	38. Ⓐ Ⓑ Ⓒ Ⓓ Ⓔ	60. Ⓐ Ⓑ Ⓒ Ⓓ Ⓔ	82. Ⓐ Ⓑ Ⓒ Ⓓ Ⓔ
17. Ⓐ Ⓑ Ⓒ Ⓓ Ⓔ	39. Ⓐ Ⓑ Ⓒ Ⓓ Ⓔ	61. Ⓐ Ⓑ Ⓒ Ⓓ Ⓔ	83. Ⓐ Ⓑ Ⓒ Ⓓ Ⓔ
18. Ⓐ Ⓑ Ⓒ Ⓓ Ⓔ	40. Ⓐ Ⓑ Ⓒ Ⓓ Ⓔ	62. Ⓐ Ⓑ Ⓒ Ⓓ Ⓔ	84. Ⓐ Ⓑ Ⓒ Ⓓ Ⓔ
19. Ⓐ Ⓑ Ⓒ Ⓓ Ⓔ	41. Ⓐ Ⓑ Ⓒ Ⓓ Ⓔ	63. Ⓐ Ⓑ Ⓒ Ⓓ Ⓔ	85. Ⓐ Ⓑ Ⓒ Ⓓ Ⓔ
20. Ⓐ Ⓑ Ⓒ Ⓓ Ⓔ	42. Ⓐ Ⓑ Ⓒ Ⓓ Ⓔ	64. Ⓐ Ⓑ Ⓒ Ⓓ Ⓔ	
21. Ⓐ Ⓑ Ⓒ Ⓓ Ⓔ	43. Ⓐ Ⓑ Ⓒ Ⓓ Ⓔ	65. Ⓐ Ⓑ Ⓒ Ⓓ Ⓔ	
22. Ⓐ Ⓑ Ⓒ Ⓓ Ⓔ	44. Ⓐ Ⓑ Ⓒ Ⓓ Ⓔ	66. Ⓐ Ⓑ Ⓒ Ⓓ Ⓔ	

French Subject Test with Listening

(The answers to this sample test can be found in Part Four of this book.)

SECTION I—LISTENING

Approximate time—20 minutes
Questions 1–33

Part A

Directions: In this section, you will hear four sentences (A), (B), (C), and (D). You will hear these sentences only once, and they will not be printed in your book. As you listen to the sentences, look carefully at the picture and select the sentence that best fits what is in the picture.

1. 

continued...

2.

3.

continued...

4.

5.

continued...

6.

7.

continued...

8.

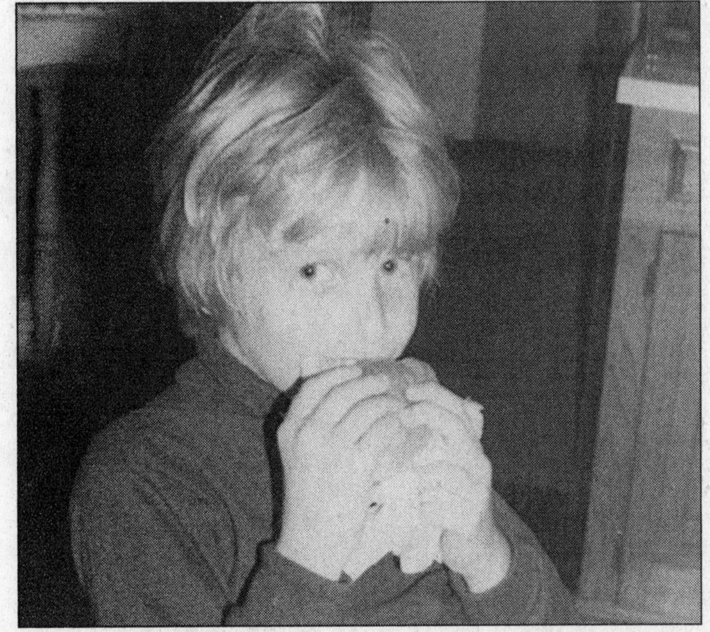

9.

continued...

10.

Part B

<u>Directions</u>: In this section, you will hear a series of short dialogues. These dialogues will not be printed in your book, but each dialogue will be repeated. For each selection, you will be asked one or two questions followed by three possible answers—(A), (B), and (C). These answers are not printed in your book. You will hear them only once. Listen carefully to the speaker and mark the correct answer on your answer sheet. You are now ready to begin.

Questions 11 through 22

continued...

Part C

Directions: You will hear a series of extended dialogues. These dialogues will not be printed in your book, and you will hear each only once. After listening to each dialogue, you will be asked several questions followed by four possible answers—(A), (B), (C), and (D). These questions are printed in your book. You will hear them only once. Select the best answer to the question from among the four choices printed in your book and mark the correct answer on your answer sheet. You are now ready to begin.

Dialogue 1

23. Pour quelle raison Mlle. Robinson a-t-elle attendu longtemps avant d'aller chez le dentiste?

(A) Elle avait peur d'y aller.
(B) Elle n'osait pas se plaindre.
(C) La douleur n'était pas constante.
(D) Elle était trop occupée.

24. Comment a-t-elle pu obtenir un rendez-vous chez le dentiste?

(A) Elle s'est plainte au médecin.
(B) Elle a téléphoné une semaine à l'avance.
(C) Quelqu'un d'autre n'a pas pu venir.
(D) La réceptionniste lui a donné sa place.

25. Quand Mlle. Robinson a-t-elle le plus mal?

(A) Pendant la nuit
(B) L'après-midi
(C) Quand elle travaille
(D) Quand elle mange

26. Selon le dentiste, quelle pourrait être la cause de cette douleur?

(A) Une dent abîmée
(B) Un manque de sommeil
(C) Un régime pour maigrir
(D) Une situation stressante

Dialogue 2
(deux amis font la queue pour prendre des billets)

27. Où sont Josette et Pierre?

(A) Dans une salle de théâtre
(B) Devant un guichet
(C) Devant un stade
(D) Dans un auditorium

28. Que peut-on dire de l'attitude de Josette?

(A) Elle est snob.
(B) Elle est calme.
(C) Elle est impatiente.
(D) Elle est réaliste.

29. Qu'est-ce que Pierre lui fait remarquer?

(A) Il y a beaucoup de monde derrière eux.
(B) Ils devront passer la journée là.
(C) Ils n'ont que dix pas à faire.
(D) Il fait assez froid.

30. Pourquoi Pierre est-il surpris à la fin?

(A) Ils ne devront pas attendre trop lontemps.
(B) Ils voient des musiciens du groupe.
(C) Josette avait raison.
(D) Il avait tort.

continued...

Dialogue 3 (Deux mamans parlent de leurs enfants)

31. Pourquoi Fabienne hésite-t-elle avant d'acheter un jouet à son fils?

    (A) Il est trop petit pour comprendre.
    (B) Il risque de ne pas aimer le jouet.
    (C) Les jouets coûtent trop cher.
    (D) Les jouets sont parfois dangereux.

32. Qu'est-ce qu'on a fait du jouet de la nièce de Fabienne?

    (A) On s'en est débarassé
    (B) On l'a donné au fils de Fabienne
    (C) On l'a envoyé aux média
    (D) On l'a échangé

33. Qu'est-ce que Solange suggère d'acheter?

    (A) Un jouet à la mode
    (B) Un jouet en bois
    (C) Un petit chien
    (D) Un jouet classique

continued...

SECTION II—READING

Time—40 minutes
Questions 34–87

Part A

Directions: This part consists of a series of incomplete statements followed by four possible answers. Among the four choices, select the answer that best fits the statement.

34. Ne t'impatiente pas, elle va arriver tout _____.

(A) à l'heure
(B) bientôt
(C) plus tard
(D) enfin

35. Cette histoire est vraiment _____.

(A) intrigante
(B) déçue
(C) émouvante
(D) intéressée

36. Mon nouvel ordinateur a un énorme _____.

(A) sondage
(B) écran
(C) plan
(D) courrier

37. Nous allons toujours à _____ à l'école.

(A) pied
(B) marche
(C) voiture
(D) autobus

38. Téléphone à Corinne, et n'oublie pas de _____ l'appareil quand tu auras fini!

(A) raccrocher
(B) décrocher
(C) éteindre
(D) mettre

39. J'ai vraiment _____ d'avoir oublié son anniversaire.

(A) envie
(B) honte
(C) besoin
(D) froid

40. Ils ont _____ la maison très tôt hier matin.

(A) quitté
(B) sorti
(C) jardiné
(D) laissé

41. Je vais acheter _____ de la ville pour ne pas me perdre.

(A) un endroit
(B) une carte
(C) un plan
(D) un annuaire

42. Quelle _____ tu as eue de retrouver ton portefeuille!

(A) chance
(B) merveille
(C) découverte
(D) valeur

continued...

Part B

Directions: Each of the following incomplete sentences is followed by four choices. Select, among these choices, the one that forms a grammatically correct sentence. If (A) is followed by dashes, this means that, in order to form a grammatically correct sentence, no word needs to be inserted.

43. Je n'irai pas au cinéma _____ j'aie très envie de voir ce film.
   (A) parce que
   (B) puisque
   (C) depuis que
   (D) bien que

44. J'ai cherché _____ mon écharpe mais je ne l'ai pas trouvée.
   (A) ---
   (B) pour
   (C) avec
   (D) à

45. L'architecte a fait _____ une villa au bord de la mer.
   (A) construit
   (B) construire
   (C) construisait
   (D) construite

46. Il est important que vous _____ prêts à quatre heures.
   (A) serez
   (B) êtes
   (C) seriez
   (D) soyez

47. Papa nous a défendu _____ regarder la télé avant le dîner.
   (A) ---
   (B) à
   (C) pour
   (D) de

48. Ils vont _____ aller voir leurs parents.
   (A) déjà
   (B) bientôt
   (C) hier
   (D) depuis

49. Marie et sa cousine se sont bien _____ à la soirée.
   (A) amusées
   (B) amusés
   (C) amusée
   (D) amusé

50. Le jour _____ je l'ai vu, il était assis à la terrasse d'un café.
   (A) ---
   (B) quand
   (C) où
   (D) que

51. Il regrette que nous ne _____ pas venir.
   (A) pourrions
   (B) puissions
   (C) pouvons
   (D) pourrons

continued...

Part C

Directions: The following paragraphs contain some blank spaces. Choose among the four answers that accompany each blank, the one that best completes the sentence, either for the meaning or for the grammar. In some instances, the first answer (A) may only have dashes, indicating that no insertion is necessary to form a grammatically correct sentence.

Lorsque je suis entré ------- la boulangerie pour ------- des croissants ------- chauds, le boulanger m'a accueilli

52. (A) dans
(B) chez
(C) de
(D) en

53. (A) achetant
(B) achète
(C) acheter
(D) achèterai

54. (A) beaucoup
(B) bien
(C) si
(D) aussi

avec son ------- habituel. Nous le ------- depuis plusieurs années, et avant ------- lui, son père. D'après ce que son

55. (A) magasin
(B) sourire
(C) caissier
(D) comptoir

56. (A) savons
(B) reconnaissons
(C) connaissons
(D) apprécions

57. (A) ---
(B) de
(C) que
(D) qui

père nous -------, ils sont tous------- boulangers de père en fils------- deux siècles! La ------- de leur succès c'est,

58. (A) disions
(B) a dit
(C) avions dit
(D) aurions dit

59. (A) ---
(B) des
(C) les
(D) leurs

60. (A) pour
(B) dans
(C) il y a
(D) depuis

61. (A) direction
(B) clé
(C) route
(D) fin

j'en suis ------- cette attitude ------- et sincère avec ------- ils vous accueillent.

62. (A) persuadé
(B) convaincant
(C) spécifique
(D) heureux

63. (A) flemmarde
(B) diligente
(C) joviale
(D) exubérante

64. (A) qui
(B) quoi
(C) laquelle
(D) qu'

Je viens ------- entendre dire qu'un candidat aux élections municipales d'un petit village dans les Alpes n'a

65. (A) ---
(B) à
(C) d'
(D) y

recueilli ------- voix, sauf une, bien sûr: la -------! D'après moi, ------- est amusant c'est que cet homme n'a pas

66. (A) des
(B) aucune
(C) pas
(D) sans

67. (A) sienne
(B) même
(C) leur
(D) soi

68. (A) c'
(B) quel
(C) quoi
(D) ce qui

été déçu, ------- posé sa candidature uniquement parce qu'il avait parié à ses amis qu'il ------- se présenter aux

69. (A) avait
(B) avoir
(C) ayant
(D) a

70. (A) essaierait
(B) chercherait
(C) ferait
(D) oserait

élections, pas qu'il allait gagner!

continued...

Part D

Directions: Read the following passages very carefully for compehension. Each of these passages is followed by an incomplete statement or a question. Choose, among the four answers that follow, the completion or the answer that best applies, according to the text.

Ma famille vit dans ce petit village depuis plusieurs générations. Personne n'a jamais quitté sauf pour aller rendre visite à des amis ou pour passer un ou deux jours au bord de la mer. Je ne parle pas, bien entendu, des hommes qui avaient dû faire leur service militaire et de ceux qui étaient allés se battre pour la France. Il y avait bien eu l'oncle Basile, c'était le frère de mon grand-père, qui était parti pour l'Amérique et que l'on n'avait jamais revu. On se faisait toutes sortes d'idées sur ce qui lui était arrivé. Une ou deux fois, mon arrière grand-mère avait reçu de l'argent de lui dans une grosse enveloppe qui venait de très loin, mais c'est tout. Elle avait toujours les yeux rouges après cela, je m'en souviens encore quoique, à l'époque, je n'avais que six ou sept ans.

71. Pour quelle raison la famille quittait-elle parfois le village?

(A) Pour voir l'arrière grand-mère
(B) Pour aller à la montagne
(C) Pour voir des gens qu'ils connaissaient
(D) Pour voir l'oncle Basile

72. Qu'est-ce qui était arrivé à l'oncle Basile?

(A) Il était parti faire son service militaire.
(B) Il avait fait fortune en Amérique.
(C) On l'avait vu une ou deux fois.
(D) On ne sait pas ce qui lui était arrivé.

Le procès de Marie-Antoinette
(Adapté du Journal Français d'Amérique)

Six mois après l'execution de Louis XVI, le 23 janvier 1793, sa veuve, Marie-Antoinette est transférée de la prison du Temple à celle de la Conciergerie dans l'attente du procès qui doit avoir lieu le 13 octobre 1793. La nouvelle du procès passionne d'autant plus les Parisiens qu'une rumeur circule dans la ville: on dit que l'empereur d'Autriche (le frère de Marie-Antoinette) aurait offert 20000 prisonniers français en échange de la reine.

Le 13 octobre au petit matin, on réveille brutalement la reine dans son cachot du rez-de-chaussée de la Conciergerie. Quatre gendarmes sont venus pour l'escorter jusqu'à la Salle du Tribunal révolutionnaire présidé par Fouquier-Tinville, l'accusateur public. Le premier interrogatoire a lieu. Après une série de questions auxquelles la reine répond avec dignité, on lui lit les accusations: la reine refuse de répondre.

continued...

Le 14 octobre, le vrai procès commence. Derrière la balustrade aménagée dans la salle, le public s'écrase pour essayer de mieux voir l'accusée qu'il reconnaît à peine dans cette femme maigre de 38 ans, aux cheveux blancs, à l'air fatigué. Aujourd'hui, celle qui était la coquette reine de France paraît deux fois son âge. Comme la veille, on lui demande son nom, son âge, et lieu de résidence. Puis on lui lit huit longs feuillets énumérant les dépositions des témoins qui accusent la Reine, entre autres d'avoir dilapidé les finances de la France, d'avoir entretenu une intelligence avec les ennemis de la République, d'avoir tramé des complots contre la sécurité du pays. A toutes ces accusations, la reine continue à opposer un silence méprisant. A la fin de la déposition, en réponse à la question: "Qu'avez-vous à répondre?", Marie-Antoinette dit avec hauteur: "Je n'ai aucune connaissance des faits dont on parle."

73. Le mot "veuve" indique une femme . . .

(A) qui est en prison.
(B) dont le mari est mort.
(C) qui attend un procès.
(D) qui est condamnée.

74. Comment les gendarmes ont-ils traîté la reine?

(A) Avec dignité
(B) Avec pitié
(C) Avec brutalité
(D) Avec mépris

75. D'après ce passage, une des raisons pour lesquelles le public parisien se passionnait pour ce procès était qu'il . . .

(A) n'y avait jamais eu de procés royal avant cela.
(B) pouvait assister à un procès de la noblesse.
(C) n'avait jamais vu la reine de France.
(D) avait entendu qu'un échange aurait lieu.

76. Dans le troisième paragraphe, le pronom "il" dans "qu'il reconnaît à peine" se rapporte . . .

(A) à l'accusateur public.
(B) au gendarme.
(C) au procès.
(D) au public.

77. La description de la reine lors de son procès indique qu'elle . . .

(A) a beaucoup vieilli.
(B) est toujours coquette.
(C) est très inquiète.
(D) a toujours de beaux cheveux.

continued...

78. Dans ce procès, les questions posées au début de l'interrogatoire prouvent que la reine . . .

(A) est traîtée à l'avance de coupable.
(B) est traîtée comme n'importe quelle accusée.
(C) n'a pas donné de renseignements.
(D) n'a pas la force de répondre.

79. Les témoins accusent la reine de tous les méfaits suivants, SAUF . . .

(A) d'avoir trop dépensé.
(B) d'avoir trahi la France.
(C) d'avoir trahi son mari.
(D) d'avoir organisé des complots.

80. Dans ce passage, l'attitude de la reine envers ses accusateurs indique qu'elle . . .

(A) les craint.
(B) ne les croit pas.
(C) se sent coupable.
(D) les méprise.

Bernard essayait de décider quel costume porter pour le mariage de son cousin. Il aurait bien aimé le gris clair, mais ça faisait trois ans qu'il ne pouvait pas le mettre, ayant gagné une dizaine de kilos. Ah les bons desserts, les glaces, les chocolats, les marrons glacés . . . si seulement il avait su leur résister! Le régime draconien auquel son médecin l'avait soumis avait cependant porté fruit et il avait perdu sept ou huit kilos, retrouvant presque son apparence svelte d'autrefois.

—Bon, j'essaierai le costume gris, et s'il ne me va pas, je mettrai le bleu . . . enfin, on verra.

Un, deux, trois . . . et voilà! Le pantalon était encore un petit peu étroit, et il devrait contrôler son appétit, ce qui ne lui ferait aucun mal. Par contre, son veston lui allait à merveille.

À ce moment, Gisèle, sa femme entra dans la chambre.

—Tiens! Ton joli costume gris! Ça fait longtemps que je ne l'ai pas vu! Il te va bien mon chéri!

A ce moment, Bernard, essayant d'aplatir le revers du veston qui avait besoin d'être repassé, sentit quelque chose dans la poche intérieure. Curieux, il mit la main dans la poche et en retira . . . le stylo, le fameux stylo doré qu'il aimait tant et qu'il croyait avoir perdu depuis des années! Il avait fouillé partout dans la maison et au bureau et avait abandonné tout espoir de le retrouver. Et voilà que maintenant, il le découvrait dans une poche du costume gris! Il avait pourtant envoyé ce costume au pressing pour le faire nettoyer! L'employé avait dû remettre le stylo dans la poche avant de le lui rendre!

81. Bernard aimerait porter le costume gris au mariage de son cousin mais il hésite

(A) parce que c'est une couleur claire.
(B) parce qu'il risque d'être étroit.
(C) parce qu'il a perdu dix kilos.
(D) parce que le veston est petit.

continued...

82. De quoi Bernard s'accuse-t-il?

(A) D'avoir été trop gourmand
(B) D'avoir aplati le revers de son veston
(C) D'avoir donné le costume au pressing
(D) D'avoir trop hésité

83. Quelle a été la réaction de Gisèle en voyant son mari?

(A) Elle a trouvé qu'il avait pris de l'embonpoint.
(B) Elle a pensé que le pantalon ne lui allait pas bien.
(C) Elle a été agréablement surprise.
(D) Elle lui a conseillé de porter le costume bleu.

84. Où Bernard a-t-il trouvé le stylo doré?

(A) Dans sa chambre
(B) Dans une poche
(C) Dans un revers
(D) Dans son bureau

85. D'après ce passage, il est évident que l'employé du pressing était . . .

(A) méticuleux.
(B) travailleur.
(C) honnête.
(D) étourdi.

Scoring the SAT II French with Listening Test

Listening

Once you have taken the sample test, compare your answers with those given in Part Four of this book.

1. Count the number of correct answers for questions 1 through 10 and 23 through 33 and mark the total here __________
2. Count the number of incorrect answers for these two sections __________
3. Divide the total number of incorrect answers by 3 and mark the result here __________
4. Subtract (3) from (1) and mark the result here __________
5. Count the number of correct answers for questions 11 through 22 and mark the total here __________
6. Count the number of incorrect answers for questions 11 through 22 and mark the total here __________
7. Divide the number obtained in (6) by 2 and mark the result here __________
8. Subtract the amount obtained in (7) from that in (5) and mark the result here __________
9. Add the result from (8) to the result from (4) and enter the number here __________
10. Round the number from (9) to the nearest whole number __________

The number obtained in (10) is your raw Listening subscore.

Reading

1. Count the number of correct answers for questions 34 through 87 and mark the total here __________
2. Count the number of incorrect answers and mark the total here __________
3. Multiply the number from (2) by 3 and mark the total here __________
4. Subtract (3) from (1) and mark the result here __________
5. Round the number obtained in (4) to the nearest whole number __________

The number obtained in (5) is your raw Reading subscore.

Raw Composite Score

1. Divide your unrounded Listening subscore by 1.3164 __________
2. Add your unrounded Reading subscore __________
3. Round the result obtained to the nearest whole number __________

The number obtained in (3) is your Raw Composite Score.

To help you evaluate your approximate scaled score, please consult the following table. However, remember that these scores are approximate and may vary slightly from test to test.

Raw Composite Score	Scaled Score
70 to 79	800
57 to 69	710 to 790
44 to 56	620 to 700
31 to 43	540 to 610
19 to 30	470 to 530
8 to 18	410 to 460
–1 to 7	360 to 400
–15 to –2	280 to 350
–28 to –16	200 to 270

PART THREE

GRAMMAR REVIEW

GENERAL INFORMATION

Grammar is tested in both the French Subject Test and the French Subject Test with Listening. Part B consists of incomplete statements followed by four answers. The correct answer is the one that completes the statement by forming a grammatically correct answer. It is therefore important to master the most important grammar points which are explained in this section. Part C consists of several paragraphs with blanks. You are to select the answer that completes the sentence based on vocabulary or grammar.

PARTS OF SPEECH

Adjective	Describes the noun with which it is associated.
Adverb	Modifies a verb, an adjective, or another adverb.
Article	Precedes a noun and defines its number and gender.
Compound tense	Tense that is formed by an auxiliary (or helping) verb and the past participle. Example "I have seen."
Conjunction	Words that connect other words, phrases, clauses, or sentences (and, or, because, etc.).
Direct Object	A person or a thing directly affected by the action of a verb that is not followed by a preposition. Answers the questions "What?"and "Whom?"
Indirect Object	A person or a thing indirectly affected by the action of a verb that is followed by a preposition. Answers the questions "To what?" and "To whom?"
Infinitive	The name of the verb. Examples: "to go," "to walk," "to be."
Noun	Represents a person, a place, a thing, a quality, or an act.
Object	Person or thing affected by an action.
Past Participle	In a compound tense (passé composé, futur antérieur, conditionnel passé, subjonctif passé), form of the verb that follows the auxiliary verb (as in "j'ai *vu*").
Preposition	Word that indicates the relation between one word and another (as in "He speaks *to* the teacher").
Present Participle	Participle expressing a present action. In English, it is formed by adding "ing" to the infinitive.
Pronoun	Replaces the noun.
Subject	Represents a person or thing performing an action.
Verb	Expresses existence, action, or occurrence.

ACCENTS

´	accent aigu	placed on the letter e
`	accent grave	placed on a, e, and u
ˆ	accent circonflexe	placed on a, e, i, o, and u
¨	tréma	used to indicate that the vowel has to be pronounced separately (Noël)
ç	cédille	the cédille is placed only under the letter c which is then pronounced like an *s*.
’	apostrophe	to mark the omission of a, e, or i
-	trait d’union	used in compound nouns (petite-fille)

VERBS

TENSES OF THE INDICATIVE

As you already know, there are three groups of regular verbs, those ending in "er" in the infinitive, those ending in "ir" in the infinitive, and those ending in "re" in the infinitive. Then, there are the irregular verbs. The following examples are for the verbs "parler," "finir," and "attendre," which are regular, and "écrire," which is irregular. In order to prepare for the SAT II, the following tenses are the most important to remember.

Présent

Describes an action or a state of being that occurs as you speak.

je parle	je finis	j'attends	j'écris
tu parles	tu finis	tu attends	tu écris
il parle	il finit	il attend	il écrit
elle parle	elle finit	elle attend	elle écrit
nous parlons	nous finissons	nous attendons	nous écrivons
vous parlez	vous finissez	vous attendez	vous écrivez
ils parlent	ils finissent	ils attendent	ils écrivent
elles parlent	elles finissent	elles attendent	elles écrivent

Imparfait

Describes a continuous action in the past or an action that was repeated in the past.

je parlais	je finissais	j'attendais	j'écrivais
tu parlais	tu finissais	tu attendais	tu écrivais
il parlait	il finissait	il attendait	il écrivait
elle parlait	elle finissait	elle attendait	elle écrivait
nous parlions	nous finissions	nous attendions	nous écrivions
vous parliez	vous finissiez	vous attendiez	vous écriviez
ils parlaient	ils finissaient	ils attendaient	ils écrivaient
elles parlaient	elles finissaient	elles attendaient	elles écrivaient

Passé Composé

Describes an action that occurred in the past, at a specific time, and ended in the past. It is formed with the present tense of the auxiliary verb and the past participle of the verb being conjugated. The auxiliary verbs used in compound tenses are "avoir" or "être."

j'ai parlé	j'ai fini	j'ai attendu	j'ai écrit
tu as parlé	tu as fini	tu as attendu	tu as écrit
il a parlé	il a fini	il a attendu	il a écrit
elle a parlé	elle a fini	elle a attendu	elle a écrit
nous avons parlé	nous avons fini	nous avons attendu	nous avons écrit
vous avez parlé	vous avez fini	vous avez attendu	vous avez écrit
ils ont parlé	ils ont fini	ils ont attendu	ils ont écrit
elles ont parlé	elles ont fini	elles ont attendu	elles ont écrit

When a verb is conjugated in the passé composé with the auxiliary verb "être," the past participle agrees in gender and in number with the subject.

je suis allé(e)	je suis parti(e)	je suis venu(e)
tu es allé(e)	tu es parti(e)	tu es venu(e)
il est allé	il est parti	il est venu
elle est allée	elle est partie	ell est venue
nous sommes allé(e)s	nous sommes parti(e)s	nous sommes venu(e)s
vous êtes allé(e)s	vous êtes parti(e)s	vous êtes venu(e)s
ils sont allés	ils sont partis	ils sont venus
elles sont allées	elles sont parti(e)s	elles sont venu(e)s

Plus-que-Parfait (Pluperfect)

Describes an action that occurred prior to another action in the past. It is formed with the imperfect tense of the auxiliary verb and the past participle of the verb being conjugated. The auxiliary verbs used in compound tenses are "avoir" or "être."

j'avais parlé	j'avais fini	j'avais attendu	j'avais écrit
tu avais parlé	tu avais fini	tu avais attendu	tu avais écrit
il avait parlé	il avait fini	il avait attendu	il avait écrit
elle avait parlé	elle avait fini	elle avait attendu	elle avait écrit
nous avions parlé	nous avions fini	nous avions attendu	nous avions écrit
vous aviez parlé	vous aviez fini	vous aviez attendu	vous aviez écrit
ils avaient parlé	ils avaient fini	ils avaient attendu	ils avaient écrit
elles avaient parlé	elles avaient fini	elles avaient attendu	elles avaient écrit

When a verb is conjugated in the plus-que-parfait with the auxiliary verb "être," the past participle agrees in gender and in number with the subject.

j'étais allé(e)	j'étais parti(e)	j'étais venu(e)
tu étais allé(e)	tu étais parti(e)	tuétais venu(e)
il était allé	il était parti	il était venu
elle était allée	elle était partie	elle était venue
nous étions allé(e)s	nous étions parti(e)s	nous étions venu(e)s
vous étiez allé(e)s	vous étiez parti(e)s	vous étiez venu(e)s
ils étaient allés	ils étaient partis	ils étaient venus
elles étaient allées	eles étaient parti(e)s	elles étaient venu(e)s

The Futur Proche

Describes an action that is about to take place (I am going to . . .).

je vais parler	je vais finir	je vais attendre	je vais écrire
tu vas parler	tu vas finir	tu vas attendre	tu vas écrire
il va parler	il va finir	il va attendre	il va écrire
elle va parler	elle va finir	elle va attendre	elle va écrire
nous allons parler	nous allons finir	nous allons attendre	nous allons écrire
vous allez parler	vous allez finir	vous allez attendre	vous allez écrire
ils vont parler	ils vont finir	ils vont attendre	ils vont écrire
elles vont parler	elles vont finir	elles vont attendre	elles vont écrire

Futur

Describes something that will happen in the near or distant future.

je parlerai	je finirai	j'attendrai	j'écrirai
tu parleras	tu finiras	tu attendras	tu écriras
il parlera	il finira	il attendra	il écriraa
elle parlera	elle finira	elle attendra	elle écrira
nous parlerons	nous finirons	nous attendrons	nous écrirons
vous parlerez	vous finirez	vous attendrez	vous écrirez
ils parleront	ils finiront	ils attendront	ils écriront
elles parleront	elles finiront	elles attendront	elles écriront

Quand – dès que – lorsque – aussitôt que

In English, after *when* and *as soon as*, even if the idea is in the future, the present tense is used.

Example: When I see the teacher, I will ask her to explain this paragraph.

In French, after *quand, dès que, lorsque,* and *aussitôt que*, if the idea is in the future, then the future tense is used.

Example: Quand je verrai le professeur, je lui demanderai d'expliquer ce paragraphe.

For all other tenses, it is the same as in English.

Futur Antérieur

Describes a future action that precedes another future action: "I will have finished my homework when you arrive." It is formed with the future tense of the auxiliary verb and the past participle of the verb being conjugated. The auxiliary verbs used in compound tenses are "avoir" or "être."

j'aurai parlé	j'aurai fini	j'aurai attendu	j'aurai écrit
tu auras parlé	tu auras fini	tu auras attendu	tu auras écrit
il aura parlé	il aura fini	il aura attendu	il aura écrit

elle aura parlé	elle aura fini	elle aura attendu	elle aura écrit
nous aurons parlé	nous aurons fini	nous aurons attendu	nous aurons écrit
vous aurez parlé	vous aurez fini	vous aurez attendu	vous aurez écrit
ils auront parlé	ils auront fini	ils auront attendu	ils auront écrit

When a verb is conjugated in the futur antérieur with the auxiliary verb "être," the past participle agrees in gender and in number with the subject.

je serai allé(e)	je serai parti(e)	je serai venu(e)
tu seras allé(e)	tu seras parti(e)	tu seras venu(e)
il sera allé	il sera parti	il sera venu
elle sera allée	elle sera partie	elle sera venue
nous serons allé(e)s	nous serons parti(e)s	nous serons venu(e)s
vous serez allé(e)s	vous serez parti(e)s	vous serez venue(e)s
ils seront allés	ils seront partis	il seront venus
elles seront allées	elles seront parti(e)s	elles seront venu(e)s

Tenses of the Indicative

Aujourd'hui, nous attendons le train.	Présent
Quand nous étions petits, nous attendions toujours le train avec nos parents.	Imparfait
Hier, nous avons attendu le train avec nos parents	Passé composé
Nous attendions le train quand papa *a remarqué* que nous *avions oublié* une de nos valises.	Plus-que-parfait
Demain, je vais attendre le train avec mon cousin	Futur proche
Demain, j'attendrai le train avec mon cousin	Futur
J'aurai pris les billets avant d'attendre le train.	Futur antérieur

Impératif

The imperative mood, or mode, indicates that an order has been given. It is only conjugated in the second person singular (the "tu" form), the first person plural (the "nous" form) and the second person plural (the "vous" form). However, the personal pronouns "tu," "nous," and "vous" are dropped, and the "s" of the second person singular for "er" verbs is also dropped.

parle	finis	attends	écris
parlons	finissons	attendons	écrivons
parlez	finissez	attendez	écrivez

Conditionnel Présent

The conditional is a mood. It indicates that something "would" happen, given certain circumstances.

je parlerais	je finirais	j'attendrais	j'écrirais
tu parlerais	tu finirais	tu attendrais	tu écrirais
il parlerait	il finirait	il attendrait	il écrirait
elle parlerait	elle finirait	elle attendrait	elle écrirait
nous parlerions	nous finirions	nous attendrions	nous écririons
vous parleriez	vous finiriez	vous attendriez	vous écririez
ils parleraient	ils finiraient	ils attendraient	ils écriraient
elles parleraient	elles finiraient	elles attendraient	elles écriraient

Note: Remember that "would" in English may translate into the imperfect in French. This occurs when "would" means used to.

Example: When I was a child, I would go to the circus with my parents. = Quand j'étais enfant, j'allais au cirque avec mes parents.

Conditionnel Passé

Indicates that something "would have happened" given certain circumstances. It is formed with the present conditional tense of the auxiliary verb and the past participle of the verb being conjugated. The auxiliary verbs used in compound tenses are "avoir" or "être."

j'aurais parlé	j'aurais fini	j'aurais attendu	j'aurais écrit
tu aurais parlé	tu aurais fini	tu aurais attendu	tu aurais écrit
il aurait parlé	il aurait fini	il aurait attendu	il aurait écrit
elle aurait parlé	elle aurait fini	elle aurait attendu	elle aurait écrit
nous aurions parlé	nous aurions fini	nous aurions attendu	nous aurions écrit
vous auriez parlé	vous auriez fini	vous auriez attendu	vous auriez écrit
ils auraient parlé	ils auraient fini	ils auraient attendu	ils auraient écrit
elles auraient parlee	elles auraient fini	elles auraient attendu	elles auraient écrit

When a verb is conjugated in the conditionnel passé with the auxiliary verb "être," the past participle agrees in gender and in number with the subject.

je serais allé(e)	je serais parti(e)	je serais venu(e)
tu serais allé(e)	tu serais parti(e)	tu serais venu(e)
il serait allé	il serait parti	il serait venu
elle serait allée	elle serait partie	elle serait venue
nous serions allé(e)s	nous serions parti(e)s	nous serions venu(e)s
vous seriez allé(e)s	vous seriez parti(e)s	vous seriez venu(e)s
ils seraient allés	ils seraient partis	ils seraient venus
elles seraient allées	elles seraient parti(e)s	elles seraient venu(e)s

CONDITIONAL SENTENCES (PHRASES CONDITIONNELLES)

Conditional sentences often appear on the SAT II exam. They follow the same rules as in English.

Si + present ____________ present
futur
imperatif

Examples: Si tu as dix dollars, tu achètes ce livre.
Si tu as dix dollars, tu achèteras ce livre.
Si tu as dix dollars, achète ce livre!

Si + imparfait __________ conditionnel present

Example: Si tu avais dix dollars, tu achèterais ce livre.

Si + plus-que-parfait _________ conditionnel passe

Example: Si tu avais eu dix dollars, tu aurais acheté ce livre.

1. As in English, when the "si" clause is followed by the present tense, the second clause has to be in the imperative, the present or the future:

If you *have* enough money, *buy* the book.	Present/imperative
If you *have* enough money, *you buy* the book.	Present/present
If you *have* enough money, *you will buy* the book.	Present/future

2. As in English, when the "si" clause is followed by the imperfect tense, the second clause has to be in the present conditional:

If you *had* enough money, *you would buy* the book.	Imperfect/conditional

3. As in English, when the "si" clause is followed by the pluperfect tense (plus-que-parfait), the second clause has to be in the past conditional.

If you *had had* enough money, you *would have bought* the book.	Pluperfect/past conditional

This is the type of question you might encounter on the test:

Si j'avais un chien, je _________ avec lui dans le jardin.

(A) jouerai
(B) jouerais
(C) jouais
(D) joue

The first part of the sentence is in the imperfect tense ("j'avais"), therefore, the second part must be in the present conditional. The correct answer is (B).

THE PAST PARTICIPLE

The past participle is used after the auxiliary verbs "avoir" or "être" in all compound tenses.

All regular verbs ending in "er" are called "verbes du ler groupe." The past participle of these verbs ends in "é":

parlé	aimé	dansé

Note: Some verbs which undergo some spelling changes in the present tense, such as "manger" (mangeons) or "commencer" (commençons) become regular in the passé composé and the past participle follows the same rule: mangé, commencé.

All regular verbs ending in "ir" (first and second person plural contains "iss") are called "verbes du 2ème groupe." The past participle of these verbs ends in "i."

fini	choisi	grandi

All regular verbs ending in "re" are called "verbes du 3ème groupe." The past participle of these verbs ends in "u."

attendu	entendu	répondu

Irregular Past Participles

Here is a list of some of the most commonly used irregular verbs and their past participles.

admettre	admis
apercevoir	aperçu
avoir	eu
boire	bu
conduire	conduit
connaître	connu
construire	construit
courir	couru
couvrir	couvert
croire	cru
décrire	décrit
devoir	dû
dire	dit
dormir	dormi
écrire	écrit
endormir	endormi
être	été
faire	fait
falloir	fallu (to be necessary: only in the third person singular form)
lire	lu
mentir	menti
mettre	mis
mourir	mort
naître	né

ouvrir	ouvert
partir	partir
peindre	peint
plaire	plu
pleuvoir	plu (to rain: only in the third person singular form)
pouvoir	pu
prendre	pris
recevoir	reçu
rire	ri
savoir	su
suivre	suivi
vaincre	vaincu
valoir	valu
venir	venu
vivre	vécu
voir	vu
vouloir	voulu

Agreement of the Past Participle

When the verb "être" is used in a compound tense, the past participle agrees with the subject in number and in gender. The following verbs use "être" as a helping verb in all compound tenses:

aller >venir	allé>venu	to go>to come
entrer>sortir	entré>sorti	to enter>to leave/to go out
arriver>partir	arrivé>parti	to arrive>to leave
monter>descendre	monté>descendu	to go up>to go down
naître>mourir	né>mort	to be born>to die
revenir>retourner	revenu>retourné	to come back>to go back
devenir	devenu	to become
rentrer	rentré	to return/to go back in
rester	resté	to stay
tomber	tombé	to fall
passer	passé	to go by, to stop by

Example: il est allé—elle est allée—ils sont allés—elles sont allées

Note: The verbs "monter," "descendre," "sortir," "rentrer," "retourner," and "passer" can be used with "avoir" in the passé composé *if they have a direct object.* In this case, there is no agreement with the subject.

Passé Composé

J'ai monté la valise.	*I took the suitcase up.*
Elle a descendu la valise.	*She took the suitcase down.*
Ils ont sorti le chien.	*They took the dog out.*
Elles ont rentré le chien.	*They took the dog inside.*
Tu as retourné le livre.	*You returned (or turned over) the book.*
J'ai passé une bonne journée.	*I spent a nice day.*

Reflexive Verbs

All reflexive verbs are conjugated with "être" in the compound tenses. The past participle therefore agrees in gender and number with the subject *except* when they are followed by a direct object. For example, compare:

Elle s'est lavée	Elle s'est lavé les mains	(passé composé)
Elle s'était lavée	Elle s'était lavé les mains	(plus-que-parfait)

However, if the direct object "les mains" preceded the past participle, the past participle will agree with the preceding direct object.

Example: Elle se *les* est lavées. ("Les" replaces "les mains" and is a direct object.)

Reciprocal Verbs

Reciprocal verbs are conjugated like reflexive verbs, but, as their name indicates, they reflect a reciprocal action and involve more than one person. In English, it is replaced by "each other" or "one another." Reciprocal verbs are obviously only conjugated in the plural.

Examples: Elles se sont rencontrées.
Ils se sont rencontrés.

When a verb followed by the preposition "à" is used reciprocally, there is no agreement.

Example: Elles se sont *parlé* quand elles se sont *rencontrées*.

The verb "parler" requires the preposition "à" and is followed by an indirect object, whereas the verb "rencontrer" doesn't have a preposition and is therefore followed by an indirect object.

Examples: Elle a parlé à son amie = Elles se sont parlé
Elle a rencontré son amie = Elles se sont rencontrées

Verbs conjugated with "avoir"

The past participle of verbs using "avoir" in the passé composé does not change with gender and number. However, if it is preceded by a direct object, it will agree with the direct object:

Examples: J'ai acheté une voiture.	Voici *la voiture* que j'ai achetée.
J'ai vu mes amies.	Je *les* ai vues.

This is an example of the type of question you might get on the SAT:

Elles ont _____ leur amie au cinéma.

(A) rencontrées
(B) rencontrée
(C) rencontré
(D) rencontrés

The verb "rencontrer" uses the helping (or auxiliary) verb "avoir." The direct object in this sentence is "leur amie." It does not precede the verb; therefore, there should be no agreement with the subject. The correct answer is (C).

THE PASSÉ COMPOSE VERSUS THE IMPARFAIT

As indicated before, the imparfait describes a continuous action in the past or an action that was repeated in the past whereas the passé composé describes an action that occurred in the past, at a specific time, and ended in the past. It is formed with the present tense of the auxiliary verb and the past participle of the verb being conjugated.

How do you choose? Suppose you are given a sentence like this one:

Quand Elise avais cinq ans, elle (aller) _____ toujours passer ses vacances chez ses grands parents. Un jour, pendant ses vacances, elle (rencontrer) _____ son oncle Charles pour la première fois et elle (penser) _____ que c'{être} _____ un géant parce qu'il (être) _____ plus grand que son grand père.

In the first sentence, we learn that Elise always went to spend her vacation at her grandparents's home. It is therefore a repeated action and requires the *imparfait*. In the next sentence, we learn that one day, something happened. This fits the definition of the passé composé: an action that occurred in the past, at a specific time (un jour). The verb rencontrer must therefore be in the *passé composé*. The next verb "penser" fits the same pattern because it is on that day, when she met her uncle for the first time, that she thought he was a giant. However, the verb "être" is a description, it doesn't begin and end in the past, it is a "state of being" and the imparfait must be used here. Obviously, the last verb (also "être") follows the same rule. The answers are allait/ a rencontré/ a pensé/ était/ était.

Remember: Imparfait = background/condition; Passé composé = event.

The imperfect tense is always used when translating:

Used to
Would (when "would" means used to)
Was . . . ing
Were . . . ing

It is also used for a description in the past, for a repeated action in the past, for a state of being. *It describes what was going on.*

Examples of adverbial expressions that often use the imperfect:

Autrefois	*in the past*
De temps en temps	*from time to time*
D'habitude	*usually*
Chaque année	*every year (week, month, etc.)*
Le lundi (mardi, etc.)	*on Mondays (Tuesdays, etc.)*
Quelquefois	*sometimes*
Souvent	*often*
Toujours	*always*
Tous les jours	*every day*

Verbs that denote mental activity or conditions also require the imperfect most of the time (aimer, avoir, espérer, savoir, etc.).

The passé composé is used for an action that happened and was completed at a specific time in the past.

Examples of adverbial expressions that are used with the passé composé:

Hier (hier matin, etc.)	*yesterday (yesterday morning, etc.)*
Avant-hier	*the day before yesterday*
Ce jour-là	*on that day*
La semaine passée (dernière)	*last week*
Le mois passé (dernier)	*last month*
L'année passée (dernière)	*last year*

THE PRESENT PARTICIPLE

English -ing French -ant

The present participle is formed by dropping the ending "ons" from the first person plural of the present tense and replacing it by "ant."

Faire faisons faisant

Example: J'ai rencontré ta cousine faisant des emplettes.
The cousin is shopping.

The present participle can be replaced by "qui" + a verb.

Example: J'ai rencontré ta cousine qui faisait des emplettes.

When used with the preposition "en," it is called a gerund.

Example: J'ai rencontré ta cousine en faisant des emplettes.
I was shopping.

In this case, "en faisant" could be replaced by "pendant que je faisais."

The past tense of the present participle is used when one action has been completed before another action.

Examples: Ayant lu le livre, je voulais voir le film.
Having read the book, I wanted to see the movie.

Etant né dans un petit village, il n'avait jamais vu de gratte-ciel.
Having been born in a small village, he had never seen a skyscraper.

This is an example of the type of questions you might find on the SAT:

1. Jacques, en _____ au téléphone, a laissé tomber son livre.

    (A) répondre
    (B) répond
    (C) ayant répondu
    (D) répondant

2. Jacques, _____ ses devoirs, est allé au cinéma.

(A) ayant fini
(B) finissait
(C) avoir fini
(D) finira

The answer to Question 1 is (D) because it follows "en." The answer to Question 2 is (A), because Jacques went to the movies after finishing his homework. The past tense of the present participle, or perfect participle, can be replaced by "après avoir" + past participle or "après être" + past participle.

SPECIAL CASES

When Two Verbs Follow Each Other

In English, when two verbs follow each other, the second one is either in the infinitive or in the progressive form. As an example: " I like going to the movies/I like to go to the movies." In French, you can only use the *infinitive*.

Example: J'aime aller au cinéma.
Ils doivent étudier pour l'examen.

Avant de / après

In English, the verb following "before" is in the progressive voice: "Before going."

In French, "avant de" is always followed by the *infinitive,* whereas, as explained in the participle section, "après" is followed by the perfect participle.

Example: Je finirai mes devoirs avant d'aller au cinéma.
J'irai au cinéma après avoir fini mes devoirs.

Venir de + infinitive

When "venir de" is followed by an infinitive, it means to have just. It represents the recent past.

Example: Je viens de finir mes devoirs.
I have just finished my homework.

Verbs Followed by a Preposition

Verbs that are followed by a preposition in French do not always have a preposition in English and vice-versa. Here are the most commonly used verbs that use a preposition in *either* English or French, but *not in both*.

English	French
to look at	regarder
to look for	chercher
to ask for	demander

to listen to	écouter
to wait for	attendre

French	**English**
demander à (quelqu'un)	to ask (someone)
dire à	to tell
donner à	to give
écrire à	to write (to)
obéir à	to obey
parler à	to speak to
plaire à	to please, to appeal to, to be liked by
prêter à	to lend
raconter à	to tell (a story, a fact) to someone
répondre à	to answer
ressembler à	to resemble/look like
téléphoner à	to telephone
vendre à	to sell

Note: Remember that when a verb is followed by "à" it takes an indirect object pronoun. For example, "Elle ressemble à sa mère" and "Elle *lui* ressemble."

THE SUBJUNCTIVE

The subjunctive is very popular in all tests. Remember that the subjunctive is not a tense, it is a mood. It exists in English but isn't commonly used. While the indicative mood deals with real actions and with facts, the subjunctive deals with things that are desired, that are doubtful, and that are possible. Although there are four tenses in the subjunctive, we will talk only about the present and past subjunctives.

The present subjunctive

For most verbs, whether they are regular or irregular, the subjunctive is regular. It is formed by dropping the "ent" of the third person plural of the present tense to obtain the root and then by adding to this root the endings: "-e," "-es," "-e," "-ions," "-iez," or "-ent."

The subjunctive is preceded by an expression or by a phrase with "que" ("il faut que," "je voudrais que," "il est important que," etc.).

Parler	**Finir**	**Attendre**
que je parle	que je finisse	que j'attende
que tu parles	que tu finisses	que tu attendes
qu'il parle	qu'il finisse	qu'il attende
qu'elle parle	qu'elle finisse	qu'elle attende
que nous parlions	que nous finissions	que nous attendions
que vous parliez	que vous finissiez	que vous attendiez
qu'ils parlent	qu'ils finissent	qu'ils attendent
qu'elles parlent	qu'elles finissent	qu'elles attendent

Irregular Subjunctive

The verbs "avoir" and "être" are the only ones that do not end in "e" in the subjunctive. (See below).
The following verbs are irregular in the subjunctive:

aller	que j'aille	que nous allions
faire	que je fasse	que nous fassions
pouvoir	que je puisse	que nous puissions
savoir	que je sache	que nous sachions
vouloir	que je veuille	que nous voulions

Impersonal verbs (conjugated in the third person singular only)

falloir	qu'il faille
pleuvoir	qu'il pleuve
valoir	qu'il vaille

When do you use the subjunctive?

The subjunctive is used to express *will, necessity, emotion, doubt or uncertainty, as well as a negative opinion* (I don't believe that . . .).

Will	**Emotion**	**Doubt and Possibility**
Je veux que	Je suis content que	Je doute que
Je désire que	je suis étonné que	Je ne crois pas que
Je demande que	je suis fâché que	Il se peut que
Je souhaite que	je suis triste que	il est possible que
Je propose que	je suis heureux que	il semble que
Je désire que	je suis fier que	il est douteux que
Je souhaite que	j'ai peur que	il est impossible que
Il est important que		il est peu probable que
Il faut que		
Il vaut mieux que		
Il est essentiel que		
Il est juste que		
Il est nécessaire que		

Some conjunctions are also followed by the subjunctive:

bien que	although	avant que	before
pour que	so that	de peur que	for fear that
afin que	so that	pourvu que	provided that
à moins que	unless	sans que	without
jusqu'à ce que	until	a condition que	provided

Note: When "pourvu que" is at the beginning of a sentence, it means may or let's hope that, indicating a wish.

Example: Pouvu qu'il ne pleuve pas demain!
Let's hope it doesn't rain tomorrow.

Some verbs are followed by the subjunctive only when in the negative or interrogative forms:

penser	croire	espérer	dire
trouver	admettre	déclarer	

Some expressions require the indicative when they are in the affirmative (because there is no doubt). They change and require the subjunctive when they are in the negative or in the interrogative (because there is doubt):

être sûr	être certain	être évident	être probable

Remember: When the subject and the object of the verb are one and the same, the subjunctive is not used:

Examples: Je souhaite que vous soyez à l'heure demain.
Je souhaite être à l'heure demain.

The Past Subjunctive

The past subjunctive is formed by the present subjunctive of the auxiliary verb ("avoir" or "être") and the past participle of the verb.

Avoir	**Être**
j'aie	je sois
tu aies	tu sois
il ait	il soit
elle ait	elle soit
nous ayons	nous soyons
vous ayez	vous soyez
ils aient	ils soient
elles aient	elles soient

It indicates that an action happened before the action of the principal verb.

Examples: She is happy that her friend did not forget her birthday.
Elle est heureuse que son ami n'ait pas oublié son anniversaire.

It is necessary that they finish their homework before going to bed.
Il faut qu'ils aient fini leurs devoirs avant d'aller se coucher.

This is the type of question you might encounter on the test:

1. Il est important que vous _____ ce chapitre.

   (A) lisez
   (B) lisiez
   (C) lirez
   (D) liriez

Because the impersonal expression "il est important que" requires the subjunctive, the correct answer is (B).

2. Je suis content que vous _____ la leçon hier.

   (A) compreniez
   (B) avez compris
   (C) comprendriez
   (D) ayez compris

Because the action was done yesterday and the principal verb is a verb of emotion, the past subjunctive must be used. Therefore (D), is the correct answer.

THE PASSÉ SIMPLE

It is important to recognize the passé simple because, as a literary tense replacing the passé composé, it will be included in a lot of the reading passages.

For regular verbs, the passé simple endings are:

er verbs	-ai, -as, -a, -âmes, -âtes, èrent
ir and re verbs	-is, -is, -it, -îmes, -îtes, irent

For auxiliary verbs, the passé simple endings are:

Avoir	**Être**
j'eus	je fus
tu eus	tu fus
il, elle eut	il, elle fut
nous **eûmes**	nous **fûmes**
vous **eûtes**	vous **fûtes**
ils, elles **eurent**	ils, elles **furent**

Here are some examples of irregular verbs in the passé simple.

Connaître	**Dire**	**Faire**	**Offrir**
Je connus	je dis	je fis	j'offris
Tu connus	tu dis	tu fis	tu offris
Il, elle connut	il, elle dit	il, elle fit	il, elle offrit
Nous conn**ûmes**	nous d**îmes**	nous f**îmes**	nous offr**îmes**
Vous conn**ûtes**	vous d**îtes**	vous f**îtes**	vous offr**îtes**
Ils, elles conn**urent**	ils, elles d**irent**	ils, elles f**irent**	ils, elles offr**irent**

Note: For most irregular verbs, there is a certain regularity in the conjugation: the endings. If you memorize the first person singular of that verb in the passé simple, you can automatically conjugate the rest of the verb. The endings are "s," "t," "^mes," "^tes," and "rent."

Examples: je bus, tu bus, il/elle but, nous b**ûmes**, vous b**ûtes**, ils/elles b**urent**
J'offris, tu offris, il/elle offrit, nous offr**îmes**, vous offr**îtes**, ils/elles offr**irent**

The verbs "tenir" and "venir," in the plural, are exceptions; they have an "n" before the ending.

Examples: Nous tînmes/ vous tîntes/ elles tinrent
Nous vînmes/ vous vîntes/ elles vinrent

ARTICLES

DEFINITE ARTICLES

le (l')	the (masculine)	le livre, l'homme
la	the (feminine)	la table, la femme
les	the (plural)	les livres et les tables

While in English the definite article is often omitted (in generalizations), the article is used in French.

Example: Les études sont nécessaires.
Studies are necessary.

The definite article is always used after the verbs expressing likes or dislikes ("aimer," "détester," etc.). It is used in the following cases:

- Before the name of a person preceded by his/her profession ("le docteur Dupuis" or "le professeur Maréchal") as well as before titles ("le président").
- Before parts of the body, instead of the possessive adjective ("il a les yeux verts").
- Before the name of a language or a course subject ("l'italien,"" la chimie").
- Before the days of the week, instead of saying "every" + the day of the week (le lundi = every Monday).
- Before dates ("le premier janvier," "le trois février").
- Before parts of the day ("le matin," "le soir").
- Before a geographical name with the exception of the names of cities ("la France," "la Seine," "le Pérou") and of the following countries: Iran, Israël, Tahiti, Haïti and Hawaï.
- After the verbs "aimer," "détester," "adorer," and "préférer."

The definite article is omitted in these two cases:

- In proverbs, in titles as well as in addresses. It is also omitted after the prepositions "avec," "sans," "comme," and "sous."
- With the verb "parler" followed by the name of a language ("il parle français").

INDEFINITE ARTICLES

un	a (masculine)	un livre, un homme
une	a (feminine)	une table, une femme
des	plural of un and une	des hommes et des femmes

In English, the indefinite article does not exist in the plural; in French, the plural of "un" and "une" is "des." It is best translated by *some* in the affirmative and *any* in the interrogative.

Examples: Nous avons des cousins américains.
Avez-vous des cousins en Amérique?

Note: In the negative form, the indefinite articles un, une, des, change to "de" or "d'." The indefinite article "des" becomes "de" or "d'" after expressions of quantity, except after "la plupart" and "bien." When the indefinite article "des" is immediately followed by a plural adjective that precedes a noun, it does not change. However, this is not the case when the plural adjective follows the noun.

Examples: Nous avons de l'argent / Nous **n'**avons **pas d'**argent.
Il a un billet d'avion / Il **n'**a **pas de** billet d'avion.
Nous avons **des** cousins en Amérique / Nous **n'**avons **pas de** cousins en Amérique.
Elle a **des** problèmes / Elle a **beaucoup de** problèmes.
J'ai acheté **des** oranges / J'ai acheté **un kilo d'**oranges.
J'ai acheté **de belles** pommes / J'ai acheté **des** pommes **rouges**.
La plupart des élèves sont ici aujourd'hui.
Cet homme **a bien des** problèmes.

PARTITIVE ARTICLE

du de l' de la des

The partitive article is used with nouns that cannot be counted. It is often omitted in English or replaced by "some" or "any."

Examples: J'ai acheté du lait.
I bought milk.

Voulez-vous du pain?
Would you like some bread?

Note: Remember that the possessive also uses "du," "de l'," "de la," and "des." In that case, it means of or of the ("la voiture de Jeanne," "le cahier de l'élève").

PRONOUNS

PERSONAL PRONOUNS

The pronoun replaces the noun and can represent a person, a place or a thing. The subject or personal pronouns are:

je (j')	I	nous	we
tu	you (familiar)	vous	you (plural or singular formal)
il	he	ils	they (masculine)
elle	she	elles	they (feminine)

REFLEXIVE PRONOUNS

Reflexive pronouns are used with reflexive verbs and reciprocal verbs. The reflexive pronouns are:

je/**me**	tu/**te**	il/**se**	elle/**se**	on/**se** (reflexive only)
nous/**nous**	vous/**vous**	ils/**se**	elles/**se**	(reflexive and reciprocal)

DIRECT OBJECT PRONOUNS

The direct object pronoun replaces the direct object in a sentence. The direct object pronouns are:

me (m')	me	nous	us
te(t')	you	vous	you (plural or formal sing.)
le (l')	him/it	les	people or things/ masc. and plural
la (l')	her/it	les	people or things/ masc. feminine plural

Examples: Pierrette a rencontré Colette au restaurant.
Pierrette met Colette at the restaurant.

Pierrette l'a rencontrée au restaurant.
Pierrette met her at the retaurant.

Notice that the past participle agrees with the direct object (Colette). When the direct object precedes the past participle, the past participle agrees in gender and number with the direct object.

INDIRECT OBJECT PRONOUNS

An indirect object pronoun replaces a noun and a preposition. Therefore, it is important to study all the verbs that are followed by a preposition (dire à, parler à, etc.) The indirect object pronouns are:

me (m')	to me	nous	to us
te (t')	to you (familiar)	vous	to you (plural/formal)
lui	to him/to her	leur	to them (feminine/ masculine)

Examples: Pierrette prête le livre à Colette.
Pierrette lends her book to Colette.

Pierrette lui prête le livre.
Pierrette lends her the book.

Y

The pronoun "y" represents a location; it means there. "Y" usually replaces a phrase that begins with a preposition referring to that place (to, at, etc.).

Examples: Je vais à l'école. (j'y vais)
J'habite chez mes parents. (j'y habite)
La voiture est dans le garage. (la voiture y est)

En

The pronoun "en" replaces a noun that is used with a verb or an expression followed by "de." It means of it or of them.

Note: In the singular, "en" is used for things only. However, "en" can be used to refer to a group of people.

Examples: J'ai besoin de mon livre. (j'en ai besoin)
Je parle de mon cousin. (je parle de lui)
J'ai besoin de mes livres. (j'en ai besoin)
Je parle de mes amis. (je parle d'eux ou j'en parle)

DOUBLE OBJECT PRONOUNS

When two pronouns are used, they both precede the verb, except in the affirmative imperative.

Order of Pronouns

Me				
Te	le	lui		
Se	la	leur	y	en
Nous	les			
Vous				

Examples: Il me donne le livre / Il **me le** donne
Il donne la rose à Jeanne / Il **la lui** donne
Elle lit la question aux élèves / Elle **la leur** lit
Je vois les enfants dans le jardin / Je **les** y vois
Je parle des questions au prof / Je **lui en** parle

In the imperative form, the verb precedes the object pronouns and the order of the pronouns is alphabetical, except for **en** which comes after m', t', nous, vous, leur.

donnez-le-moi	parlez-lui en
donnez-le-lui	parlez m'en
donnez-le-leur	allez -y

DISJUNCTIVE PRONOUNS (OR STRESSED PRONOUNS) AND REFLEXIVE PRONOUNS

The stressed pronouns are the same as the subject pronouns for "elle," "elles," "nous," and "vous." The other forms differ.

Subject	**Disjunctive / Stressed**
Je	moi
Tu	toi
Il	lui
On	soi
Ils	eux

Note: "C'est" can be used with all disjunctive pronouns, except for "eux" and "elles."

Example: C'est moi, c'est nous, c'est vous. Ce sont eux.

Disjunctive pronouns occur after a preposition.

Example: ils sont *avec* moi.

Disjunctive pronouns can be used for a comparison.

Example: Elle est plus petite que lui.

A disjunctive pronoun can be used by itself, for emphasis.

Example: Qui est-ce? Moi.

Disjunctive pronouns are used after "ne . . . que."

Example: Je n'ai vu que lui.

Disjunctive pronouns are used in a compound subject.

Example: Mon amie et moi.

Disjunctive pronouns are used in combination with "même" ("moi-même", "toi-même") to express the idea of oneself.

Example: Je l'ai fait moi-même.
I did it myself.

POSSESSIVE ADJECTIVES AND PRONOUNS

Possessive pronouns agree in gender and number with the object or person they represent.

Example: Mon livre—le mien
My book—mine

Personal Pronouns	Possessive Adjectives	Possessive Pronouns
je	mon, ma, mes	le mien, la mienne, les miens, les miennes
tu	ton, ta, tes	le tien, la tienne les tiens, les tiennes
il/elle	son, sa, ses	le sien, la sienne les siens, les siennes
nous	notre, nos	le nôtre, la nôtre les nôtres
vous	votre, vos	le vôtre, la vôtre les vôtres
ils/elles	leur, leurs	le leur, la leur, les leurs

Note: In the plural ("nous," "vous," "ils/elles"), possessive adjectives represent both the feminine and the masculine. Possessive pronouns have a masculine form, a feminine form, and a plural form.

Examples: Ma soeur = la mienne — Mes soeurs = les miennes
Mon livre = le mien — Mes livres = les miens

Votre soeur = la vôtre — Vos soeurs = les vôtres
Votre livre = le vôtre — Vos livres = les vôtres

Points to Remember

- Possessive *adjectives* are masculine, feminine, and plural, depending on the object or person they represent. However, when a possessive adjective is followed by a feminine noun beginning with a vowel, the masculine possessive adjective is used.

  Examples: Un livre—Mon livre — Des livres—Mes livres
  Une fille—Ma fille — Des filles—Mes filles
  Une amie—Mon amie — Des amies—Mes amies

- The possessive adjective can be replaced by "of" or "of the" (*du/de la/des* can replace the possessive adjectives *mon, ma, mes,* etc.).

  Example: Le livre du professeur = son livre

DEMONSTRATIVE ADJECTIVES AND PRONOUNS

Demonstrative adjectives and pronouns are used to point something or someone out.

Adjectives		**Pronouns**	
Masculine	Feminine	Masculine	Feminine
ce/cet	cette	celui	celle
ces	ces	ceux	celles

They agree in gender and number with the noun they modify. "Cet" is used when a masculine noun begins with a vowel or a mute "h."

Examples: Ce film est émouvant—Ces films sont émouvants
Cet homme est célèbre—Ces hommes sont célèbres
Cette maison est grande—Ces maisons sont grandes

Examples: Mon livre est bleu, celui de ma soeur est vert.
Ma robe est bleue, celle de ma soeur est verte.

The demonstrative adjectives and pronouns can be used with "–ci" or "–là" to distinguish between "this" and "that."

Examples: Aimez-vous cette robe-ci ou cette robe-là?
Aimez-vous cette robe-ci ou celle-là?
Aimez-vous celle-ci ou celle-là?

To express the idea of "the one(s) who" or "he/she who/that" or "those who/that," the demonstrative pronoun is followed by a relative pronoun.

Example: Celui qui parle est mon voisin.

To express the English possessive ('s), the demonstrative pronoun is followed by "de."

Examples: Aimez-vous cette robe? Non, j'aime mieux celle de Catherine.
Do you like this dress? No, I prefer Catherine's.

RELATIVE PRONOUNS

A relative pronoun joins a subordinate clause to a noun or pronoun in the principal clause. This subordinate clause is then called a relative clause.

English	**French**	**Application**
who	qui	for people
which	qui	for things
that	qui	for people and things
whom or that (object)	que	for people and things

Example: The girl who is reading this book knows you.
La fille qui lit ce livre te connaît.

- "The girl knows you" is the principal clause whereas "is reading this book" is the subordinate clause. "La fille te connaît" is the principal clause, and "qui lit ce livre" is the subordinate clause. A principal clause can stand on its own.

The subject of the verb "to read" ("lire") is the girl, so you use "qui."

Example: I did not find the book which was on your desk.
Je n'ai pas trouvé lelivre qui était sur ton bureau.

The subject of the verb "to be" ("être") is the book, so you use "qui."

Example: The child whom I saw was playing in the garden.
L'enfant que j'ai vu jouait dans le jardin.

In this case, "The child" is the object of the verb (I saw the child), so you use "que."

Note: When filling a blank, it is easy to distinguish between "qui" and "que." The first one, "qui," will be immediately followed by a verb, whereas "que" will be followed by a noun or pronoun.

Relative Pronouns After a Preposition

For a person, use "qui."

Example: La jeune fille à qui il parle.
The young woman to whom he is speaking.

For a thing, use "lequel," "laquelle," "lesquels," and lesquelles."

Example: Le cahier dans lequel j'écris.
The notebook in which I am writing.

When "lequel," "laquelle," "lesquels," and "lesquelles" are preceded by "à", use "auquel," "à laquelle," "auxquels," and "auxquelles."

Example: Le voyage auquel je pense est trop court.

When "lequel," "laquelle," "lesquels," and "lesquelles" are preceded by "de," use "duquel," "de laquelle," "desquels," and "desquelles."

Example: La maison près de laquelle il y a un parc appartient à mon oncle.

Dont

After a verb or an expression is followed by the preposition "de," such as "parler de" and "avoir peur de," use "dont." The relative pronoun "dont" is used for of whom and of which.

Example: The friend of whom I speak is in Italy now.
L'amie dont je parle est en Italie maintenant.

Note: For *people,* it is also possible to use "de qui."

"Dont" is also used to express *possession* (whose).

Example: The man whose suitcase is green is my uncle.
L'homme dont la valise est verte est mon oncle.

For *things,* use only "dont."

Example: Voici le livre dont je t'ai parlé.

What happens if there is no antecedent (no noun to which the relative pronoun refers)?

Example: With antecedent: I like the *book* that is on the table.
Without antecedent: I like *what* is on the table.

In the first example, the noun "book" is the antecedent, so the translation will be "J'aime *le livre* qui est sur la table."

In the second example, we do not know what "what" refers to, so we will use the translation "J'aime *ce* qui est sur la table."

This form is also used with the other relative pronouns: ce dont, ce que.

What happens if we are referring to time or place? For both time and place, the relative pronoun "où" is used.

Examples: Le jour où je les ai vus.
The day (when) I saw them.

La ville où je suis née.
The city where I was born.

In the case of places, it is sometimes possible to use "dans lequel" or "dans laquelle."

Example: La maison où il est né / la maison dans laquelle il est né

What happens if the relative pronoun used with a preposition has an indeterminate antecedent? In this case, the relative pronoun used is "quoi."

Example: I don't understand *what* you are speaking of.
Je ne comprends pas de quoi *tu parles.*

Common expressions of time and place used with "où"

le jour où	au moment où	la ville où
l'année où	le pays où	

Some verbs and expressions followed by "de"

Parler de	rêver de	se souvenir de
avoir besoin de	avoir peur de	il s'agit de

This is the type of question you might encounter on the test:

Je n'ai pas vu la jeune fille _____ tu parlais.

(A) qui
(B) dont
(C) que
(D) laquelle

Because the verb "parler" is followed by "de," the correct answer is (B).

J'ai perdu le stylo avec _____ j'ai écrit cet essai.

(A) lequel
(B) quoi
(C) que
(D) qui

Because "stylo" is masculine and the preposition "avec" precedes the blank space, (A) is the correct answer.

Elle n'a pas trouvé _________ elle avait besoin.

(A) qu'
(B) ce qu'
(C) lequel
(D) ce dont

There is no antecedent here, so we must use an expression with "ce." Because "avoir besoin" is followed by "de," we cannot use (B). The answer is (D).

qui	with a subject (person or thing) or after a preposition for people
que	with an object (person or thing)
dont	when the verb or expression is followed by "de"
où	for location in time and place
lequel/laquelle lesquels/lesquelles	after a preposition (person or thing)
ce qui/ ce que/ ce dont	when there is no antecedent

INTERROGATIVES

INTERROGATIVE PRONOUNS

	People	Things
Subject	qui or qui est-ce qui (who)	qu'est-ce qui (what)
Direct object	qui + inversion (whom) qui est-ce que	que + inversion (what) qu'est-ce que
Object of preposition	à qui + inversion (to whom) De qui + inversion (of whom) À qui/de qui est-ce que	à quoi + inversion (to what) de quoi + inversion (of what) à quoi/de quoi est-ce que
Other prepositions: avec, pour, à côté de, etc.		

Examples: Who is absent today?
Qui est absent aujourd'hui?

What is important?
Qu'est-ce qui est important?

With whom do you speak?
Avec qui parlez-vous?

With what do you write?
Avec quoi écrivez-vous?

Whom did he see?
Qui a-t-il vu? or *Qui est-ce qu'il a vu?*

This is the type of question you might encounter on the test:

_____ tu as vu à la soirée? J'ai vu Pierre.

(A) qui
(B) qu'est-ce qui
(C) qu'est-ce que
(D) qui est-ce que

Because the blank is followed by the subject pronoun "tu," we know that it has to be an object pronoun. Since the object pronoun refers to a person (Pierre), it can only be (A), or (D). Because there is no inversion after the blank (as-tu vu), we have to use (D).

The Pronoun Lequel (Which One, Which)

Masculine	Feminine	Masculine Plural	Feminine Plural
lequel	laquelle	lesquels	lesquelles

Example: I see three cars, which one is your father's?
Je vois trois voitures, laquelle est celle de ton père?

Note: Lequel and lesquels (lesquelles) contract with the prepositions "à" and "de" to form auquel, auxquels, auxquelles and duquel, desquels, desquelles.

Examples: Maman a parlé aux voisins—Auxquels?
J'ai besoin de tes livres—Desquels?

INTERROGATIVE ADJECTIVES (WHICH, WHAT)

Masculine	Feminine	Masculine Plural	Feminine Plural
Quel	Quelle	Quels	Quelles

Examples: Quel film as-tu vu hier soir?
Quelle carrière va-t-il choisir?

OTHER INTERROGATIVES

combien	how much, how many
comment	how
où	where
pourquoi	why
quand	when

This is the type of question you might encounter on the test:

_____ parle plusieurs langues dans cette classe?

(A) Qu'est-ce qui
(B) Qui est-ce qui
(C) Desquels
(D) Quelles

The answer is (B). Because the blank is followed by a verb, we know it is a subject interrogative. Of the four choices given, it can only be (A) or (B). Because a thing doesn't speak several languages, it can only be (B). The two other answers mean of which ones ("desquels") and which ("quelles"), which would make for an incomplete sentence.

NEGATIVES

The most used negative is "ne . . . pas." For simple tenses, "ne" is placed before the verb and "pas" is placed after the verb. In the compound tenses, "ne" is placed before the auxiliary verb ("avoir" or "être"), and "pas" is placed after the auxiliary verb.

Example: Elle ne va pas au supermarché.—Elle n'est pas allée au supermarché.

In the interrogative form, "ne" is placed before the verb and inverted subject pronoun, and "pas" is placed after them. For compound tenses, "ne" goes before the auxiliary verb, and "pas" is placed after the auxiliary verb.

Example: N'aimez-vous pas la salade?—N'avez-vous pas aimé la salade?

When two verbs follow each other, the first one is conjugated and the second one is in the infinitive. In this case, the two parts of the negative surround the conjugated verb.

Example: Je ne veux pas acheter cette voiture.

With infinitives, the two parts of the negation precede the infinitive.

Example: Je regrette de ne pas aller à cette soirée.

Ne ... pas	not	ne ... rien	nothing
Ne ... plus	no longer, no more	ne ... jamais	never
Ne ... point	not (somewhat archaic)	ne ... aucun(e)	no, not any, not one
Ne ... personne	no one	ne ... ni... ni	neither nor

Note: Remember that in the negative form, "un," "une," or "des" become "de."

Examples: Elle a acheté des chocolats.
Elle n'a pas acheté de chocolats.

Position of the Negatives

For "ne . . . jamais," "ne . . . point," and "ne . . .plus," follow the same rule as for "ne . . . pas." For simple tenses, "ne . . . personne," "ne . . . rien," and "ne . . . aucun(e)," follow the same rule as for "ne . . . pas." However, for compound tenses,

rien follows the auxiliary verb	je n'ai rien vu
personne follows the past participle	je n'ai vu personne
aucun follows the past participle	je n'ai vu aucun élève

"Personne" and "Rien" can be used as subjects.

Examples: Personne n'est venu à l'heure.
Rien n'est intéressant dans ce film.

Ne . . . ni . . . ni (neither . . . nor)

In simple tenses, "ne" precedes the verb and each "ni" is placed before the nouns compared.

Example: Je n'aime ni le thé ni le café.

In compound tenses, if "ne" precedes the whole verb (auxiliary and principal), then each "ni" is placed before the nouns compared.

Example: Je n'ai acheté ni la robe verte ni la robe bleue.

COMPARATIVES AND SUPERLATIVES

THE COMPARATIVE

Equality	aussi . . . que (as . . . as)	autant . . . que	(as much as) (as many as)
Superiority	plus . . . que (more . . . than)		
Inferiority	moins . . . que (less . . . than)		

Aussi . . . que (qu') surrounds an adjective or an adverb.

Examples: Il est aussi grand que son père.
Il conduit aussi vite que sa soeur.

Autant que (qu') (not separated) comes after a verb.

Example: Tu bavardes autant que lui.

Autant de . . . que (qu') surrounds a noun.

Example: J'ai autant de patience que mon père.

Plus . . . que/ Moins . . . que (qu') surround an adjective or an adverb.

Examples: Cette jeune fille est plus travailleuse que moi.
Cette jeune fille travaille plus vite que moi.

Plus que/ Moins que (qu') (not separated) come after a verb.

Example: Ma soeur dort plus que moi.

Plus de . . . que/Moins de . . . que (qu') surround a noun.

Example: Tu as moins de devoirs que ta soeur.

Plus de/ Moins de without "que" are used before a number or an expression of quantity.

Example: J'ai moins de dix dollars dans mon portefeuille.

Special Cases

	Egalité	Supériorité	Infériorité
bon	aussi bon	meilleur	moins bon
bien	aussi bien	mieux	moins bien
mauvais	aussi mauvais	pire/plus mauvais	moins mauvais
petit	aussi petit	moindre/plus petit	moins petit

THE SUPERLATIVE

The superlative is formed by using the definite article ("le," "la," or "les") plus the comparative adverb ("plus" or "moins") plus the adjective.

le/la/les	+	plus/moins	+	adjective	(+ de)

Examples: D'après moi, c'est le plus beau musée.
D'après moi, c'est le plus beau musée de cette ville (du monde, des Etats-Unis).

Special Cases

	Supériorité		
	Masculin	Féminin	Pluriel
bon	meilleur (s)	meilleure (s)	
bien	le(s) mieux	la mieux	les mieux
petit	le plus petit	la plus petite	les plus petit(e)s
mauvais	le plus mauvais/le pire	la plus mauvaise	les plus mauvais(es) les pires
	Infériorité		
	Masculin	Féminin	Pluriel
bon	le moins bon	la moins bonne	les moins bon(ne)s
bien	le moins bien	la moins bien	les moins bien
petit	le plus petit/le moindre	la plus petite la moindre*	les plus petit(e)s les moindres*
mauvais	le plus mauvais/le pire	la plus mauvaise la pire*	les plus mauvais(es) les pires*

*Used for abstract situations only (je n'ai pas la moindre idée).

GEOGRAPHICAL EXPRESSIONS

IN OR TO A LOCATION

Location	in or to	Example
a city	à	Nous allons à Dakar.
a city with an article	au/à la	Ils sont au Havre. Ils sont à La Nouvelle Orleans.
a feminine country*	en	Nous vivons/allons en France.
a masculine country† whose name begins with a vowel	en	Il est en Iran.
a masculine country whose name begins with a consonant	au	Nous allons au Maroc.
a country whose name is in the plural	aux	Elle vit aux Etats-Unis.

French provinces follow the same rule as countries.
En Normandie, en Bourgogne, au Berry

*A feminine country is a country whose name is in the feminine, usually ending in "e," such as La France and la Suisse.
†A masculine country is a country whose name doesn't end in "e" such as Le Maroc and le Portugal. (Note that Mexico is an exception. Although it ends in "e" it is a masculine country and therefore takes "au.")

Islands are considered sometimes as cities, sometimes as countries. The islands that are considered cities do not have an article in their name:

Tahiti	à Tahiti
Cuba	à Cuba
La Corse	en Corse

Some islands, such as Martinique and Guadeloupe take "à" before the article "la."

Martinique à la Martinique

American states whose name ends in a vowel in English also ends in a vowel in French. However, they are not always in the feminine.

en Alabama
en Alaska
en Arizona
en Arkansas
en Californie
en Caroline du Nord
en Caroline du Sud
au Colorado
au Connecticut
au Dakota du Nord
au Dakota du Sud
au Delaware
en Floride
en Georgie
à Hawaï
en Idaho
en Indiana
en Iowa
au Kansas
au Kentucky
en Louisiane
au Maine
au Maryland
au Massachusetts
au Michigan
au Minnesota
au Missouri
au Montana
au Nebraska
au New Hampshire
au New Jersey
dans l'état de New York
au Nouveau-Mexiqaue
en Ohio
en Oklahoma
en Orégon
en Pennsylvanie
au Rhode Island
au Tennessee
au Texas
en Utah
au Vermont
en Virginie
dans l'état de Washington
au Wisconsin
au Wyoming

Note: States that are masculine in French can also use "dans le": dans le Missouri, dans le Connecticut, dans le Wyoming.

FROM A LOCATION

Whenever "à" our "en" are used to express the idea of "to" for a geographical location, "de" or "d'" are used to express the idea of "from." Whenever "au" or "aux" are used to express the idea of "to" for a geographical location, "du" or "des" are used to express the idea of "from."

Examples: Nous allons à Paris *and* Nous venons de Paris
Nous allons au Maroc *and* Nous venons du Maroc

SPECIAL CONSTRUCTIONS

AMENER / EMMENER / APPORTER / EMPORTER

Amener Versus Emmener (for persons)

"Amener" means to take to; "ramener" means to take back to.

Example: J'amène mon fils à l'école (*it implies that I take my son to school and leave him there*) et ensuite, je le ramène à la maison.

"Emmener" means to take along; "remmener" means to take someone back after having gone somewhere with that person.

Example: J'ai emmené mes enfants au cinéma (*it implies that I took my children to the movies and I stayed there with them*) et ensuite je les ai remmenés à la maison.

Note: "Mener" means to lead.

Apporter Versus Emporter (for things)

"Apporter" means to take to; "rapporter" means to bring back.

Examples: J'apporte des fleurs à mes amis
J'ai rapporté le livre à la bibliothèque

"Emporter" means to take along; "remporter" means to take back something that one had taken along. "Remporter" can also means to to win or obtain (an award, a victory).

Example: N'oublie pas d'emporter ton parapluie parce qu'il pleut et quand tu reviens, n'oublie pas de le remporter!

Note: "Porter" means to carry or to wear.

C'EST / IL EST

"C'est" and "Ce sont" answer the questions "Qu'est-ce que c'est?" and "Qui est-ce?"

Examples: Qu'est-ce que c'est? C'est un tableau.
Qu'est-ce que c'est? Ce sont des tableaux.
Qui est-ce? C'est mon professeur.

Note: C'est is used with a modifier ("un," "une," "des," "mon," "ma," "mes," etc.).

"Il est" and "elle est" answer the questions "Où est-il(elle)?" and "Comment est-elle(il)?"

Examples: Où est-il? Il est dans la salle de classe.
Comment est-il? Il est très grand.

Note: "Il est" and "elle est" are used without a modifier.

Examples: Il est grand.
C'est un grand immeuble.

"Il est" is used at the beginning of a sentence, it announces what comes after.

Example: Il est possible qu'il soit malade.

"C'est" is used in the middle of a sentence or in a new sentence. It refers to what is preceding it.

Example: Il est malade? C'est possible.

"C'est" is used when an infinitive *precedes*.

Example: Tu dois étudier, c'est important.

"C'est" is used before a disjunctive (or stress) pronoun.

Example: C'est lui.

"C'est" is used with names of professions, religions, and nationalities.

Examples:	Il est médecin.	C'est un bon médecin.	C'est un médecin formidable.
	Il est anglais.	C'est un anglais.	C'est un anglais célèbre.
	Il est catholique.	C'est un catholique.	C'est un catholique fervent.

Note: When the profession, the religion, or the nationality are modified (they are preceded by an article or an adjective, or followed by an adjective) use "c'est."

DEPUIS

Verb + "depuis" + expression of time = "since" + date or "for" + period of time

Examples: Elle travaille depuis deux mois.
She has been working for two months.

Elle travaille depuis le mois de janvier.
She has been working since January.

The following expressions also indicate "for" + length of time:

Il y a + period of time + que
Voilà + period of time + que
Ça fait + period of time + que

Example: Il y a deux mois qu'elle travaille.
She has been working for two months.

Note: When all these expressions are used with the imperfect tense, it *sometimes* implies that something happened to interrupt the action:

Examples: Elle travaillait depuis deux mois quand elle est tombée malade.
She had been working for two months when she became ill.

Jean travaillait depuis un an, mais sa soeur travaillait seulement depuis deux mois.
Jean had been working for one year but his sister had only been working for two months.

JOUER A / JOUER DE

"Jouer à" + definite article + sport or game

Examples: Ma soeur joue au tennis.
My sister plays tennis.

Nous jouons au bridge.
We play bridge.

"Jouer de" + definite article + instrument

Example: Elle joue du piano.
She plays the piano.

DEVOIR

Present	Je dois faire mes devoirs.	*I must do my homework.*	obligation
	Il doit faire chaud à Phoenix.	*It must be hot in Phoenix.*	probability
	Je dois arriver vers 2 heures.	*I am supposed to arrive at 2 o'clock.*	intention
Imparfait	Elle devait faire ses devoirs.	*She had to do her homework.*	obligation
	Il devait faire très froid.	*It must have been very cold.*	probability
	Je devais voir ce film mais je n'ai pas pu y aller.	*I was supposed to see this movie but I couldn't go.*	intention
Passé Composé	Elle a dû faire ses devoirs.	*She had to do her homework.*	obligation
	Elle a dû oublier son livre.	*She must have forgotten her book.*	probability
Futur	Nous devrons finir jeudi.	*We will have to finish on Thursday.*	obligation
Conditionnel Présent	Tu devrais faire un effort.	*You should make an effort.*	advice
Conditionnel Passé	Tu aurais dû faire un effort.	*You should have made an effort.*	reproach

Note: the verb devoir also means to owe.

Example: Il me doit cent euros.
He owes me 100 euros.

EN / DANS

"dans" + a period of time = a period of time from now

Example: Ils arriveront dans une demi-heure.
They will arrive in a half hour from now.

"en" + a period of time = within a period of

Example: J'ai lu ce livre en deux heures.
I read this book in two hours.

PARTIR / QUITTER / S'EN ALLER / LAISSER / SORTIR

"Partir" means to leave, to go away, or to depart. It is used with a location.

Example: Ils sont partis pour Montpellier avant-hier.
They left for Montpellier the day before yesterday.

"Quitter" means to leave a person or a place.

Examples: Elle a quitté son pays natal quand elle s'est mariée.
She left her native country when she got married.

Elle a quitté ses parents quand elle s'est mariée.
She left her parents when she got married.

"S'en aller" means to leave or to go away.

Example: Au revoir, je m'en vais!
Good-bye! I am leaving!

"Laisser" means to leave a person or a thing somewhere.

Examples: J'ai laissé mon fils chez mes amis.
I left my son at my friends'.

J'ai laissé mon livre à la maison.
I left my book at home.

"Sortir" means to go out.

Example: Ma soeur est sortie il y a une heure.
My sister went out an hour ago.

Note: "Quitter" and "laisser" are always followed by a direct object.

PENDANT / POUR

"Pendant" means during and for when the action is in *the present, the past, or the future.*

Examples: Il étudie pendant deux heures tous les jours
Il a étudié pendant deux heures hier
Il étudiera pendant deux heures quand il sera en vacances

"Pour" is used in the future and is usually used after such verbs as "partir," "s'en aller," and "venir."

Example: Nous partirons pour deux semaines l'été prochain

CONNAÎTRE / SAVOIR

"Connaître" means to know, to be acquainted with, to be familiar with + a noun.

Examples: Est-ce que tu connais le nouveau directeur?
Do yo know the new director?

Elle connait bien New York.
She knows New York well.

"Savoir" means to know something, to know how to do something, to know a fact, or to know something by heart.

Examples: Je sais qu'ils arrivent la semaine prochaine.
I know that they're arriving next week.

Je ne sais pas comment faire cet exercice.
I don't know how to do this exercise.

VERS / ENVERS

"Vers" means toward when the action is concrete.

Example: Il s'est dirigé vers la porte.
He went toward the door.

"Envers" means toward when the action is abstract.

Example: Il est charitable envers tout le monde.
He is charitable toward everybody.

VERBS FOLLOWED BY A PREPOSITION BEFORE AN INFINITIVE

Verbs followed by the preposition à before an infinitive

aider à	to help
s'amuser à	to enjoy oneself, to have fun
apprendre à	to learn
arriver à	to succeed in
s'attendre à	to expect
autoriser à	to authorize
avoir à	to be obliged (to do something)
commencer à	to begin to (also commencer de)
consentir à	to consent to
continuer à	to continue (also continuer de)
décider quelqu'un à	to convince, persuade someone to
se décider à	to decide to
demander à	to request to (also demander de)
encourager à	to encourage
enseigner à	to teach
s'habituer à	to get used to
hésiter à	to hesitate
inviter à	to invite
se mettre à	to begin
parvenir à	to succeed
se plaire à	to take pleasure in
recommencer à	to begin again
resister à	to resist
réussir à	to succeed in
songer à	to think, to dream
tarder à	to delay

Verbs followed by de before an infinitive

s'agir de	to be a question of
cesser de	to stop, to cease
commencer de	to begin
continuer de	to continue
craindre de	to be afraid
décider de	to decide

demander de	to request
se dépêcher de	to hurry
empêcher de	to prevent, to keep from
essayer de	to try
féliciter de	to congratulate
finir de	to finish
se hâter de	to hurry
manquer de	to neglect, to forget
offrir de	to offer
oublier de	to forget
persuader de	to convince
prier de	to beg
promettre de	to promise
refuser de	to refuse
regretter de	to regret
remercier de	to thank
se souvenir de	to remember
venir de	to have just

Verbs that take à + noun + de + infinitive

Example: Elle a demandé à sa soeur d'ouvrir la fenêtre.

conseiller à	to advise
défendre à	to forbid
demander à	to ask
dire à	to tell
interdire à	to forbid
ordonner à	to order
permettre à	to permit
promettre à	to promise

Verbs that take à + a noun

assister à	to attend
demander à	to ask
déplaire à	to displease
désobéir à	to disobey
dire à	to tell
être à	to belong to
faire attention à	to pay attention to
se fier à	to trust someone
s'habituer à	to get used to
s'intéresser à	to be interested in
jouer à	to play a game or a sport
manquer à	to be missed by someone
obéir à	to obey
parler à	to speak to
penser à	to think of someone or something
plaire à	to please someone, to be attractive to someone

raconter à	to tell (a story or an event)
réfléchir à	to think about
répondre à	to answer
résister à	to resist
ressembler à	to resemble
réussir à	to succeed in
téléphoner à	to telephone (someone)

Verbs that take de + a noun

s'agir de	to be a question of
s'approcher de	to come near, to approach
changer de	to change
dépendre de	to depend
douter de	to doubt
se douter de	to suspect
féliciter de	to congratulate
jouer de	to play a musical instrument
manquer de	to lack
se méfier de	to beware of
se moquer de	to make fun of
s'occuper de	to take care of, to be busy with
partir de	to leave from
se passer de	to do without
se plaindre de	to complain
remercier de	to thank for
se rendre compte de	to realize
rire de	to laugh at
se servir de	to use
se souvenir de	to remember
tenir de	to take after

IRREGULAR CONJUGATIONS

For all compound tenses, the auxiliary verb is the same as for the passé composé.

- Passé composé—present of the auxiliary verb + past participle
- Plus-que-parfait—imperfect of the auxiliary verb + past participle
- Futur antérieur—future of the auxiliary verb + past participle
- Conditionnel passé—present conditional of the auxiliary verb + past participle
- Subjonctif passé—present subjunctive of the auxiliary verb + past participle

Aller (to go)—allant (pres. part.), allé (past part.)

Présent	**Imparfait**	**Passé Composé**	**Passé Simple**
je vais	j'allais	je suis allé(e)	j'allai
tu vas	tu allais	tu es allé(e)	tu allas
il va	il allait	il est allé	il alla
elle va	elle allait	elle est allée	elle alla
nous allons	nous allions	nous sommes allé(e)s	nous allâmes
vous allez	vous alliez	vous êtes allé(e)s	vous allâtes
ils/elles vont	ils/elles allaient	ils/elles sont allé(e)s	ils allèrent

Futur	**Conditionnel Prés.**	**Impératif**	**Subjonctif Présent**
j'irai	j'irais	—	que j'aille
tu iras	tu irais	va	que tu ailles
il/elle ira	il/elle irait	—	qu'il/elle aille
nous irons	nous irions	allons	que nous allions
vous irez	vous iriez	allez	que vous alliez
ils/elles iront	ils/elles iraient	—	qu'ils/elles aillent

Avoir (to have)—ayant (pres. part.), eu (past part.)

Présent	**Imparfait**	**Passé Composé**	**Passé Simple**
j'ai	j'avais	j'ai eu	j'eus
tu as	tu avais	tu as eu	tu eus
il/elle a	il/elle avait	il/elle a eu	il/elle eut
nous avons	nous avions	nous avons eu	nous eûmes
vous avez	vous aviez	vous avez eu	vous eûtes
ils/elles ont	ils/elles avaient	ils/elles ont eu	ils/elles eurent

Futur	Conditionnel Prés.	Impératif	Subjonctif Présent
j'aurai	j'aurais	—	que j'aie
tu auras	tu aurais	aie	que tu aies
il/elle aura	il/elle aurait	—	qu'il/elle ait
nous aurons	nous aurions	ayons	que nous ayons
vous aurez	vous auriez	ayez	que vous ayez
ils/elles auront	ils/elles auraient	—	qu'ils/elles aient

Boire (to drink)—buvant (pres. part.), bu (past part.)

Présent	Imparfait	Passé Composé	Passé Simple
je bois	je buvais	j'ai bu	je bus
tu bois	tu buvais	tu as bu	tu bus
il/elle boit	il/elle buvait	il/elle a bu	il/elle but
nous buvons	nous buvions	nous avons bu	nous bûmes
vous buvez	vous buviez	vous avez bu	vous bûtes
ils/elles boivent	ils/elles buvaient	ils/elles ont bu	ils/elles burent

Futur	Conditionnel Prés.	Impératif	Subjonctif Présent
je boirai	je boirais	—	que je boive
tu boiras	tu boirais	bois	que tu boives
il/elle boira	il/elle boirait	—	qu'ils/elle boive
nous boirons	nous boirions	buvons	que nous buvions
vous boirez	vous boiriez	buvez	que vous buviez
ils/elles boiront	ils/elles boiraient	—	qu'ils/elles boivent

Conduire (to drive)—conduisant (pres. part.), conduit (past part.)

Présent	Imparfait	Passé Composé	Passé Simple
je conduis	je conduisais	j'ai conduit	je conduisis
tu conduis	tu conduisais	tu as conduit	tu conduisis
il/elle conduit	il/elle conduisait	il/elle a conduit	il/elle conduisit
nous conduisons	nous conduisions	nous avons conduit	nous conduisîmes
vous conduisez	vous conduisiez	vous avez conduit	vous conduisîtes
il/elles conduisent	ils/elles conduisaient	ils/elles ont conduit	ils/elles conduisirent

Futur	Conditionnel Prés.	Impératif	Subjonctif Présent
je conduirai	je conduirais	—	que je conduise
tu conduiras	tu conduirais	conduis	que tu conduises
il/elle conduira	il/elle conduirait	—	qu'il/elle conduise
nous conduirons	nous conduirions	conduisons	que nous conduisions
vous conduirez	vous conduiriez	conduisez	que vous conduisiez
ils/elles conduiront	ils/elles conduiraient	—	qu'ils/elles conduisent

Connaître (to know, to be acquainted with)—connaissant (pres. part.), connu (past part.)

Présent	Imparfait	Passé Composé	Passé Simple
je connais	je connaissais	j'ai connu	je connus
tu connais	tu connaissais	tu as connu	tu connus
il/elle connaît	il/elle connaissait	il/elle a connu	il/elle connut
nous connaissons	nous connaissions	nous avons connu	nous connûmes
vous connaissez	vous connaissiez	vous avez connu	vous connûtes
ils/elles connaissent	ils/elles connaissaient	ils/elles ont connu	ils/elles connurent

Futur	Conditionnel Prés.	Impératif	Subjonctif Présent
je connaîtrai	je connaîtrais	—	que je connaisse
tu connaîtras	tu connaîtrais	connais	que tu connaisses
il/elle connaîtra	il/elle connaîtrait	—	qu'il/elle connaisse
nous connaîtrons	nous connaîtrions	connaissons	que nous connaissions
vous connaîtrez	vous connaîtriez	connaissez	que vous connaissiez
ils/elles connaîtront	ils/elles connaîtraient	—	qu'ils/elles connaissent

Courir (to run)—courant (pres. part.), couru (past part.)

Présent	Imparfait	Passé Composé	Passé Simple
je cours	je courais	j'ai couru	je courus
tu cours	tu courais	tu as couru	tu courus
il/elle court	il/elle courait	il/elle a couru	il/elle courut
nous courons	nous courions	nous avons couru	nous courûmes
vous courez	vous couriez	vous avez couru	vous courûtes
ils/elles courent	ils/elles couraient	ils/elles ont couru	ils/elles coururent

Futur	Conditionnel Prés.	Impératif	Subjonctif Présent
je courrai	je courrais	—	que je coure
tu courras	tu courrais	cours	que tu coures
il/elle courra	il/elle courrait	—	qu'il/elle coure
nous courrons	nous courrions	courons	que nous courions
vous courrez	vous courriez	courez	que vous couriez
ils/elles courront	ils/elles courraient	—	qu'ils/elles courent

Croire (to believe)—croyant (pres. part.), cru (past part.)

Présent	Imparfait	Passé Composé	Passé Simple
je crois	je croyais	j'ai cru	je crus
tu crois	tu croyais	tu as cru	tu crus
il/elle croit	il/elle croyait	il/elle a cru	il/elle crut
nous croyons	nous croyions	nous avons cru	nous crûmes
vous croyez	vous croyiez	vous avez cru	vous crûtes
ils/elles croient	ils/elles croyaient	ils/elles ont cru	ils/elles crurent

Futur	Conditionnel Prés.	Impératif	Subjonctif Présent
je croirai	je croirais	—	que je croie
tu croiras	tu croirais	crois	que tu croies
il/elle croira	il/elle croirait	—	qu'il/elle croie
nous croirons	nous croirions	croyons	que nous croyions
vous croirez	vous croiriez	croyez	que vous croyiez
ils/elles croiront	ils/elles croiraient	—	qu'ils/elles croient

Dire (to say, to tell)—disant (pres. part.), dit (past part.)

Présent	Imparfait	Passé Composé	Passé Simple
je dis	je disais	j'ai dit	je dis
tu dis	tu disais	tu as dit	tu dis
il/elle dit	il/elle disait	il/elle a dit	il/elle dit
nous disons	nous disions	nous avons dit	nous dîmes
vous dites	vous disiez	vous avez dit	vous dîtes
ils/elles disent	ils/elles disaient	ils/elles ont dit	ils/elles dirent

Futur	Conditionnel Prés.	Impératif	Subjonctif Présent
je dirai	je dirais	—	que je dise
tu diras	tu dirais	dis	que tu dises
il/elle dira	il/elle dirait	—	qu'il/elle dise
nous dirons	nous dirions	disons	que nous disions
vous direz	vous diriez	dites	que vous disiez
ils/elles diront	ils/elles diraient	—	qu'ils/elles disent

Dormir (to sleep)—dormant (pres. part), dormi (past. part.)

Présent	Imparfait	Passé Composé	Passé Simple
je dors	je dormais	j'ai dormi	je dormis
tu dors	tu dormais	tu as dormi	tu dormis
il/elle dort	il/elle dormait	il/elle a dormi	il/elle dormit
nous dormons	nous dormions	nous avons dormi	nous dormîmes
vous dormez	vous dormiez	vous avez dormi	vous dormîtes
ils/elles dorment	ils/elles dormaient	ils/elles ont dormi	ils/elles dormirent

Futur	Conditionnel Prés.	Impératif	Subjonctif Présent
je dormira	je dormirais	—	que je dorme
tu dormiras	tu dormirais	dors	que tu dormes
il/elle dormira	il/elle dormirait	—	qu'il/elle dorme
nous dormirons	nous dormirions	dormons	que nous dormions
vous dormirez	vous dormiriez	dormez	que vous dormiez
ils/elles dormiront	ils/elles dormiraient	—	qu'ils/elles dorment

Écrire (to write)—écrivant (pres. part.), écrit (past part.)

Présent	Imparfait	Passé Composé	Passé Simple
j'écris	j'écrivais	j'ai écrit	j'écrivis
tu écris	tu écrivais	tu as écrit	tu écrivis
il/elle écrit	il/elle écrivait	il/elle a écrit	il/elle écrivit
nous écrivons	nous écrivions	nous avons écrit	nous écrivîmes
vous écrivez	vous écriviez	vous avez écrit	vous écrivîtes
ils/elles écrivent	ils/elles écrivaient	ils/elles ont écrit	ils/elles écrivirent

Futur	Conditionnel Prés.	Impératif	Subjonctif Présent
j'écrirai	j'écrirais	—	que j'écrive
tu écriras	tu écrirais	écris	que tu écrives
il/elle écrira	il/elle écrirait	—	qu'il/elle écrive
nous écrirons	nous écririons	écrivons	que nous écrivions
vous écrirez	vous écririez	écrivez	que vous écriviez
ils/elles écriront	ils/elles écriraient	—	qu'ils/elles écrivent

Etre (to be)—étant (pres. part.), été (past part.)

Présent	Imparfait	Passé Composé	Passé Simple
je suis	j'étais	j'ai été	je fus
tu es	tu étais	tu as été	tu fus
il/elle est	il/elle était	il/elle a été	il/elle fut
nous sommes	nous étions	nous avons été	nous fûmes
vous êtes	vous étiez	vous avez été	vous fûtes
ils/elles sont	ils/elles étaient	ils/elles ont été	ils/elles furent

Futur	Conditionnel Prés.	Impératif	Subjonctif Présent
je serai	je serais	—	que je sois
tu seras	tu serais	sois	que tu sois
il/elle sera	il/elle serait	—	qu'il/elle soit
nous serons	nous serions	soyons	que nous soyons
vous serez	vous seriez	soyez	que vous soyez
ils/elles seront	ils/elles seraient	—	qu'ils/elles soient

Faire (to do, to make)—faisant (pres. part.), fait (past part.)

Présent	Imparfait	Passé Composé	Passé Simple
je fais	je faisais	j'ai fait	je fis
tu fais	tu faisais	tu as fait	tu fis
il/elle fait	il/elle faisait	il/elle a fait	il/elle fit
nous faisons	nous faisions	nous avons fait	nous fîmes
vous faites	vous faisiez	vous avez fait	vous fîtes
ils/elles font	ils/elles faisaient	ils/elles ont fait	ils/elles firent

Futur	Conditionnel Prés.	Impératif	Subjonctif Présent
je ferai	je ferais	—	que je fasse
tu feras	tu ferais	fais	que tu fasses
il/elle fera	il/elle ferait	—	qu'il/elle fasse
nous ferons	nous ferions	faisons	que nous fassions
vous ferez	vous feriez	faites	que vous fassiez
ils/elles feront	ils/elles feraient	—	qu'ils/elles fassent

Lire (to read)—lisant (pres. part.), lu (past part.)

Présent	Imparfait	Passé Composé	Passé Simple
je lis	je lisais	j'ai lu	je lus
tu lis	tu lisais	tu as lu	tu lus
il/elle lit	il/elle lisait	il/elle a lu	il/elle lut
nous lisons	nous lisions	nous avons lu	nous lûmes
vous lisez	vous lisiez	vous avez lu	vous lûtes
ils/elles lisent	ils/elles lisaient	ils/elles ont lu	ils/elles lurent

Futur	Conditionnel Prés.	Impératif	Subjonctif Présent
je lirai	je lirais	—	que je lise
tu liras	tu lirais	lis	que tu lises
il/elle lira	il/elle lirait	—	qu'il/elle lise
nous lirons	nous lirions	lisons	que nous lisions
vous lirez	vous liriez	lisez	que vous lisiez
ils/elles liront	ils/elles liraient	—	qu'ils/elles lisent

Mettre (to put)—mettant (pres. part.), mis (past part.)

Présent	Imparfait	Passé Composé	Passé Simple
je mets	je mettais	j'ai mis	je mis
tu mets	tu mettais	tu as mis	tu mis
il/elle met	il/elle mettait	il/elle a mis	il/elle mit
nous mettons	nous mettions	nous avons mis	nous mîmes
vous mettez	vous mettiez	vous avez mis	vous mîtes
ils/elles mettent	ils/elles mettaient	ils/elles ont mis	ils/elles mirent

Futur	Conditionnel Prés.	Impératif	Subjonctif Présent
je mettrai	je mettrais	—	que je mette
tu mettras	tu mettrais	mets	que tu mettes
il/elle mettra	il/elle mettrait	—	qu'il/elle mette
nous mettrons	nous mettrions	mettons	que nous mettions
vous mettrez	vous mettriez	mettez	que vous mettiez
ils/elles mettront	ils/elles mettraient	—	qu'ils/elles mettent

Ouvrir (to open)—ouvrant (pres. part.), ouvert (past part.)

Présent	**Imparfait**	**Passé Composé**	**Passé Simple**
j'ouvre	j'ouvrais	j'ai ouvert	j'ouvris
tu ouvres	tu ouvrais	tu as ouvert	tu ouvris
il/elle ouvre	il/elle ouvrait	il/elle a ouvert	il/elle ouvrit
nous ouvrons	nous ouvrions	nous avons ouvert	nous ouvrîmes
vous ouvrez	vous ouvriez	vous avez ouvert	vous ouvrîtes
ils/elles ouvrent	ils/elles ouvraient	ils/elles ont ouvert	ils/elles ouvrirent

Futur	**Conditionnel Prés.**	**Impératif**	**Subjonctif Présent**
j'ouvrirai	j'ouvrirais	—	que j'ouvre
tu ouvriras	tu ouvrirais	ouvre	que tu ouvres
il/elle ouvrirait	il/elle ouvrirait	—	qu'il/elle ouvre
nous ouvrirons	nous ouvririons	ouvrons	que nous ouvrions
vous ouvrirez	vous ouvririez	ouvrez	que vous ouvriez
ils/elles ouvriront	ils/elles ouvriraient	—	qu'ils/elles ouvrent

Partir (to leave)—partant (pres. part.), parti (past part.)

Présent	**Imparfait**	**Passé Composé**	**Passé Simple**
je pars	je partais	je suis parti(e)	je partis
tu pars	tu partais	tu es parti(e)	tu partis
il part	il partait	il est parti	il partit
elle part	elle partait	elle est partie	elle partit
nous partons	nous partions	nous sommes partis	nous partîmes
		nous sommes parties	
ils/ellent partent	ils/elles partaient	ils/elles sont parti(e)s	ils/elles partirent

Futur	**Conditionnel Prés.**	**Impératif**	**Subjonctif Présent**
je partirai	je partirais	—	que je parte
tu partiras	tu partirais	pars	que tu partes
il/elle partira	il/elle partirait	—	qu'il/elle parte
nous partirons	nous partirions	partons	que nous partions
vous partirez	vous partiriez	partez	que vous partiez
ils/elles partiront	ils/elles partiraient	—	qu'ils/elles partent

Pouvoir (to be able to)—pouvant (pres. part.), pu (past part.)

Présent	**Imparfait**	**Passé Composé**	**Passé Simple**
je peux	je pouvais	j'ai pu	je pus
tu peux	tu pouvais	tu as pu	tu pus
il/elle peut	il/elle pouvait	il/elle a pu	il/elle put
nous pouvons	nous pouvions	nous avons pu	nous pûmes
vous pouvez	vous pouviez	vous avez pu	vous pûtes
ils/elles peuvent	ils/elles pouvaient	ils/elles ont pu	ils/elles purent

Futur	Conditionnel Prés.	Impératif	Subjonctif Présent
je pourrai	je pourrais	—	que je puisse
tu pourras	tu pourrais	—	que tu puisses
il/elle pourra	il/elle pourrait	—	qu'il/elle puisse
nous pourrons	nous pourrions	—	que nous puissions
vous pourrez	vous pourriez	—	que vous puissiez
ils/elles pourront	ils/elles pourraient	—	qu'ils/elles puissent

Prendre (to take)—prenant (pres. part.), pris (past part.)

Présent	Imparfait	Passé Composé	Passé Simple
je prends	je prenais	j'ai pris	je pris
tu prends	tu prenais	tu as pris	tu pris
il/elle prend	il/elle prenait	il/elle a pris	il/elle prit
nous prenons	nous prenions	nous avons pris	nous prîmes
vous prenez	vous preniez	vous avez pris	vous prîtes
ils/elle prennent	ils/elles prenaient	ils/elles ont pris	ils/elles prirent

Futur	Conditionnel Prés.	Impératif	Subjonctif Présent
je prendrai	je prendrais	—	que je prenne
tu prendras	tu prendrais	prends	que tu prennes
il/elle prendra	il/elle prendrait	—	qu'il/elle prenne
nous prendrons	nous prendrions	prenons	que nous prenions
vous prendrez	vous prendriez	prenez	que vous preniez
ils/elles prendront	ils/elles prendraient	—	qu'ils/elles prennent

Recevoir (to receive)—recevant (pres. part.), reçu (past part.)

Présent	Imparfait	Passé Composé	Passé Simple
je reçois	je recevais	j'ai reçu	je reçus
tu reçois	tu recevais	tu as reçu	tu reçus
il/elle reçoit	il/elle recevait	il/elle a reçu	il/elle reçut
nous recevons	nous recevions	nous avons reçu	nous reçûmes
vous recevez	vous receviez	vous avez reçu	vous reçûtes
ils/elles reçoivent	ils/elle recevaient	ils/elles ont reçu	ils/elles reçurent

Futur	Conditionnel Prés.	Impératif	Subjonctif Présent
je recevrai	je recevrais	—	que je reçoive
tu recevras	tu recevrais	reçois	que tu reçoives
il/elle recevra	il/elle recevrait	—	qu'il/elle reçoive
nous recevrons	nous recevrions	recevons	que nous recevions
vous recevrez	vous recevriez	recevez	que vous receviez
ils/elles recevront	ils/elles recevraient	—	qu'ils/elles reçoivent

Savoir (to know)—sachant (pres. part.), su (past part.)

Présent	**Imparfait**	**Passé Composé**	**Passé Simple**
je sais	je savais	j'ai su	je sus
tu sais	tu savais	tu as su	tu sus
il/elle sait	il/elle savait	il/elle a su	il/elle sut
nous savons	nous savions	nous avons su	nous sûmes
vous savez	vous saviez	vous avez su	vous sûtes
ils/elles savent	ils/elles savaient	ils/elles ont su	ils/elles surent

Futur	**Conditionnel Prés.**	**Impératif**	**Subjonctif Présent**
je saurai	je saurais	—	que je sache
tu sauras	tu saurais	sache	que tu saches
il/elle saura	il/elle saurait	—	qu'il/elle sache
nous saurons	nous saurions	sachons	que nous sachions
vous saurez	vous sauriez	sachez	que vous sachiez
ils/elles sauront	ils/elles sauraient	—	qu'ils/elles sachent

Venir (to come)—venant (pres. part.), venu (past part.)

Présent	**Imparfait**	**Passé Composé**	**Passé Simple**
je viens	je venais	je suis venu(e)	je vins
tu viens	tu venais	tu es venu(e)	tu vins
il/elle vient	il/elle venait	il/elle est venu(e)	il/elle vint
nous venons	nous venions	nous sommes venus nous sommes venues	nous vînmes
vous venez	vous veniez	vous êtes venu(e)s	vous vîntes
ils/elles viennent	ils/elles venaient	ils/elles sont venu(e)s	ils/elles vinrent

Futur	**Conditionnel Prés.**	**Impératif**	**Subjonctif Présent**
je viendrai	je viendrais	—	que je vienne
tu viendras	tu viendrais	viens	que tu viennes
il/elle viendra	il/elle viendrait	—	qu'il/elle vienne
nous viendrons	nous viendrions	venons	que nous venions
vous viendrez	vous viendriez	venez	que vos veniez
il/elles viendront	ils/elles viendraient	—	qu'ils/elles viennent

Vouloir (to want)—voulant (pres. part.), voulu (past. part.)

Présent	**Imparfait**	**Passé Composé**	**Passé Simple**
je veux	je voulais	j'ai voulu	je voulus
tu veux	tu voulais	tu as voulu	tu voulus
il/elle veut	il/elle voulait	il/elle a voulu	il/elle voulut
nous voulons	nous voulions	nous avons voulu	nous voulûmes
vous voulez	vous vouliez	vous avez voulu	vous voulûtes
ils/elles veulent	ils/elles voulaient	ils/elles ont voulu	ils/elles voulurent

Futur	Conditionnel Prés.	Impératif	Subjonctif Présent
je voudrai	je voudrais	—	que je veuille
tu voudras	tu voudrais	veuille	que tu veuilles
il/elle voudra	il/elle voudrait	—	qu'il/elle veuille
nous voudrons	nous voudrions	veuillons	que nous voulions
vous voudrez	vous voudriez	veuillez	que vous vouliez
ils/elles voudront	ils/elles voudraient	—	qu'ils/elles veuillent

PART FOUR

SCRIPTS AND TEST ANSWERS

SAMPLE TEST SCRIPTS

SAMPLE TEST I—FRENCH SUBJECT TEST WITH LISTENING

Section I—Listening Script

Part A

Directions: In this section, you will hear four sentences (A), (B), (C), and (D). You will hear these sentences only once and they will not be printed in your book. As you listen to the sentences, look carefully at the picture and select the sentence which best fits what is in the picture.

1. (A) Que c'est ennuyeux!
   (B) J'adore jouer avec mes amis.
   (C) J'ai trois amies avec moi.
   (D) Il fait un peu froid aujourd'hui.

2. (A) Ils aiment bien ce qu'ils lisent.
   (B) Ils trouvent l'article trop long.
   (C) Ils lisent des lettres de leurs enfants.
   (D) Ils portent une montre.

3. (A) Elle admire les fleurs.
   (B) Elle respire le parfum des fleurs.
   (C) Elle joue dans le jardin.
   (D) Elle cueille des fleurs.

4. (A) Ici, tout le monde doit descendre.
   (B) Les voyages en voiture sont très rapides.
   (C) Nous allons toujours au travail à pied.
   (D) Heureusement qu'il y a encore des places libres.

5. (A) Il aime beaucoup l'ordre.
   (B) Il lit parce qu'il a un examen.
   (C) Il ecrit son essai de littérature.
   (D) Il téléphone à ses amis.

6. (A) Les hommes choisissent des légumes.
   (B) Les hommes mangent des fruits.
   (C) Les hommes regardent des fruits.
   (D) Les hommes sont en train de payer.

7. (A) Le lapin est dans l'ascenseur.
   (B) Le lapin porte un panier.
   (C) Le lapin est derrière la plante.
   (D) Le lapin mange la plante.

8. (A) La porte de la voiture est ouverte
   (B) L'homme est derrière la voiture.
   (C) La femme descend de la voiture.
   (D) La femme jette des pierres.

9. (A) Le petit garçon tient le micro.
   (B) Le petit garçon porte des lunettes.
   (C) Le petit garçon aimerait devenir chanteur.
   (D) Le petit garçon porte une cravate.

10. (A) Cette conversation m'intéresse beaucoup.
    (B) Je n'arrive pas à me concentrer.
    (C) J'écoute très attentivement.
    (D) Je ne fais jamais deux choses à la fois.

Part B

SCRIPT—SAMPLE TEST I

Directions: In this section, you will hear a series of short dialogues. These dialogues will not be printed in your book, but each dialogue will be repeated. For each selection, you will be asked one or two questions followed by three possible answers, (A), (B), and (C). These answers are not printed in your book. You will hear them only once. Listen carefully to the speaker and mark the correct answer on your answer sheet. You are now ready to begin.

Male Speaker Pardon mademoiselle, ma femme et moi aimerions aller au Palais des Tuileries mais nous ne savons pas exactement où il se trouve. Auriez-vous un plan de la ville par hasard?

Female Speaker Malheureusement pas Monsieur, mais vous n'avez qu'à demander au concierge de l'hôtel. Son bureau est là-bas, à gauche du bureau de la secrétaire.

11. Pourquoi l'homme veut-il un plan de la ville?

    (A) Il veut se promener avec sa femme.
    (B) Il cherche un hôtel.
    (C) Il cherche un endroit touristique.

12. Qui peut aider l'homme?

    (A) Le concierge
    (B) La secrétaire
    (C) La femme

Female Speaker 1 Qu'est-ce qui t'est arrivé Catherine? Ta jupe est toute sale et tes chaussures sont dans un état terrible?

Female Speaker 2 Tu ne vas pas me croire, mais je suis tombée en marchant dans la rue. Je voulais vérifier si ma jupe qui est neuve m'allait bien, alors je me suis regardée dans la vitrine d'un magasin, je n'ai pas vu la personne qui était devant moi et je suis tombée!

13. Pourquoi la première femme est-elle surprise?

    (A) Son amie est arrivée en retard
    (B) Son amie a l'air d'avoir eu un accident
    (C) Son amie porte une jupe neuve

14. Qu'est-ce Catherine voulait voir dans la vitrine du magasin?

    (A) si ses vêtements lui allaient bien
    (B) s'il y avait des jupes en solde
    (C) s'il y avait une personne devant elle

Male Speaker 1 Nicolas, ça fait une demi-heure que tu parles au téléphone et j'attends un coup de téléphone important, veux-tu bien dire au revoir à ton copain ou ta copine et raccrocher s'il te plaît? Tu peux toujours rappeler un peu plus tard.

Male Speaker 2 D'accord papa . . . mais tu sais, ce n'est pas poli. Si tu m'achetais un téléphone, on n'aurait pas de problèmes!

15. Qu'est-ce que Nicolas doit faire pour faire plaisir à son père?

(A) Téléphoner à ses copains
(B) Être plus poli
(C) Raccrocher l'appareil

16. De quoi Nicolas a-t-il envie?

(A) D'appeler sa copine
(B) De ne pas faire ses devoirs
(C) D'avoir son propre téléphone

Female Speaker 1 Tu veux venir avec moi faire des courses Nadine? Il y a des soldes formidables aux Galeries Lafayette!

Female Speaker 2 Non, tu sais Marie, j'ai tout ce qu'il me faut pour cet hiver!

Female Speaker 1 Toi? Je ne peux pas croire que tu ne sois pas tentée. Tu adores faire les magasins! Ah, si j'étais aussi sage que toi!

17. Pourquoi Nadine refuse-t-elle d'aller aux Galeries Lafayette?

(A) Elle préfère acheter les vêtements à bon prix.
(B) Elle n'a besoin de rien.
(C) Elle n'aime pas faire des courses.

18. Quelle est la réaction de Marie?

(A) Elle est surprise.
(B) Elle est fâchée.
(C) Elle est déçue.

Female Speaker 1 Allô Madame Lebon. C'est Colette. Je m'excuse de vous déranger à cette heure-ci. J'espère que vous avez fini de dîner. Je voulais savoir si je pouvais laisser un livre chez vous. Une de mes amies a un examen et a perdu le sien. Elle voudrait emprunter le mien mais nous allons tous au théatre et maman ne veut pas que je laisse le livre devant la porte. Ma copine, qui s'appelle Françoise va passer dans une heure.

Female Speaker 2 Mais bien sûr Colette. Dis-lui de venir le chercher chez nous.

19. Pourquoi Colette s'excuse-t-elle?

(A) Elle a peur d'interrompre le dîner.
(B) Elle a oublié quelque chose.
(C) Elle a perdu quelque chose.

20. De quoi l'amie de Colette a-t-elle besoin?

    (A) D'emprunter un livre
    (B) D'acheter un billet de théatre
    (C) De finir son dîner

Male Speaker Chers amis, nous sommes ravis de vous accueillir parmi nous ce soir à l'occasion du cinquantième anniversaire de notre école. Eh oui, il y a cinquante ans que notre cher lycée existe! A l'époque, il se trouvait à environ deux cents mètres d'ici, mais, avec les années, le nombre d'élèves ayant augmenté, nous avons dû déménager dans de plus grands locaux il y a déjà six ans. Nous sommes heureux d'avoir parmi nous ce soir non seulement les élèves et les professeurs actuels, mais aussi beaucoup d'anciens élèves et quelques professeurs.

21. Quelle est l'occasion de cette célébration?

    (A) l'anniversaire d'un lycée
    (B) l'anniversaire d'un professeur
    (C) Le déménagement de l'école

22. Pourquoi a-t-on eu besoin de nouveaux locaux?

    (A) le bâtiment était trop vieux
    (B) le quartier avait changé
    (C) l'école était trop petite

Part C

SCRIPT—SAMPLE TEST I
Extended Dialogues

Directions: In this chapter, you will hear a series of extended dialogues. These dialogues will not be printed in your book and you will hear each only once. After listening to each dialogue, you will be asked several questions followed by four possible answers, (A), (B), (C), and (D). These questions are printed in your book. You will hear them only once. Select the best answer to the question from among the four choices printed in your book and blacken the space corresponding to the letter you have decided has the correct answer on your answer sheet. You are now ready to begin.

Dialogue 1
(Jacques vient de rencontrer un ami dans la rue.)

Jacques	Hé Philippe, ça fait au moins deux mois qu'on ne s'est pas vus! Depuis que tes parents ont décidé de déménager en banlieue et que tu as changé d'école, je n'ai plus de tes nouvelles!
Philippe	Oui, je sais, le déménagement a été traumatique pour toute la famille, sauf pour ma petite soeur Elodie qui adore les nouveaux petits voisins avec lesquels elle peut jouer dans le jardin du matin au soir! Mais tu sais, elle n'a que cinq ans! Moi, par contre . . .
Jacques	Tu n'aimes pas ta nouvelle maison?
Philippe	Oh, la maison, tu sais, ça va. J'ai même une chambre plus grande que celle que j'avais lorsque nous vivions en ville. Non, ce n'est pas ça, c'est plutôt ma nouvelle école.
Jacques	Ce sont les profs que tu n'aimes pas, ou les élèves?
Philippe	A vrai dire, les profs sont OK, et les élèves m'ont très bien accueilli.
Jacques	Mais alors, qu'est-ce qui ne va pas Philippe?
Philippe	Eh bien, c'est mon quartier qui me manque, mes amis. C'est pour cela que je n'ai même pas téléphoné, j'essayais de m'habituer à mon nouvel environnement et de ne pas m'accrocher au précédent.

23. Qu'est-ce que Jacques reproche à Philippe?

24. Pour quelle raison la soeur de Philippe est-elle heureuse?

25. Pourquoi Philippe m'est-il pas heureux?

26. Qu'est-ce que Philippe essaie de faire?

Dialogue 2
(Claire parle avec son copain Didier.)

Claire Tu sais Didier, j'ai vraiment envie de prendre des cours de danse moderne. Qu'en penses-tu?

Didier Ben, moi, tu sais, la danse, ça ne me dit rien. Par contre ma soeur s'est inscrite au cours de Madame . . . Monsieur . . . euh, enfin, tu sais, ils ont un studio tout près de chez toi!

Claire Oui, c'est justement là où j'ai envie de m'inscrire. C'est Monsieur et Madame Blancpain, ils étaient tous deux danseurs professionnels quand ils étaient plus jeunes, et ils étaient très connus. On dit qu'ils sont d'excellents professeurs.

Didier Oui, ma soeur Line en dit beaucoup de bien. Elle adore ses cours de danse et essaie de me convaincre de m'inscrire aussi. D'ailleurs, si tu veux passe-lui un coup de fil, elle te donnera des détails et pourra répondre à tes questions.

Claire Oh, c'est gentil, je téléphonerai à Line . . . mais Didier, pourquoi ne t'inscrirais-tu pas avec moi, la danse moderne, c'est très amusant, tu verras. Bien sûr, cela exige beaucoup de discipline, on ne doit pas manquer ses cours, enfin, peut-être que c'est cela qui t'inquiète?

Didier Non, non, pas du tout . . . c'est plutôt que je suis un peu maladroit et que j'ai peur d'être ridicule. Tiens, tu as raison, je vais peut-être m'inscrire aussi, après tout, tous les nouveaux élèves—toi aussi d'ailleurs—doivent faire des bêtises, n'est-ce pas?

27. Qu'est-ce que nous apprenons de Monsieur et Madame Blancpain?

28. Qu'est-ce que Line, la soeur de Didier, aimerait?

29. Pourquoi Didier ne veut-il pas apprendre la danse?

Dialogue 3
(Vanessa téléphone à sa mère qui est au bureau.)

Vanessa Allô, maman? Ecoute, je viens de finir mes devoirs pour demain, mais j'ai besoin d'aller à la bibliothèque pour emprunter un livre, donc . . .

La mère Donc tu ne seras pas à la maison quand je vais rentrer?

Vanessa Je ne sais pas maman. Si je trouve le livre dont j'ai besoin, je pourrai rentrer tout de suite. La bibliothèque est si près de la maison que je ne crois pas que je vais tarder. Tu sais, pour la semaine prochaine, je dois écrire un essai sur le théatre du dix-huitième siècle et je voudrais faire un peu de recherche là-dessus.

La mère Mais ma chérie, nous avons beaucoup de livres sur le théatre en France. Nous les collectionnons depuis des années. Tu pourrais peut-être trouver ce dont tu as besoin à la maison!

Vanessa Oh, je sais bien maman. C'est que tu vois, mon essai, c'est plutôt une comparaison entre le théatre en France et le théatre en Angleterre pendant le dix-huitième siècle . . . alors, tu comprends, comme je ne sais pratiquement rien au sujet de la littérature anglaise, il faut que j'aille à la bibliothèque.

La mère D'accord ma chérie. Et quand tu rentreras, on pourra dîner. Tu auras sans doute très faim après tout ce travail!

30. Qu'est-ce que Vanessa dit à sa mère?

31. Qu'est-ce que la mère de Vanessa lui rappelle?

32. Pour quelle raison Vanessa n'est pas trop sûre d'elle-même?

33. Qu'est-ce que la mère pense que Vanessa voudra faire ce soir?

SAMPLE TEST II—FRENCH SUBJECT TEST WITH LISTENING

Section I—Listening Script

Part A

Directions: In this section, you will hear four sentences (A), (B), (C), and (D). You will hear these sentences only once and they will not be printed in your book. As you listen to the sentences, look carefully at the picture and select the sentence which best fits what is in the picture.

1 (A) Il lit attentivement.
(B) Son livre est intéressant.
(C) Il regarde quelqu'un.
(D) Il sourit aux deux jeunes filles.

2. (A) La petite fille monte dans la voiture.
(B) Les gens sont assis dans la voiture.
(C) Le cocher a l'air d'attendre des clients.
(D) La rue a l'air complètement déserte.

3. (A) Est-ce que tu as compris cette explication?
(B) Cet examen est vraiment difficile.
(C) Il y a trop de photos dans ce livre.
(D) Je n'arrive pas à écrire avec ce stylo.

4. (A) Ils sont pressés d'arriver au travail.
(B) Ils font beaucoup d'efforts pour gagner.
(C) Ils portent tous des casques.
(D) Ils font tous de la bicyclette ensemble.

5. (A) Il y a beaucoup de vent.
(B) Il y a beaucoup de monde.
(C) Il y a beaucoup de fleurs.
(D) Il y a beaucoup de parapluies.

6. (A) Tiens! je vais prendre une photo!
(B) Les touristes descendent de leurs voitures.
(C) Les gens traversent la rue.
(D) Tous les passagers portent des lunettes.

7. (A) Les gens admirent les tapis.
(B) La dame achète une robe.
(C) La jeune fille est à côté du jeune homme.
(D) Les hommes admirent les objets d'art.

8. (A) Les gens montent au deuxième étage.
(B) La jeune fille vient d'arriver au deuxième étage.
(C) Les enfants sont sur l'escalator.
(D) Le restaurant est devant l'escalator.

9. (A) Le petit garçon court dans le jardin.
(B) Le grand garçon a attrapé son petit frère.
(C) Le petit garçon se cache derrière l'arbre.
(D) Le petit garçon grimpe sur l'arbre.

10. (A) Moi, j'adore la glace.
(B) Moi, j'adore tout ce qui est sucré.
(C) Moi, j'aime les vêtements de coton.
(D) Moi, j'aime les bonbons.

Part B

SCRIPT—SAMPLE TEST II

Directions: In this section, you will hear a series of short dialogues. These dialogues will not be printed in your book, but each dialogue will be repeated. For each selection, you will be asked one or two questions followed by three possible answers, (A), (B), and (C). These answers are not printed in your book. You will hear them only once. Listen carefully to the speaker and mark the correct answer on your answer sheet. You are now ready to begin.

Corinne Oh, Madame, je . . . je suis désolée, mais ce matin, mon réveil n'a pas sonné et mes parents pensaient que j'étais déjà réveillée . . . et enfin, maman est venue dans ma chambre . . . et, enfin, j'ai essayé de m'habiller très vite . . . et je n'ai même pas pris mon petit-déjeuner parce que je n'avais pas le temps!

Le prof Ça va Corinne! Va t'asseoir tout de suite et sors tes livres.

Corinne Mes livres? Oh, non, je les ai oubliés!

11. Pourquoi Corinne est-elle en retard?
    - (A) Elle ne trouvait pas ses livres.
    - (B) Son réveil-matin n'a pas sonné.
    - (C) Elle prenait son petit-déjeuner.

12. Qu'est-ce que Corinne découvre à la fin?
    - (A) Elle n'est pas en retard.
    - (B) Son prof va la punir.
    - (C) Elle n'a pas ses livres.

Male Voice Le magazine "Toujours Prêts", vivant et moderne, a été conçu spécialement pour les lycéens et lycéennes. C'est un outil d'apprentissage unique en son genre, avec des articles écrits par des professeurs, sur tous les sujets enseignés au lycée. La page intitulée "C'est votre tour" permet aux élèves soit d'envoyer des questions, soit d'envoyer des suggestions à d'autres jeunes de leur âge ou même aux professeurs. Les articles, variés et accompagnés d'illustrations intéresseront toute la famille. Agréable et stimulant, le magazine "Toujours Prêts" est un outil indispensable. Consultez notre site internet à "Toujoursprets.com" pour tous renseignements.

13. A qui est destiné le magazine "Toujours Prêts"?
    - (A) Aux professeurs de lycée
    - (B) Aux élèves de lycée
    - (C) Aux parents

14. Qu'est-ce que les lecteurs peuvent faire?

(A) Faire des illustrations
(B) Créer des outils
(C) Poser des questions

Male Speaker Salut Nathalie, Dis, je viens d'apprendre que tu t'es fiancée . . . et Je suis surpris et un peu blessé que tu ne me l'ai pas dit.

Female Speaker Oh Philippe, non . . . enfin, Jacques et moi, nous avons l'intention de nous marier et on va certainement se fiancer d'ici quelques semaines. Tu sais bien que si je m'étais fiancée, tu aurais été un des premiers à le savoir!

15. Pourquoi Philippe n'est-il pas content?

(A) Il pense que Nathalie lui cache quelque chose.
(B) Il a découvert que sa fiancée est blessée.
(C) Il n'a pas été invité au mariage de son amie.

16. Qu'est-ce que Nathalie va faire?

(A) Elle va épouser Philippe.
(B) Elle va se fiancer dans quelques temps.
(C) Elle s'est fiancée il y a quelques semaines.

Female Speaker Alors mes amis, vous voulez vous sentir mieux? Ne restez pas toute la journée assis à votre bureau sans bouger. Etirez-vous, détendez-vous, levez les bras et respirez fort. Faites cela plusieurs fois par jour. Vous pouvez même vous servir de votre chaise ou de votre fauteuil pour faire des exercices. Tendez les jambes puis pliez-les plusieurs fois de suite. Si vous aimez la natation, faites comme si vous nagiez tout en étant assis . . . et si vos collègues de bureau vous lancent des regards étranges, dites-leur de faire comme vous. Ils finiront par vous imiter et tout le monde se sentira beaucoup mieux.

17. Qu'est-ce que la femme conseille à ceux qui travaillent dans un bureau?

(A) De se lever plusieurs fois par jour
(B) De faire des excercices au club
(C) De faire des exercices assis

18. Qu'est-ce que les collègues de ces gens feront?

(A) Ils se monqueront d'eux.
(B) Ils les imiteront.
(C) Ils leur diront de finir.

Male Voice Message Nous ne sommes pas disponibles en ce moment. Veuillez laisser un message et nous vous rappellerons dès que possible. Merci et à tout à l'heure.

Female Voice Allô? Francis et Renée? C'est tante Odette. Je vous appelle pour vous dire que l'on prévoit un temps magnifique pour la semaine prochaine, donc n'oubliez pas d'apporter vos maillots de bain. On ira à la plage. Oh, et . . . surtout, rappelez-nous pour me donner le numéro et l'heure d'arrivée de votre vol. Comme je ne conduis pas, c'est ma voisine Yvette, que vous connaissez bien qui viendra vous chercher, alors, rappelez bien vite! Je vous attends impatiemment!

19. Qu'est-ce que Francis et Renée ne doivent pas oublier?

(A) Le numéro de leur tante
(B) Leurs maillots de bain
(C) L'arrivée de leur voisine

20. Pourquoi doivent-ils rappeler leur tante?

(A) Pour lui donner des renseignements
(B) Pour parler à Yvette
(C) Pour savoir quel temps il fera

Male Speaker Tu sais Pierrette, moi, je n'aime pas voyager en avion . . . oh, ce n'est pas que j'ai peur, c'est simplement que, pour aller dans une ville qui n'est pas trop loin d'ici, j'aime mieux prendre la voiture. C'est moins cher, on peut bien voir le pays, on peut s'arrêter quand on veut et profiter des bons petits restaurants de campagne.

Female Speaker Oui, c'est vrai . . . mais tu sais, ce que je déteste, lorsque l'on voyage en voiture, ce sont les autoroutes à péage, il faut s'arrêter et payer souvent deux ou trois fois . . . et l'essence? Tout ça coûte cher!

21. Pourquoi l'homme qui parle préfère-t-il voyager en voiture?

(A) Il aime découvrir de beaux endroits.
(B) Il a peur des voyages en avion.
(C) Il aime beaucoup conduire.

22. Selon la femme, quel est l'inconvénient des voyages en voiture?

(A) Ils sont en général très fatigants.
(B) Il faut dépenser pour les péages et l'essence.
(C) Ils ne sont pas assez rapides.

Part C

SCRIPT—SAMPLE TEST II
Extended Dialogues

Directions: In this chapter, you will hear a series of extended dialogues. These dialogues will not be printed in your book and you will hear each only once. After listening to each dialogue, you will be asked several questions followed by four possible answers, (A), (B), (C), and (D). These questions are printed in your book. You will hear them only once. Select the best answer to the question from among the four choices printed in your book and blacken the space corresponding to the letter you have decided has the correct answer on your answer sheet. You are now ready to begin.

Dialogue 1
(M. et Madame Delorme sont en voiture à la campagne)

M. Delorme Ecoute Denise, veux-tu vérifier dans le Guide Michelin, je crois que nous sommes perdus! Je suis sûr qu'on est passé sur la même route tout-à-l'heure.

Mme. Delorme Je crois en effet qu'on a déjà traversé ce pont, et . . . tiens, je me souviens bien de cette petite maison au toit rouge, pas toi?

M. Delorme Non, je n'ai pas remarqué la maison, je regardais la route, mais le pont, ah oui, je m'en souviens bien parce qu'il est plutôt délabré, et c'est dangereux. Et pas un seul signe routier!

Mme. Delorme On pourrait peut-être s'arrêter et demander notre chemin

M. Delorme Mais où donc veux-tu qu'on s'arrête?

Mme. Delorme Devant cette petite maison au toit rouge, elle est adorable! Tu ne trouves pas qu'elle ressemble à la maison où j'habitais quand on s'est connus? Je ne l'oublierai jamais tu sais! Enfin, si on s'arrête ici, les propriétaires pourraient nous renseigner. D'ailleurs, j'ai bien envie de voir cette maison de plus près! Pas toi?

M. Delorme Oh, tu es si sentimentale Denise! Tu sais, moi, tout ce que je veux, c'est retrouver mon chemin, alors, cette maison-là ou une autre, ça m'est égal! Mais . . . et ce Guide Michelin? Tu l'as trouvé?

23. Qu'est-ce qui fait croire à Monsieur Delorme qu'ils se sont perdus?

24. Pourquoi Mme. Delorme veut-elle s'arrêter devant la maison?

25. Comment Monsieur Delorme réagit-il à la suggestion de sa femme?

26. Qu'est-ce Monsieur Delorme aimerait faire?

Dialogue 2
(Deux amis discutent de leurs projets d'avenir)

Liliane	Ça y est Jean-Claude, c'est décidé . . . Je veux devenir pilote!
Jean-Claude	Pilote? Tu en es sûre? Cela exige des heures de travail irrégulières, toi qui ne répond jamais au téléphone après dix heures du soir parce que tu dors!
Liliane	Bon ben, c'est différent, c'est parce que, maintenant, je dois toujours me lever de bonne heure! Pas de grasse matinée pour moi! Mais tu sais, les pilotes voyagent dans le monde entier, et moi, je voudrais voir tous les pays du monde. Tiens, j'aimerais être pilote pour une grande compagnie aérienne, Air France peut-être. Et puis, c'est une profession qui exige beaucoup de responsabilité et tu sais bien que je suis responsable.
Jean-Claude	Oui, pour ça, on peut toujours compter sur toi.
Liliane	Et toi Jean-Claude, qu'est-ce que tu aimerais faire?
Jean-Claude	Tu sais bien que j'adore la musique, je joue du piano depuis que j'avais six ans! Je pratique tous les jours pendant des heures, je joue aussi de la guitare depuis trois ans . . . alors . . .
Liliane	Oh, tu joueras dans un orchestre symphonique, jouer du Mozart, du Beethoven, c'est parfait pour toi!
Jean-Claude	Euh . . . un orchestre symphonique? Euh . . . non, pas vraiment . . . j'ai envie de jouer dans des groupes rock! Ainsi, moi aussi je voyagerai beaucoup!

27. Pourquoi Jean-Claude pense-t-il que le choix de Liliane n'est pas réaliste?

28. Quel est, selon Jean-Claude, l'aspect désagréable de la carrière que Liliane voudrait choisir?

29. Qu'est-ce que Jean-Claude a appris à jouer depuis qu'il était tout petit?

30. Quelle réaction peut-on anticiper de la part de Liliane à ce que dit Jean-Claude à la fin?

Dialogue 3
(Deux amis, Maurice et Louise se rencontrent dans la rue)

Louise	Salut Maurice! Quoi de neuf? . . . mais, qu'est-ce qu'il y a? tu as vraiment mauvaise mine. Tu es malade?
Maurice	Non, c'est que j'ai très mal dormi hier soir!
Louise	Tu n'as pas bien dormi? C'est très dur ça! est-ce que c'est parce que tu t'es couché tard?
Maurice	Eh ben oui, j'avais trop de devoirs . . . et puis j'ai eu des cauchemars, un pire que l'autre . . . tu sais, les mauvais rêves, ça n'aide pas le repos!

Louise	De quoi as-tu rêvé?
Maurice	Je ne me souviens pas de tous ces mauvais rêves, mais dans le tout dernier, je conduisais la voiture de mon père quand elle a commencé à rouler à toute vitesse. J'ai essayé d'appuyer sur les freins, mais rien, aucun succès. Au contraire, elle allait de plus en plus vite, et on allait vers un lac . . . on allait se noyer dans le lac . . . heureusement qu'à ce moment je me suis réveillé!
Louise	C'est affreux ça . . . et toi qui ne sais même pas conduire!

31. Pourquoi Louise pense-t-elle que Maurice est malade?

32. Qu'est-ce que Maurice explique?

33. Selon ce que Maurice raconte, qu'est-ce qu'il ne pouvait pas faire?

SAMPLE TEST III—FRENCH SUBJECT TEST WITH LISTENING

Section I—Listening Script

Part A

Directions: In this section, you will hear four sentences (A), (B), (C), and (D). You will hear these sentences only once and they will not be printed in your book. As you listen to the sentences, look carefully at the picture and select the sentence which best fits what is in the picture.

1. (A) Les femmes sont en train de parler.
   (B) Une femme joue avec le ballon.
   (C) Les hommes nagent dans la piscine.
   (D) Deux hommes sont assis au bord de la piscine.

2. (A) Les enfants écoutent la musique.
   (B) Le petit garçon joue du piano.
   (C) La femme est debout derrière les enfants.
   (D) La femme regarde les livres.

3. (A) L'enfant a peur des animaux.
   (B) L'enfant aime les animaux.
   (D) L'enfant ouvre la porte.
   (E) L'enfant est loin de la porte.

4. (A) Les trois sont en train de manger.
   (B) Le jeune homme fait des crêpes.
   (C) Ils sont autour de la table.
   (D) Le jeune homme a ouvert le four.

5. (A) Il joue de la guitare.
   (B) Il est charmeur de serpents.
   (C) Il vend une bicyclette.
   (D) Il achète des souvenirs.

6. (A) L'homme et le chien nagent dans la mer.
   (B) Il y a beaucoup d'enfants dans l'eau.
   (C) L'homme vient de sortir de l'eau.
   (D) Le chien rentre dans l'eau.

7. (A) Il fallait qu'un pneu crève sur l'autoroute!
   (B) Heureusement que j'ai trouvé ce garagiste!
   (C) Il faut vraiment que je change le volant!
   (D) J'aurais dû acheter de l'essence!

8. (A) Les gens prennent l'avion.
   (B) Les piétons traversent la rue.
   (C) La femme porte un manteau.
   (D) L'homme conduit la voiture.

9. (A) J'adore jouer dans le sable.
   (B) J'adore jouer avec mes amis.
   (C) J'adore jouer dans l'eau.
   (D) J'adore jouer dans ma chambre.

10. (A) Ici on peut acheter des légumes.
    (B) Les vendeurs sont tous assis.
    (C) L'homme vend des plantes.
    (D) La femme entre dans l'immeuble.

Part B

SCRIPT—SAMPLE TEST III

Directions: In this section, you will hear a series of short dialogues. These dialogues will not be printed in your book, but each dialogue will be repeated. For each selection, you will be asked one or two questions followed by three possible answers, (A), (B), and (C). These answers are not printed in your book. You will hear them only once. Listen carefully to the speaker and mark the correct answer on your answer sheet. You are now ready to begin.

Female Speaker Alors mon petit Paul, ton anniversaire approche et je viens de recevoir une lettre de ta grand'mère qui veut savoir de quoi tu as envie.

Child Speaker Oh, maman, tu sais ce que je veux, je l'avais demandé l'année passée . . .

Female Speaker Oui, un petit chien, un petit chien tout à toi! D'accord, à condition que tu promettes de t'en occuper, de lui donner à manger, de le promener, enfin, de tout faire pour lui!

11. Qu'est-ce que nous apprenons de ce que le petit Paul désire?
    (A) C'est la deuxième fois qu'il demande ce cadeau.
    (B) Sa grand'mère va lui acheter autre chose.
    (C) Il a écrit à sa grand'mère pour le lui demander.

12. Qu'est-ce que Paul devra faire?
    (A) Écrire encore une fois à sa grand'mère.
    (B) Prendre bien soin du chien.
    (C) Prendre le chien avec lui à l'école.

Male Speaker Allô, Monsieur Perrin? Ici Martin, je vous appelle pour vous dire que votre voiture ne sera pas prête avant demain soir. Malheureusement, un de mes employés est malade et nous sommes débordés de travail. On a cinq voitures à réparer avant la vôtre. Mais, j'ai une bonne nouvelle pour vous, il n'y avait rien de sérieux et ça ne vous coûtera pas cher.

13. Pourquoi est-ce que Monsieur Perrin ne pourra-t-il pas récupérer sa voiture aujourd'hui?
    (A) Il a trop de travail.
    (B) Le garagiste a trop de travail.
    (C) Le problème est sérieux.

Female Speaker 1 Pardon mademoiselle, où se trouve le rayon des sacs s'ils vous plaît?

Female Speaker 2 C'est au deuxième étage madame. Vous pouvez prendre l'ascenseur si vous voulez. Il se trouve à gauche du rayon des parfums. Si vous préférez, les escaliers sont un peu plus loin, derrière le rayon lingerie. A propos, savez-vous qu'aujourd'hui, les sacs sont à moitié prix?

Female Speaker 1 Je sais! Je sais! J'y monte immédiatement! Merci!

14. Comment la cliente peut-elle trouver l'ascenseur?

    (A) Il est à côté des escaliers.
    (B) Il est derrière le rayon lingerie.
    (C) Il est près du rayon des parfums.

15. Quelle est la réaction de la cliente à la fin de la conversation?

    (A) Elle est impatiente.
    (B) Elle est surprise.
    (C) Elle est indifférente.

Female Speaker Dis Jean-Claude, tu as acheté le livre dont nous avons besoin pour lundi?

Male Speaker Non, on a quand même cinq jours, mais je l'achèterai demain . . . Ma soeur, qui l'a lu l'année dernière, m'a dit qu'il était excellent. Malheureusement pour moi, elle refuse de me le donner parce qu'elle dit que je ne vais pas bien m'en occuper, que je ne le traiterai pas bien . . . après tout, ce n'est qu'un livre de poche! Elle est si difficile quand même!

16. Pourquoi Jean-Claude n'est-il pas pressé d'acheter le livre?

    (A) On va le lui prêter.
    (B) Il a le temps.
    (C) Il l'a déjà lu.

17. Qu'est-ce que la soeur de Jean-Claude pense de son frère?

    (A) Il n'est pas soigneux.
    (B) Il n'est pas bon élève.
    (C) Il trouve tout difficile?

Male Speaker Votre billet madame, et aussi une pièce d'identité s'il vous plaît.

Female Speaker Voici mon billet … Est-ce que vous préférez mon passeport ou mon permis de conduire, j'ai les deux avec moi.

Male Speaker L'un ou l'autre madame, ça va.

Female Speaker Voilà.

Male Speaker Bon, tout est en règle. Votre vol est à l'heure et part de la porte numéro onze. Bon voyage Madame.

18. Qu'est-ce que la voyageuse a comme preuve d'identité?

(A) Un passeport seulement
(B) Un permis de conduire seulement
(C) Un passeport et un permis de conduire

19. Quand l'avion partira-t-il?

(A) Une heure plus tard
(B) À l'heure prévue
(C) À l'avance

Male Speaker Bonjour mademoiselle, je peux vous renseigner?

Female Speaker Euh, oui monsieur . . . vous voyez cette paire de chaussure à la vitrine, celle qui est en solde . . . oui, celle-là, la grise à talons hauts . . .J'en ai tellement envie, aucune de mes amies n'a la même! oh, j'espère que vous aurez ma pointure, c'est le 36.

Male Speaker Le 36? Je ne sais pas si on en a encore une paire, mais je dois vérifier. Vous savez, ce modèle a eu beaucoup de succès.

20. Où la jeune fille a-t-elle vu la paire de chaussures dont elle a envie?

(A) Chez une de ses amies
(B) À l'intérieur du magasin
(C) Dans la vitrine du magasin

21. Qu'est-ce que le vendeur dit à la jeune fille?

(A) Il n'est pas sûr d'avoir sa pointure.
(B) Il lui reste plusieurs paires.
(C) Il a déjà vérifié.

Female Speaker 1 Tu sais Annie, ma prof de tennis m'a dit que je dois acheter une autre raquette, la mienne est vraiment trop petite pour moi et je rate tous mes coups!

Female Speaker 2 Si tu veux Colette, je peux demander à ma soeur aînée de te donner l'une des siennes. Elle a trois raquettes. Elle pourrait garder une pour elle, une pour moi et puis de donner ou te prêter la sienne.

22. Qui pourrait peut-être aider Colette?

(A) Sa prof de tennis
(B) Sa soeur
(C) La soeur de son amie

Part C

SCRIPT—SAMPLE TEST III
Extended Dialogues

Directions: In this chapter, you will hear a series of extended dialogues. These dialogues will not be printed in your book and you will hear each only once. After listening to each dialogue, you will be asked several questions followed by four possible answers, (A), (B), (C), and (D). These questions are printed in your book. You will hear them only once. Select the best answer to the question from among the four choices printed in your book and blacken the space corresponding to the letter you have decided has the correct answer on your answer sheet. You are now ready to begin.

Dialogue 1
(Abena téléphone à sa voisine Françoise)

Abena Allô, Françoise, tu peux me rendre un petit service? J'ai reçu une lettre me disant que ma grand'mère est malade, alors je vais partir au Mali pour la voir. Comme je serai absente pendant deux semaines, je m'inquiète pour mes plantes . . .

Françoise Tu veux que j'arrose tes plantes, tu peux compter sur moi! Mais, Abena, ce n'est pas grave au moins, la maladie de ta grand'mère?

Abena Je ne suis pas sûre, mais . . . tu sais, elle a près de quatre-vingts ans, alors je me fais beaucoup de souci. Je verrai aussi mes cousins que je n'ai pas vu depuis plus de quinze ans!

Françoise Mais je sais que tu es allée en Afrique plusieurs fois depuis que tu as fini tes études à Paris. N' es-tu pas allée à Bamako l'hiver dernier pour un mariage?

Abena Oui, mais mes cousins ne vivent pas au Mali, ils y sont nés, mais travaillent à Dakar, au Sénégal. Eux aussi vont aller à Bamako pour voir notre grand'mère. Oh, j'espère qu'elle ne va pas trop mal. Tu sais, c'est elle qui, lorsque j'ai fini le lycée, m'a encouragée à continuer mes études en France. Oh, ce qu'elle peut me manquer, ma grand'mère . . .mais, il faut être optimiste... et tu es un amour de bien vouloir arroser mes plantes, merci, merci mille fois!

23. Comment Françoise peut-elle aider Abena?

24. Que dit Abena de la maladie de sa grand'mère?

25. D'après ce passage, pourquoi Abena n'a-t-elle pas vu ses cousins depuis longtemps?

26. Quand Abena est-elle partie pour la France?

Dialogue 2
(Deux élèves, Michel et David, discutent)

Michel David, j'ai appris il y a cinq minutes que monsieur Masson est malade . . . est-ce que tu crois qu'on aura quand même l'examen ou qu'il sera annulé? Tu sais, moi, je serais ravi si l'examen était remis à demain ou après—demain. Je . . . je n'ai pas trop étudié hier . . .

David Pourquoi, tu étais malade toi aussi Michel?

Michel Oh non, mais . . . il y avait le match de foot à la télé, et je n'ai pas pu résister, quel match extraordinaire! Mes parents n'étaient pas à la maison et ils ne savent pas que j'ai regardé la télé, ils seraient furieux . . . oh, j'espère qu'on n'aura pas l'examen aujourd'hui!

David Je suis désolé pour toi Michel, mais tu sais, moi j'ai bien bossé toute la soirée, et si l'examen est remis à demain, je n'aimerais pas ça! Je suis prêt, et, franchement, je voudrais en finir. Ce soir, je ne veux pas avoir à réviser! Mais, attention . . . voici la remplaçante de monsieur Masson . . .

Mlle Rossi Bonjour tout le monde! Je suis Mademoiselle Rossi. Je regrette de vous annoncer que Monsieur Masson est à l'hôpital. Il a été transporté d'urgence à cause d'une crise d'appendicite et on l'a opéré immédiatement. Il va bien maintenant et sera de retour bientôt. Il m'a dit que vous aviez un examen aujourd'hui et, vous avez de la chance . . . sa femme me l'a apporté: le voici! De cette façon, vous pourrez le passer comme prévu. Alors, on commence!

27. Pourquoi Michel n'a-t-il pas bien étudié pour l'examen?

28. Qu'est-ce que son ami David n'aimerait pas?

29. Que dit la remplaçante à propos de Monsieur Masson?

30. En entendant ce que dit la remplaçante, quelle sera la réaction de Michel?

Dialogue 3
(A la bibliothèque)

Etudiante	Monsieur, j'ai trouvé hier ce livre qui appartient à la bibliothèque et je viens vous le rendre.
Bibliothécaire	Merci mademoiselle . . . oh, ce n'est pas le vôtre?
Etudiante	Non, je l'ai trouvé au fond d'une de mes salles de classe, sur un banc. Franchement, il y était depuis quelques jours, alors, comme je devais venir de toute façon pour faire de la recherche et que hier, le livre était toujours à la même place, je vous l'ai rapporté.
Bibliothécaire	Voyons . . . euh . . . on aurait dû rendre ce livre il y a deux semaines. Deux semaines de retard! L'étudiant qui l'a emprunté a dû le laisser en classe mais il aurait dû venir nous dire qu'il l'avait perdu. Ah mademoiselle, il y a tant de livres qui disparaissent comme cela!
Etudiante	Peut-être que cette personne avait beaucoup de travail et a simplement oublié.
Bibliothécaire	Ah, mais lorsqu'on emprunte quelque chose, il faut être responsable Voilà, vous n'aviez pas besoin de le rendre puisque ce n'est pas vous qui l'aviez emprunté, mais vous vous en êtes occupée. Ah, si tout le monde était comme vous. Merci mille fois mademoiselle.

31. Où la jeune fille a-t-elle trouvé le livre?

32. Quand devait-on rendre ce livre?

33. Qu'est-ce que le bibliothécaire pense que l'étudiant qui avait emprunté le livre aurait dû faire?

SAMPLE TEST IV—FRENCH SUBJECT TEST WITH LISTENING

Section I—Listening Script

Part A

Directions: In this section, you will hear four sentences (A), (B), (C), and (D). You will hear these sentences only once and they will not be printed in your book. As you listen to the sentences, look carefully at the picture and select the sentence which best fits what is in the picture.

1. (A) Quel plaisir de faire du jogging.
   (B) Que c'est amusant d'apprendre la danse.
   (C) Ils portent des costumes traditionnels.
   (D) Elles apprennent à chanter.

2. (A) Ils portent tous des casquettes.
   (B) C'est amusant de faire de la planche à voile.
   (C) Ils aiment les promenades en bateau.
   (D) C'est formidable de voir tant de poissons!

3. (A) Les fleurs entourent la statue.
   (B) Les touristes sont près de la statue.
   (C) Des enfants jouent devant la statue.
   (D) Une dame prend une photo de la statue.

4. (A) Il y a beaucoup de voitures près de l'autobus.
   (B) Il y a un monument près de l'autobus.
   (C) Il y a beaucoup de piétons sur la place.
   (D) Il y a plusieurs touristes dans l'autobus.

5. (A) C'est une maison de banlieue.
   (B) C'est un grand immeuble.
   (C) C'est un chateau à la campagne.
   (D) C'est une petite villa pittoresque.

6. (A) L'affiche est près de la voiture.
   (B) La rue est pleine de monde.
   (C) Les gens font la queue devant le café.
   (D) Le couple est assis au balcon.

7. (A) Cette dame se repose dans son jardin.
   (B) Cette dame met des fleurs dans le vase.
   (C) Cette dame cueille des fleurs.
   (D) Cette dame peint une assiette.

8. (A) Cette salade est délicieuse.
   (B) Quel bon sandwich!
   (C) Je n'aime pas le poulet.
   (D) Ce gateau est vraiment bon!

9. (A) C'est mon équipe qui va gagner.
   (B) Nous aimons les sports en plein air.
   (C) Ils s'entraînent à la plage.
   (D) Ils jouent dans la même équipe.

10. (A) Elle lit une brochure.
    (B) Elle écoute de la musique.
    (C) Elle est en train d'écrire.
    (D) Elle est en train de dormir.

Part B

SCRIPT—SAMPLE TEST IV

Directions: In this section, you will hear a series of short dialogues. These dialogues will not be printed in your book, but each dialogue will be repeated. For each selection, you will be asked one or two questions followed by three possible answers, (A), (B), and (C). These answers are not printed in your book. You will hear them only once. Listen carefully to the speaker and mark the correct answer on your answer sheet. You are now ready to begin.

Female Speaker Salut Thomas, dis, est-ce que tu as l'heure?

Male Speaker Je n'ai pas ma montre aujourd'hui . . . mais regarde donc, en face tu vois l'horloge de l'église!

Female Speaker Oh, que je suis bête! Bien sûr! Il est onze heures trente. Chouette! on a le temps d'aller au restaurant avant la réunion!

11. Comment Thomas sait-il quelle heure il est?
    (A) Il regarde sa montre.
    (B) Il y a une horloge tout près.
    (C) Il a entendu la cloche de l'église.

12. Pourquoi la femme est-elle heureuse?
    (A) Ils pourront déjeuner.
    (B) Ils ne seront pas en retard.
    (C) Ils n'ont pas râté leur réunion.

Male Speaker Dis Yasmine, tu as vu les prévisions de la météo pour demain? Tu crois qu'on pourra faire le pique-nique dont on avait parlé dimanche dernier?

Female Speaker Oui, j'ai vu les prévisions et . . . non, on ne pourra pas faire de pique-nique! Aujourd'hui, il fallait s'y attendre, il fait un temps magnifique, pas un seul nuage . . . mais demain on prévoit des averses et des orages. Quelle malchance!

13. Qu'est-ce que le jeune homme veut savoir?
    (A) Si les projets qu'ils ont fait vont se réaliser.
    (B) Si la jeune fille a fait un pique-nique dimanche dernier.
    (C) S'il va pleuvoir dans la soirée.

14. Pourquoi la jeune fille est-elle mécontente?
    (A) Il est en train de pleuvoir.
    (B) Il fera mauvais demain.
    (C) Elle s'attend à voir des nuages.

Female Speaker 1 Bonjour Madame Cartier, qu'est-ce qui ne va pas? Vous avez l'air toute pâle.

Female Speaker 2 Oh oui docteur, je ne me sens pas bien du tout. Je crois que j'ai de la fièvre. J'ai très mal à la gorge et aussi à la tête. J'ai sans doute attrapé la grippe de ma fille qui, comme vous savez, a été malade toute la semaine dernière!

15. Qu'est-ce que le docteur remarque?

(A) Madame Cartier a l'air inquiète.
(B) Madame Cartier a mauvaise mine.
(C) Madame Cartier est nerveuse.

16. Quelle est, selon Madame Cartier, la cause de sa maladie?

(A) Elle a été exposée à la grippe.
(B) Elle n'a pas bien soigné sa fille.
(C) Elle n'a rien pris pour sa fièvre.

Male Speaker Je voudrais une chambre pour une personne avec salle de bains s'il vous plaît . . . et une chambre calme, loin des bruits de la rue.

Female Speaker Oui, voyons . . . ah, j'en ai une au troisième étage qui donne sur la cour. C'est très calme, mais il n'y a pas d'ascenseur, alors, si vous n'aimez pas les escaliers . . .

Male Speaker Non, ça va, je la prends!

17. Qu'est-ce que le monsieur recherche avant tout?

(A) Le calme
(B) Une belle vue
(C) Une chambre double

18. Pourquoi la femme pense-t-elle que le monsieur pourrait ne pas aimer la chambre?

(A) Il n'y a pas de vue.
(B) Elle donne sur la rue.
(C) Il n'y a pas d'ascenseur.

Female Speaker Pardon monsieur, je voudrais réserver une place sur le vol Dakar-Paris le 17 janvier, si possible.

Male Speaker Eh bien voyons . . . euh . . . non, je regrette madame, le vol du 17 janvier est complet. Mais, est-ce que le 18, ça vous va? Il y a quelques places qui restent sur le vol qui part à 19h30, et c'est un vol direct.

Female Speaker D'accord . . . merci monsieur.

19. A qui parle cette femme?

(A) Un pilote
(B) Un employé
(C) Un passager

20. Pourquoi la femme doit-elle accepter la suggestion de l'homme?

    (A) Il n'y a plus de place.
    (B) Le vol n'est pas direct.
    (C) Elle n'a pas le temps.

Male Speaker Désolé d'être en retard, mais il y avait beaucoup de circulation!

Female Speaker Oui, je sais! Ne t'en fais pas, je n'ai rien commandé! J'ai préféré t'attendre. Tu veux boire quelque chose?

Male Speaker Oh oui, j'ai très très soif, et j'ai faim aussi . . . une orange pressée et un sandwich de jambon, qu'est-ce que tu en penses?

Female Speaker Euh, moi, tu sais, j'ai déjà mangé à la maison, j'aimerais mieux un petit dessert. Tiens, je vais commander une glace aux fraises!

21. Qu'est-ce que la jeune fille a fait en attendant son copain?

    (A) Elle a commandé une glace.
    (B) Elle n'a rien fait.
    (C) Elle a bu une orange pressée.

22. Pourquoi les deux n'ont-ils pas commandé la même chose?

    (A) La jeune fille n'a pas faim.
    (B) Le jeune homme choisit un dessert.
    (C) La jeune fille va diner chez elle.

Part C

SCRIPT—SAMPLE TEST IV
Extended Dialogues

Directions: In this chapter, you will hear a series of extended dialogues. These dialogues will not be printed in your book and you will hear each only once. After listening to each dialogue, you will be asked several questions followed by four possible answers, (A), (B), (C), and (D). These questions are printed in your book. You will hear them only once. Select the best answer to the question from among the four choices printed in your book and blacken the space corresponding to the letter you have decided has the correct answer on your answer sheet. You are now ready to begin.

Dialogue 1
(Chez le dentiste)

Le dentiste	Alors Mademoiselle Robinson, qu'est-ce qui vous amène aujourd'hui?
La cliente	Oh docteur! J'ai une dent qui me fait beaucoup souffrir depuis quelques semaines.
Le dentiste	Et pourquoi avez-vous attendu si longtemps?
La cliente	Vous savez, le travail . . . j'avais trop de choses à faire. Je suis secrétaire dans une compagnie d'assurance et on a toujours un boulot incroyable! Enfin, hier, j'avais tellement mal aux dents que j'ai décidé qu'il fallait faire quelque chose, et j'ai téléphoné à votre réceptionniste. Heureusement que quelqu'un avait annulé son rendez vous et que j'ai pu venir aujourd'hui!
Le dentiste	Oui, en effet, un client a téléphoné pour dire qu'il ne pouvait pas venir. Alors, décrivez moi votre problème.
La cliente	Eh bien docteur, ce n'est pas insupportable, mais c'est toujours présent, et parfois, mes dents me font si mal que je n'arrive pas à dormir. J'ai même beaucoup maigri. J'espère que ce n'est pas grave.
Le dentiste	Il est très possible que cette douleur soit causée par le stress. Vous travaillez très dur. Lorsque vous êtes stressée pendant la journée, vous serrez les dents pendant la nuit et cette pression constante finit par causer des problèmes. Non, non, je ne pense pas que ce soit grave!

23. Pour quelle raison Mlle. Robinson a-t-elle attendu longtemps avant d'aller chez le dentiste?

24. Comment a-t-elle pu obtenir un rendez-vous chez le dentiste?

25. Quand Mlle. Robinson a-t-elle le plus mal?

26. Selon le dentiste, quelle pourrait être la cause de cette douleur?

Dialogue 2
(Deux amis font la queue pour prendre des billets)

Josette Oh Zut! ça fait une heure qu'on attend pour prendre des billets pour ce concert et on n'a pas avancé!

Pierre Tu exagères Josette, on a avancé de quelques pas!

Josette Bon ben, quelques pas, ce n'est pas beaucoup. Regarde donc la queue devant nous, il y a au moins une vingtaine de personnes. Si on avance seulement de trois ou quatre pas en une heure, il nous faudra au moins cinq heures avant d'arriver au guichet pour acheter les billets. Heureusement qu'il ne fait pas froid!

Pierre Mais ne sois pas pessimiste voyons! Tout d'abord, comme tu dis, il fait très beau aujourd'hui. Enfin, pour te donner un peu de courage, regarde la queue derrière nous. Il y a au moins cinquante personnes.

Josette Oui, je sais Pierre, je regarde tout le temps. Ces pauvres gens devront attendre toute la journée pour avoir des billets. J'espère que ce concert est extraordinaire!

Pierre Tu sais bien que ce groupe est un des meilleurs aujourd'hui et qu'ils donnent des concerts dans le monde entier! Ce sont d'excellents musiciens! Je suis sûr que ce sera chouette . . . oh, mais . . . regarde Josette, on avance . . . DIX PAS, DIX PAS cette fois-ci! Tu vois, ça ira!

Josette Il était temps!

27. Où sont Josette et Pierre?

28. Que peut-on dire de l'attitude de Josette?

29. Qu'est-ce que Pierre lui fait remarquer?

30. Pourquoi Pierre est-il surpris à la fin?

Dialogue No. 3
(Deux mamans parlent de leurs enfants)

Fabienne Tu sais Solange, avec tous les jouets qu'on trouve de nos jours, je ne sais pas quoi choisir pour mon petit garçon.

Solange Fabienne voyons, n'importe quel cadeau lui fera plaisir!

Fabienne Oui mais, on lit tout le temps dans les journaux que tel ou tel jouet est dangereux, que les bébés pourraient se faire mal ou pire. Ça fait peurtout cela. Par exemple, ma tante avait acheté un jouet pour ma nièce, je ne sais plus quel jouet c'était, et un mois plus tard, on a annoncé dans les média que ce jouet avait causé plusieurs accidents! Heureusement, ma nièce n'a pas eu d'accident, mais sa mère a tout de suite jeté le jouet!

Solange Elle a très bien fait de le jeter. Bon, à ta place, j'achèterais un de ces bons vieux jouets, pas moderne, mais très solide. Un ours en peluche, des blocs de plastic assez gros pour ne pas qu'il puisse les mettre en bouche. Enfin, méfie-toi des choses trop à la mode parce qu'on n'a pas eu le temps de les tester.

Fabienne Solange, tu es un amour! Excellente idée . . . parfois les jouets anciens sont les meilleurs! Il faut te l'avouer, j'ai encore des jouets que j'avais quand j'étais toute petite . . . et je vais les donner à mon fils!

31. Pourquoi Fabienne hésite-t-elle avant d'acheter un jouet à son fils?

32. Qu'est-ce qu'on a fait du jouet de la nièce de Fabienne?

33. Qu'est-ce que Solange suggère d'acheter?

SAMPLE TEST ANSWERS

SAMPLE TEST I—FRENCH SUBJECT TEST

ANSWER KEY

1. D	**14.** A	**27.** C	**40.** B	**53.** C	**66.** C	**79.** B
2. B	**15.** D	**28.** D	**41.** D	**54.** B	**67.** A	**80.** D
3. A	**16.** C	**29.** A	**42.** A	**55.** A	**68.** D	**81.** D
4. D	**17.** A	**30.** A	**43.** C	**56.** D	**69.** D	**82.** A
5. C	**18.** B	**31.** D	**44.** A	**57.** D	**70.** B	**83.** B
6. A	**19.** C	**32.** A	**45.** A	**58.** A	**71.** B	**84.** A
7. B	**20.** B	**33.** B	**46.** D	**59.** C	**72.** D	**85.** B
8. A	**21.** C	**34.** C	**47.** A	**60.** B	**73.** D	
9. A	**22.** D	**35.** C	**48.** D	**61.** D	**74.** A	
10. D	**23.** C	**36.** A	**49.** A	**62.** A	**75.** B	
11. B	**24.** A	**37.** C	**50.** B	**63.** B	**76.** A	
12. A	**25.** C	**38.** D	**51.** C	**64.** B	**77.** C	
13. B	**26.** B	**39.** B	**52.** A	**65.** C	**78.** C	

1. **(D)** Going to the restaurant infers being hungry. (A) and (B) are also "avoir" idioms but do not make sense in this context. (C) requires the verb "être" and is grammatically wrong.
2. **(B)** The student was worried; therefore, the teacher encouraged her. The other answers are grammatically incorrect.
3. **(A)** The television has to be turned on (verb "allumer") or turned off (verb "éteindre"). Because it is to be done before going to bed, it should be "éteindre." (C) applies to a radio, and (D) means to fall asleep.
4. **(D)** Because the pair she bought had high heels, we know it refers to shoes. It cannot be "souliers" because it is a masculine word. Obviously it cannot be (A) because socks do not have high heels, and (C) means skates.
5. **(C)** Michel's mother was very busy; therefore, he offered to help. It is important to note here that "assister" does not mean to assist, but to attend. (B) would be a good answer if, instead of "parce qu'elle," we had "qui."
6. **(A)** A taxi doesn't drive, a person drives; therefore, it cannot be (B). (C) is correct in English, but in French it is wrong. (D) applies to living things only.
7. **(B)** The person was watching the news, which is "informations." (A) is an adjective, (C) is an anglicism, and (D) means voters, not the elections.
8. **(A)** In this statement, the door opened suddenly. It cannot be (B) because if the door closed, Felicie couldn't have entered. (B) and (C) both mean broke.
9. **(A)** The expression "ranger ses affaires" means to straighten up one's belongings. (B) and (C) are incomplete statements, and (D) doesn't mean anything.
10. **(D)** It is tempting to use (A), but this is not grammatically correct because it doesn't agree with the feminine subject Marie. (C) is also tempting, but "dormir" is not a reflexive verb. (B) "se brouiller" is followed by "avec" and means to quarrel.

11. **(B)** The expression is "coûter cher." (A) cannot be used after "très," and neither can (D). Although (C) can be used with "très," it doesn't fit the statement.
12. **(A)** The cousin wants to live in the Carribean; therefore, he is looking for a job there ("un emploi"). (B) is a feminine word and cannot be preceded by "un." The two other answers do not apply.
13. **(B)** When he answered the question, he became confused ("embrouillé"). (A) "confus" means embarrassed. The two others do not fit the statement.
14. **(A)** He/She did not want to take the highway because there was a traffic jam; therefore, (A) is the only applicable answer.
15. **(D)** Everyone sat down to eat at the same time. The expression is "en même temps." (A) does not apply, and the two other answers require "au," rather than "en."
16. **(C)** As soon as she arrived, she kissed her mother. (A) would apply only without the "qu'." (B) is grammatically incorrect. (D) does not fit the statement (she cannot kiss her mother before she arrives), nor is it grammatically correct because "avant que" requires the subjunctive.
17. **(A)** It is forbidden to smoke in this restaurant. (B) also means forbidden; however, in this case, it should not have an "e" at the end. The two others do not fit the statement.
18. **(B)** The inhabitants in the village make their living from fishing. (A), (C), and (D) are not applicable.
19. **(C)** The adjective "étouffante" means stifling or suffocating, which describes the heat. (A) would apply if placed before the noun "chaleur," and the two others are not applicable.
20. **(B)** She was so tired after her last exam that she had no energy. In this case, (C) and (D) are tempting if it were during the exam. (A) does not apply unless it is followed by an explanation ("je n'avais aucune envie de travailler").
21. **(C)** Whereas in English you enter a place, in French you must use "dans" after the verb "entrer."
22. **(D)** The other answers do not fit the statement. (A) "devant" means in front of; (B) "aller bien" means to feel well; and (C) "hier" only applies if the verb "aller" is in the passé composé.
23. **(C)** After the preposition "devant," you must use "lequel" if the antecedent is in the masculine form.
24. **(A)** The others do not fit grammatically because "bien" would have to be preceded by "auss," and "aussi" would have to be followed by "bien." "Comme" cannot be followed by "que."
25. **(C)** Before a feminine country ("La Suisse"), you must use "en" to translate "to." See grammar section, "Geographical Expressions."
26. **(B)** "A dit" is correct because the subject of the verb is "elle."
27. **(C)** After "après," the past infinitive must be used.
28. **(D)** When a quantity precedes the noun, "de" must be used.
29. **(A)** The verb that follows is in the subjunctive and, out of the four possibilities, only (A) requires the subjunctive.
30. **(A)** The verb "dire" is followed by "à" ("tu diras bonjour à Corinne"); therefore, the indirect object pronoun "lui" is required here.
31. **(D)** The only adverb is "mal"; the other answers are adjectives.
32. **(A)** "De" could be used before a plural noun, as in "aucun de mes amis," which is not the case here. The other answers are grammatically incorrect.
33. **(B)** (A) would be correct if not followed by "de." The same goes for (C). (D) is incomplete ("en face de").
34. **(C)** It is the only one of the four choices that can follow "merci."
35. **(C)** Noëlle had already learned the language, so, when she went to Greece, she was able to practice it.
36. **(A)** She had studied the language several years before going to Greece. (B) means already, (C) means soon, and (D), which doesn't even agree with the subject, means past.

37. **(C)** (A) would not give a complete sentence. (B) means sometimes and doesn't apply here, and (D) means always.
38. **(D)** The verb "comprendre" requires a direct object pronoun ("le," "la," or "les"); because Noëlle is a girl, it should be "la."
39. **(B)** The adverb "bien" emphasizes the verb "dire." The teacher not only had said it, but he insisted upon it. (A) means otherwise, (C) means everywhere, (D) means finally; therefore, they do not apply in this case.
40. **(B)** The teacher said that once a language has been mastered ("maîtrisée"), it remains in our subconscious mind.
41. **(D)** The language remains in "our" subconscious mind. (B) is incorrect because it means "his" or "her." In English, "your" is used in this instance, but in French, the first person plural "nous" is used instead of the second person singular (A) or plural (C).
42. **(A)** The only answer that applies is "however." or "cependant." In English, one could have used (B) meaning also. In French, you cannot begin a sentence with "aussi." (C) means often and (D) means sometimes.
43. **(C)** (A) is tempting but is grammatically wrong because the verb "arriver" requires the auxiliary verb "être." The two others do not apply here.
44. **(A)** The expression is "se rendre compte," or to realize.
45. **(A)** It is the subject of the verb "être"; therefore, "qui" must be used. (B) is wrong because the "qu'" requires a noun or a pronoun, which makes it the object of the verb. (C) "quoi" and (D) "dont" are grammatically incorrect.
46. **(D)** She could understand what was written on the posters.
47. **(A)** She could understand publicity billboards.
48. **(D)** "Tout," which is an adverb, means everything. The other answers would not make a complete sentence: "toute" requires a noun, as in "toute la ville" (the whole); "tous" would have to be followed by a noun , as in "tous les panneaux" (all of the billboards). The same goes for (C).
49. **(A)** She was delighted to be able to understand everything. The other adjectives do not apply here.
50. **(B)** Before an infinitive, the verb "arriver" requires "à." It means to be able to, or to succeed in.
51. **(C)** The narrator was doing some research in the library ("bibliothèque"). The word "librairie" is a false cognate and means bookstore. (A) is a masculine word, and (D) must be preceded by "l'."
52. **(A)** "Tout d'abord" means first of all (idiomatic).
53. **(C)** The narrator looked for the papers without finding them. (A) is the opposite, meaning he was able to find them; therefore, it should not be preceded by "mais." (B) is grammatically incorrect, and (D) "sauf" means except, which makes no sense here.
54. **(B)** The expression is "au lieu de." meaning instead of. (A) does not agree with "au." "Début" means beginning and does not fit there, and neither does (D).
55. **(A)** The expression is "passer un coup de fil."
56. **(D)** It indicates a location: the file was there. (A) makes for an incomplete sentence. (B) does not fit; (C) cannot apply because it is a location.
57. **(D)** The puzzles are for everyone ("Nous en avons même pour tous les âges").
58. **(A)** There is no mention of cartoons ("bandes dessinées").
59. **(C)** There are some puzzles with only ten pieces and some with more than five thousand pieces.
60. **(B)** The choice between the various puzzles will be difficult.
61. **(D)** Although famous, Marine has not forgotten her friends ("n'a pas oublié ses amis d'autrefois").
62. **(A)** She began singing at school.
63. **(B)** "Après cela" means after she left "l'école maternelle," she began to imitate "les chanteuses connues."

64. **(B)** The passage mentions "ont fait un pélerinage en France."
65. **(C)** The descendants live in Canada and in New England.
66. **(C)** Ville Marie was a fort in Montreal.
67. **(A)** The founder of Ville Marie did not want to endanger the lives of his men, although the fort "n'était pas loin du fleuve Saint-Laurent."
68. **(D)** There are descendants of Jacques Archambault in all the areas mentioned.
69. **(D)** It is mentioned in the last paragraph.
70. **(B)** It is obviously evening since monsieur Grandet tells his nephew that it is time to go to bed.
71. **(B)** "Il est trop tard pour causer des affaires qui vous amènent ici."
72. **(D)** "Vous disant que je suis riche."
73. **(D)** He says that his business does not permit him to accompany his nephew.
74. **(A)** He mentions what people are saying about him and then says that it is false.
75. **(B)** "Que beaucoup avaient tenté de trouver depuis près de trois cents ans."
76. **(A)** Lady Franklin organized it.
77. **(C)** Although a tube was discovered, there is no mention of it being discovered in the ice. The message in the tube did, however, say that Franklin had died.
78. **(C)** "Avaient été bloqués par les glaces."
79. **(B)** The survivors had tried to reach Hudson Bay.
80. **(D)** The mother had an appointment at the hairdresser's.
81. **(D)** They wanted to buy a present for the mother, and, because of her appointment, they did not need to find an excuse for being late.
82. **(A)** The other people had rushed into the previous elevator.
83. **(B)** Nothing worked, so he finally yelled for help and someone heard him.
84. **(A)** He was afraid to take the elevator again, so he used the stairs instead.
85. **(B)** "Papa commençait à se demander ce qui était arrivé et avait déjà téléphoné au concierge lui-même."

SAMPLE TEST I—FRENCH SUBJECT TEST WITH LISTENING

ANSWER KEY

1. B	**14.** A	**27.** A	**40.** B	**53.** A	**66.** D	**79.** D
2. A	**15.** C	**28.** B	**41.** A	**54.** D	**67.** A	**80.** C
3. B	**16.** C	**29.** D	**42.** B	**55.** C	**68.** C	**81.** B
4. D	**17.** B	**30.** B	**43.** C	**56.** A	**69.** A	**82.** A
5. C	**18.** A	**31.** A	**44.** D	**57.** C	**70.** D	**83.** D
6. C	**19.** A	**32.** C	**45.** B	**58.** D	**71.** C	**84.** C
7. B	**20.** A	**33.** B	**46.** D	**59.** C	**72.** D	**85.** A
8. A	**21.** A	**34.** A	**47.** C	**60.** C	**73.** A	**86.** D
9. C	**22.** C	**35.** C	**48.** A	**61.** A	**74.** C	**87.** A
10. B	**23.** D	**36.** B	**49.** D	**62.** A	**75.** B	
11. C	**24.** B	**37.** B	**50.** B	**63.** C	**76.** B	
12. A	**25.** D	**38.** C	**51.** B	**64.** B	**77.** B	
13. B	**26.** A	**39.** D	**52.** D	**65.** B	**78.** A	

1. **(B)** The children are having fun, so it cannot be (A). Since there are boys and girls, it cannot be (C), and by their clothes, one can tell it isn't cold so (D) doesn't apply.
2. **(A)** They are smiling and seem to enjoy reading the book.
3. **(B)** She is smelling the flowers.
4. **(D)** The people are climbing on the bus, so there must be some empty seats.

5. **(C)** The student is writing, and this answer is the only one that refers to writing.
6. **(C)** The men are looking at the fruits in the supermarket. They are not choosing vegetables (A), nor are they eating fruits (B), and they are not paying for anything (D).
7. **(B)** The rabbit is carrying a basket ("un panier"). He is not in the elevator (A), nor is he behind the plant (C), nor is he eating the plant (D).
8. **(A)** The man has opened the van's door. He is not calling his friend (B), nor is he getting off the van (C). The last answer is wrong because he is not throwing rocks.
9. **(C)** The young boy is singing; therefore, of all the four answers, this is the only one that is possible.
10. **(B)** The man is not interested by the conversation, so (A) is not possible. Because he is reading at the same time, he is not listening attentively (C). Finally, in the last statement (D), he claims that he never does two things at the same time, which is clearly not the case here.
11. **(C)** He is asking the woman about the location of the Palais des Tuileries.
12. **(A)** The woman tells him to ask the concierge.
13. **(B)** The friend arrived with her clothes in a terrible state; therefore, she thinks that it was due to some accident.
14. **(A)** Catherine wanted to see if her new skirt looked good on her.
15. **(C)** The father is expecting a telephone call; he wants his son to hang up.
16. **(C)** Nicolas thinks that if he had his own phone, there would not be any more problems.
17. **(B)** Nadine says "j'ai tout ce qu'il me faut pour cet hiver" (I have everything I need for this winter).
18. **(A)** Marie knows that Nadine loves to shop ("tu adores faire les magasins"); therefore, she is surprised.
19. **(A)** Colette is saying that she hopes the people she is calling have finished eating dinner. She did not forget anything (B), nor did she lose anything (C). It is a friend of hers who lost her book.
20. **(A)** Her friend needs to borrow a book because she lost hers.
21. **(A)** It is the 50th anniversary of the high school. They had indeed moved, but that was six years before, so answer (C) does not apply.
22. **(C)** They had moved because the number of students had increased and the school was not big enough ("le nombre d'élèves ayant augmentém nous avons dû déménager").
23. **(D)** Philippe has not contacted Jacques in at least two months.
24. **(B)** Philippe's little sister Elodie loves to play with the neighbors.
25. **(D)** He recognizes that his new school is fine, and that his room is even bigger in the new house, but he misses his friends.
26. **(A)** Philippe says that the reason he hadn't called is because he was trying to get used to his new environment without hanging on to his previous life in the city.
27. **(A)** Claire says that Mr. and Mrs. Blancpain "étaient tous deux danseurs professionnels quand ils étaient plus jeunes, et ils étaient très connus."
28. **(B)** Didier says that she is trying to convince him to sign up for a dance class.
29. **(D)** Didier feels that he is "maladroit" (clumsy) and might look ridiculous.
30. **(B)** Vanessa has an essay for the following week, and she says "je voudrais faire un peu de recherche."
31. **(A)** Vanessa's mother reminds her that they have many books on French theater at home: "nous les collectionnons depuis des années."
32. **(C)** Because her essay is a comparison between 18th century French and English theater, she admits that she knows nothing about English literature.
33. **(B)** Her mother feels that, after working so hard, she will be very hungry.
34. **(A)** "Répondre" is the only verb here that can be followed by the preposition "à."

35. **(C)** When the person will be through reading, he/she will put the book *on* the shelf.
36. **(B)** It was raining, therefore Christine needed her raincoat. Answer (A) means "parasol" or umbrella used for the sun only, or beach umbrella. (C) is a man's jacket and (D) is an apron.
37. **(B)** "Un plan" means a map. (C) would apply if followed by "sur." (A) is a part of town, and, of course, "metro" makes no sense here.
38. **(C)** Louis is late; therefore, he needs to hurry ("se dépêcher"). (A) would apply if not preceded by "te," "courir" is not a reflexive verb. (B) means "to relax" and doesn't apply here.
39. **(D)** To find the important sentences, she had underlined them. The three other answers cannot apply here ("described," "read," and "finished").
40. **(B)** "Vraiment" means actually, whereas "actuellement" means at the present time. (C) means yesterday, and (D) means how; neither applies.
41. **(A)** (B) is incorrect because the verb "fixer" cannot be used in this context. (C) "Placer" (to place) doesn't fit here either and (D) "ranger" means "to put away."
42. **(B)** "Se lancer" is to dive into. It is the only reflexive verb among the four choices.
43. **(C)** None of the other answers can be used with "avec."
44. **(D)** After the expression "il est évident que" the subjunctive cannot be used because it is a certainty. (B) is in the conditional and makes no sense here. (C) is in the imperfect and would be plausible if the second part read "vous auriez bien fait de vous reposer."
45. **(B)** "Envers" means toward in the abstract sense. (A) means toward in the physical sense, as in "to walk toward the door." (C) and (D) are grammatically incorrect.
46. **(D)** The verb "entrer" is followed by "dans" before a location.
47. **(C)** The preposition "en" is used before a feminine country or continent beginning with a vowel.
48. **(A)** Since the antecedent is in the feminine plural form ("les amies"), it is the only possible answer.
49. **(D)** Because "voiture" is a feminine word, only a feminine demonstrative pronoun can be used.
50. **(B)** The missing word precedes the past infinitive "avoir raccompagné"; therefore, this is the only possible answer. (A) "pour" can be used before a past infinitive, but it does not make sense in this context.
51. **(B)** "Bague" is a feminine noun, and "la" refers to it.
52. **(D)** In French, unlike English, when using "when" ("lorsque"), if the first verb is in the future, the verb that follows "when" must also be in the future.
53. **(A)** After "pourquoi" the indicative must be used; therefore, (B) is wrong. The other choices are in the conditional (C) and the imperfect (D), which are grammatically incorrect in this context.
54. **(D)** A verb following "devoir" must be in the infinitive.
55. **(C)** The expression is "à l'heure" (on time).
56. **(A)** The verb "finir" followed by "par" means to end up by or to end up. (B) "de" is often used with "finir," but means to finish. The others are grammatically incorrect.
57. **(C)** The friend has been living in New York for one year and is still living there, so the present tense is required here.
58. **(D)** "Depuis" means that it started in the past and is continuing in the present. (A) would be correct if it began the sentence (il y a un an qu'une de nos amies vit à New York). (B) "dans" means "in." (C) would indicate that the friend no longer lives in New York.
59. **(C)** She lives there and is returning after her visit. (A) would indicate that she lives elsewhere and is coming to New York. (B) means that she is just going to New York, which would apply if the previous sentence had been omitted. (D) doesn't make sense in this context.

60. **(C)** This is a "si" clause, and it is the only possible answer.
61. **(A)** The verb "savoir" means to know a fact or to know something by heart. The verb "connaître" means to know a person or a place. The two other answers don't fit in this context.
62. **(A)** The passé composé must be used here because it is a one-time action in the past.
63. **(C)** The expression is "en même temps" (at the same time). (A) does not fit in this context, (B) cannot be used with "en," and (D) would have to be preceded by "à la même."
64. **(B)** "Révocation," like all nouns ending in "ion," is feminine. Although (C) is feminine, it is a pronoun and cannot be followed by a noun.
65. **(B)** The passé composé must be used here because it is a one-time action in the past.
66. **(D)** The verb "quitter" (to leave) is not followed by a preposition and therefore works here. (A) as well as (C) would need to be followed by "de." (B) does not fit contextually.
67. **(A)** The passé composé is necessary, and since the verb "deviner" refers to a generality, not to a specific word, it cannot agree with anything.
68. **(C)** "Tels que" means such as. (A) would be possible if not followed by "que." The other two choices do not fit the context.
69. **(A)** There can be no relative pronoun before the verb here because then the sentence would be incomplete.
70. **(D)** The noblemen and women who left France at the time of the revolution followed the same path. One does not follow a voyage, nor a means, nor a departure.
71. **(C)** The only verb that fits is "éviter" (to avoid).
72. **(D)** "Il ne voulait . . . sa vie privée."
73. **(A)** There is, in fact, too much talking and gossiping in that office.
74. **(C)** The incident with Delphine occurred a few months before. (B) would mean that the incident was ongoing. (A) means that the incident lasted several months, and (D) indicates that the incident will occur in a few months.
75. **(B)** Delphine had spoken to a colleague, and Victor overheard it.
76. **(B)** It is understandable that Delphine was embarrassed.
77. **(B)** In spite of the bad weather, the young boy says that he was "tellement heureux."
78. **(A)** It was a business trip for the father.
79. **(D)** Although the narrator was looking forward to getting cowboy boots and a hat, he wasn't going to buy them himself, so (B), which is tempting, is wrong.
80. **(C)** He was looking forward "avec délices" to the good cakes that his grandmother was going to make.
81. **(B)** The young boy was proud of his grandfather's repertoire of stories.
82. **(A)** The young boy obviously loves adventures; he wanted to know everything about his grandfather's war experience.
83. **(D)** The mountain is not mentioned.
84. **(C)** "L'obstacle, très souvent, c'est le prix."
85. **(A)** The advice is to buy the piece of land and then to build.
86. **(D)** The narrator thinks her father is exaggerating when she says, "du moins c'est ce qu'il me dit" (at least, this is what he says).
87. **(A)** Since the father is never satisfied with her grades, although she thinks they are OK, this time he'll be happy: she had the best grade in the class.

SAMPLE TEST II—FRENCH SUBJECT TEST

ANSWER KEY

1. C	**14.** C	**27.** A	**40.** B	**53.** C	**66.** B	**79.** B
2. C	**15.** B	**28.** C	**41.** C	**54.** D	**67.** A	**80.** A
3. A	**16.** D	**29.** D	**42.** A	**55.** B	**68.** C	**81.** B
4. D	**17.** B	**30.** A	**43.** B	**56.** A	**69.** C	**82.** B
5. D	**18.** A	**31.** C	**44.** C	**57.** C	**70.** B	**83.** D
6. B	**19.** A	**32.** B	**45.** A	**58.** A	**71.** C	**84.** C
7. D	**20.** D	**33.** A	**46.** B	**59.** B	**72.** C	**85.** B
8. A	**21.** D	**34.** C	**47.** A	**60.** C	**73.** A	
9. C	**22.** D	**35.** C	**48.** C	**61.** D	**74.** C	
10. C	**23.** B	**36.** C	**49.** D	**62.** B	**75.** B	
11. D	**24.** C	**37.** D	**50.** A	**63.** B	**76.** D	
12. B	**25.** A	**38.** A	**51.** B	**64.** A	**77.** A	
13. A	**26.** D	**39.** C	**52.** B	**65.** A	**78.** C	

1. **(C)** The medicine must be taken with a lot of water. (A) means doctor; (B) means pill, but because it is a feminine word, it cannot follow "ce." Although (D) is a masculine word, because it begins with a vowel, it requires "cet" instead of "ce."
2. **(C)** The road is covered with debris following a storm ("l'orage"). (A) is thunder, (B) is lightning and (D) means riddance.
3. **(A)** All the other answers require the preposition "à."
4. **(D)** The expression is "ranger ses affaires" or straighten up one's belongings. (A) doesn't mean anything here; (B) means to look at which doesn't fit; and (C) would require a continuation of the sentence.
5. **(D)** "Pousser un cri" is to let out a cry. The verb "pousser" cannot go with the other answers.
6. **(B)** In France, you must validate your tickets before taking the train and "composter" means to validate. (A) doesn't apply to a ticket. (C) means that they forgot to sell their tickets before boarding the train, which doesn't make sense. (D) would be possible except that the verb "acheter" has to be preceded by a "d'" because it begins with a vowel.
7. **(D)** The father needs a pair of glasses. (A) is fists. (B) is a show. (C) means ice cream or mirrors.
8. **(A)** The weather is hot, but, thanks to all of these trees, there is enough shade. The other answers are either wrong ("merci = thank you) or do not fit grammatically.
9. **(C)** It is the only answer that can be followed by "à."
10. **(C)** They sat *on* a bench. Obviously, they cannot sit on a tree or a park. (D) can fit only if "sur un" is replaced by "sur le."
11. **(D)** Next summer is "l'été prochain." (A) means the following, which implies another event preceding it. (B) means after; (C) means last. Because the sentence is in the future, (D) is the only plausible answer.
12. **(B)** Suzanne is never ready on time. (A) means to break in (an animal) or to erect a monument. (C) means finished but can only apply if used with the verb "avoir" as an auxiliary verb. (D) is a reflexive verb.
13. **(A)** "C'est pourquoi" means that is why. The brother was ill; that is why he didn't go to the party. (B) means because; (C) and (D) cannot apply here.
14. **(C)** "Présenter" means to introduce. When pertaining to a person, (A) means to show someone in. (B) preceded by

"vous" means to meet you, and the same rule applies to (D) (to know you).

15. **(B)** Marguerite watches TV instead of doing her homework; therefore, she is not reasonable. (A) doesn't apply; (C) is a false cognate, which means "sensitive," and obviously, Marguerite is lazy, so (D) is also wrong.
16. **(D)** It is the only answer that means to help. "Assister à" means to attend (as in a performance). (B) means to invite and (C) means to wait for.
17. **(B)** Only (B) and (D) are clothing items that one wears as a pair (shoes and slippers). Unlike English, (A) is in the singular in French and so is (C). Because the man wants to be elegant, he will not wear slippers to the party.
18. **(A)** The doors of the school have to be opened prior to the arrival of the students, so (B) is wrong. The other two answers do not apply.
19. **(A)** It is the answer that contains a reflexive verb.
20. **(D)** The verb "plaire à" is to be liked by someone. The person liked the book. (A) can only apply if used in the active form: "J'ai aimé ce livre." It cannot be (B) because the person is advising a friend to read that book. (C) would have to be used in the active form to make sense.
21. **(D)** The expression is "aller à cheval."
22. **(D)** They left *after* giving the gift to mom. The other answers mean for ("pour"), next to ("près d'"), and in ("en") and cannot apply here.
23. **(B)** After "avant de," an infinitive must be used. The other answers are (A) a present participle, (C) a past participle, and (D) the imperfect tense.
24. **(C)** It cannot be (A) because "bien qu'" requires the subjunctive. (B) means "when" and implies that the person should be invited whenever she wants to, not to that specific party. (D) also requires the subjunctive.
25. **(A)** Peru in French is "Le Pérou." The verb venir is followed by "de," and "de + le" becomes "du." For this reason, (B) is wrong. (C) cannot be used after the verb "venir." (D) is possible when used before the name of a city, as in "tu viens à Paris?"
26. **(D)** It is the only adverb. The other answers are all adjectives and cannot be used in this sentence.
27. **(A)** It is the subject of the verb; therefore "qui" must follow "ce." (B), (C), and (D) are incorrect because "qu'" and "dont" need to be followed by a noun or a pronoun, whereas "quel" is an interrogative adjective.
28. **(C)** The relative pronoun "lequel" is used after the preposition "devant." (A) and (B) can be used after "devant" only as interrogatives. (D) is a relative pronoun that cannot be used after "devant."
29. **(D)** Although in English a preposition is not always required after the verb "to write," it is required in French; therefore, (A) is wrong. (B) cannot be used because it is followed by the possessive adjective. (C), although grammatically correct, doesn't make sense in this context.
30. **(A)** In a negative sentence "du" becomes "de." Therefore, (B) is incorrect. Because "beurre" is a masculine word, (C) and (D) are also incorrect.
31. **(C)** The expression "il est utile que" requires the subjunctive, and the other answers are not in the subjunctive.
32. **(B)** A disjunctive (or stress) pronoun is needed here, and among all of the answers, (B) is the only one with a stress pronoun.
33. **(A)** Although in English the verb "to look for" contains a preposition, in French the verb "chercher" is not followed by a preposition. Therefore (B), (C), and (D) are incorrect.
34. **(C)** A preposition is required here, so (A) is wrong. (B) can only apply if the meaning is cup *of* coffee. Because the person purchased six coffee cups to complete a set of china, it is incorrect here. (D) means for and is also incorrect.
35. **(C)** It cannot be (A) because "dans," in this context, can only be used in the future. (B) means within or in and is

incorrect in this context. (D) "il y a" would only be correct if the sentence was turned around and read "il y a plusieurs mois que nous."

36. **(C)** The present participle is needed here, and the subject is "une lettre" (a letter announcing to us). (A) being an infinitive is incorrect. (B) is also incorrect because "nous" is not the subject of the verb. (D) is in the imperfect.
37. **(D)** In this context, because it means that the letter was late, only "tard" can be used after "plus." The other answers are incorrect.
38. **(A)** "Subir" means to undergo and it is the only possible answer. (B) means to proceed, (C) means to support, and (D) means to receive. They do not apply here.
39. **(C)** The narrator says about his/her cousins "if they were staying with us," their mother could rest after her operation. Therefore, (A), (B), and (D) are incorrect.
40. **(B)** Tante Juliette could rest ("se reposer"). (A) is a false cognate and means to remain. Because of the context, (C) is incorrect. (D) could be used only if used in the reflexive form.
41. **(C)** Unlike English, the verb that follows "Dès que" (as soon as) must be in the future if the rest of the sentence is in the future. Therefore the other answers are incorrect.
42. **(A)** After a quantity, and certainly after "chaque," "fois" must be used, meaning each time or every time. (B) is incorrect, and (C) and (D) do not fit in this context.
43. **(B)** It is the second verb in the sentence and must therefore be in the infinitive. Because "nous" is the object of the verb, (A) is wrong. (C) and (D), being conjugated, are also incorrect.
44. **(C)** The father usually requires the children to play outside when the weather is nice. The other three answers (finally, also, in the past) do not fit in this context.
45. **(A)** Means however. It is the only plausible answer. (B), (C), and (D) do not apply in this context.
46. **(B)** The children have more freedom when their cousins are there. (A) is incorrect because they do not play outdoors; they watch television. (C) and (D) are masculine words.
47. **(A)** Because the word "années" is not preceded by a "d'," (B) and (D) are incorrect. (C) cannot be used in conjunction with "années."
48. **(C)** It means since then. The other answers (before, when, thus) do not apply here.
49. **(D)** "Quelle n'a été ma surprise" translates to how surprised I was. (A) could apply if not followed by "n'," and if instead of "ma surprise," it was "une surprise." (B) (she) and (C) (nothing) do not apply here.
50. **(A)** "Tout" is a synonym of "très." (B) means so much and is incorrect. (C) would be correct only if "récemment" was followed by "que la semaine passée" or "qu'hier." (D) (yesterday) is also incorrect.
51. **(B)** Only the passé composé is correct here because it only happened one time in the past.
52. **(B)** The telephone call was announcing. (A) could only be correct if, after "Line," the relative pronoun "qui" had been used. (C) is in the present and is therefore incorrect. (D) follows the same rule as (A).
53. **(C)** "To get married" is either "se marier" or "épouser" + name of person or noun representing this person. (A) means to marry off, (B) is incorrect because it is not followed by anything, and (D) is wrong because it is not a reflexive verb.
54. **(D)** The verb "assister" is always followed by "à" when meaning "to attend an event." Therefore the other answers are incorrect.
55. **(B)** It is the only answer that can be used with "de."
56. **(A)** After "quelle" you cannot use an article or a demonstrative adjective; therefore the other answers are incorrect.
57. **(C)** He felt isolated.

58. **(A)** "Antoine Lemître a tout de suite reconnu ce qu'il avait fait."
59. **(B)** "Il voulait avoir des conversations"
60. **(C)** The old man's friends, because they were old like him (he was ninety years old), were no longer alive.
61. **(D)** "Les personnes . . . ont tout de suite retiré leurs accusations."
62. **(B)** M. Lantin "avait honte d'étaler sa misère" indicates that he was financially in trouble.
63. **(B)** The jeweler took a long time (examina, retourna, soupesa, prit une loupe, etc.).
64. **(A)** "Une chose de si peu de prix."
65. **(A)** He thinks that the necklace is of little value and that the jeweler is going through too much trouble ("je sais bien que cela n'a aucune valeur").
66. **(B)** The two travelers are giants and jump from one planet to another.
67. **(A)** The author writes "quoique l'un soit plus petit que l'autre."
68. **(C)** Their eyes and ears are infinitely large, so they can neither see nor hear the people from Earth who are very small.
69. **(C)** (A) is not mentioned at all in the passage. (B) is tempting, but it isn't a real microscope they are using. The man from Sirius breaks the thread of his diamond necklace and the man from Saturn notices that using one of the diamonds makes for an excellent microscope. They see a boat, but they do not use it as a tool to see what is going on, so (D) is incorrect.
70. **(B)** The man from Saturn calls the people from Earth insects. The man from Sirius calls them atoms. (C) and (D) are not mentioned in the text.
71. **(C)** They communicated in this manner whether they lived far or close, and the writer "écrivait longuement." (A) is incorrect, and although the word "document" is used, it is referring to the letters, so (B) is also incorrect. (D) is negated by the second sentence in the passage.
72. **(C)** The author says "on corrigeait la lettre plusieurs fois." There is no mention of the letter being kept as a permanent document by the writer, nor read aloud so (A) and (B) are incorrect. (D) is wrong because "fautes de frappe" is used when typing a letter.
73. **(A)** "Sans trop se préoccuper des fautes de frappe ou de grammaire."
74. **(C)** The author says "il y a toujours une place pour les lettres . . . mais les messages électroniques . . . trop de temps à écrire." Therefore, both means of communication are useful, according to the author.
75. **(B)** "Notre professeur de français l'a loué je crois."
76. **(D)** The teacher, Mademoiselle Guérin went to Africa "est tombée amoureuse de ce continent."
77. **(A)** "Un jeune professeur . . . qui essaie de changer les méthodes d'enseignement de son pays."
78. **(C)** The young teacher is using the language that the farmers speak in order to explain math: "il montre comment une coopérative divise ses bénéfices."
79. **(B)** "Peut-être aimerais-tu te joindre à nous."
80. **(A)** The idiom "voir le jour" means to be born or, as in this case, to be created.
81. **(B)** It is mentioned in the first sentence.
82. **(B)** "Un Provençal né entre les deux centres faïenciers de Moustiers et Marseille."
83. **(D)** It is only when he was 72 years old that he recruited a partner.
84. **(C)** The initials HB come from the name of the founder, Bousquet, and that of his son-in-law, Hubaudière.
85. **(B)** "La faïencerie connaîtra une succession d'empreintes."

SAMPLE TEST II—FRENCH SUBJECT TEST WITH LISTENING

ANSWER KEY

1. C	**14.** C	**27.** A	**40.** B	**53.** B	**66.** B	**79.** D
2. C	**15.** A	**28.** B	**41.** C	**54.** C	**67.** C	**80.** A
3. A	**16.** B	**29.** D	**42.** D	**55.** A	**68.** A	**81.** B
4. B	**17.** C	**30.** D	**43.** A	**56.** C	**69.** A	**82.** B
5. A	**18.** B	**31.** B	**44.** C	**57.** B	**70.** D	**83.** A
6. A	**19.** B	**32.** B	**45.** B	**58.** A	**71.** B	**84.** D
7. C	**20.** A	**33.** A	**46.** A	**59.** C	**72.** A	**85.** A
8. B	**21.** A	**34.** B	**47.** C	**60.** B	**73.** C	**86.** C
9. C	**22.** B	**35.** B	**48.** A	**61.** A	**74.** A	**87.** D
10. B	**23.** B	**36.** C	**49.** B	**62.** D	**75.** B	
11. B	**24.** C	**37.** D	**50.** D	**63.** A	**76.** A	
12. C	**25.** A	**38.** A	**51.** C	**64.** D	**77.** D	
13. B	**26.** A	**39.** A	**52.** B	**65.** D	**78.** A	

1. **(C)** The student who is sitting on the desk is not reading (A), he is not holding a book (B), and he is not smiling at the two girls in front of him (D).
2. **(C)** The coachman seems to be waiting. The other answers do not apply to this picture.
3. **(A)** Since the first student is pointing to something, he is obviously asking or stating something. It is a book, not a test (B); there are no pictures on that page (C); and neither student is writing (D).
4. **(B)** They are obviously trying to win the race, so we can assume they are not going to work (A). Not all of them are wearing helmets (C), and one of the men in the picture is not wearing shorts (D).
5. **(A)** The palm trees are pushed by the wind. None of the other answers describe this picture.
6. **(A)** The lady in front is holding a camera; she is looking at something, so she might want to take a picture. It cannot be (B) because the tourists are not getting off cars, we don't see people crossing the street so it isn't (C), and not all of the passengers wear glasses (D).
7. **(C)** The young woman is next to the man. Although there are rugs, we cannot see anyone admiring them (A). No one is buying a dress (B), and the men aren't admiring art pieces (D).
8. **(B)** The young woman is on the second floor with her back to the escalator, therefore she must just have arrived there. None of the other answers apply to this picture.
9. **(C)** The little boy is hiding behind the tree. He isn't running (A), the older boy did not catch him (B), and he isn't climbing the tree (D).
10. **(B)** The young boy obviously likes sweets because he is eating cotton candy. (A) refers to ice cream, (C) refers to cotton clothes, and (D) refers to hard candies.
11. **(B)** Corinne's alarm clock did not ring. There is no mention here of her not finding her books (A) and she did not eat breakfast (C).
12. **(C)** Corinne realizes she forgot her books. She is late so (A) is incorrect. The teacher never says that he'll punish her (B).
13. **(B)** The speaker says that it was created for high school students.
14. **(C)** The speaker says that the students can ask questions or give suggestions. There is no mention about drawings done by students (A) or tools designed by them (B).

15. **(A)** Philippe says that he is hurt because Nathalie did not tell him that she was engaged. (B) is incorrect because there is no mention about Philippe being engaged, and since Nathalie isn't married, (C) is also incorrect.
16. **(B)** Nathalie mentions that she will certainly become engaged in a few weeks. The two other answers do not apply.
17. **(C)** The woman advises those who work in an office to do their exercises while sitting down, not to get up several times a day (A) nor to go to a club (B).
18. **(B)** (A) is tempting, but the speaker says that the colleagues will look at them strangely, not make fun of them. The colleagues will not say anything (C), but they will end up doing like them.
19. **(B)** The only number mentioned is the flight number; therefore, (A) is incorrect. There is no mention of their own neighbor, just of their aunt's neighbor (C).
20. **(A)** The aunt needs the flight number. They do no need to talk to Yvette (B), and they don't need to know the weather (C).
21. **(A)** He says, "On peut bien voir le pays." He states that he isn't afraid of flying (B), and he never mentions his love of driving (C).
22. **(B)** She hates having to pay at the toll booths and for the gasoline. The other choices are never mentioned.
23. **(B)** The husband remembers having seen the bridge. The other answers are not mentioned there.
24. **(C)** When seeing the house, Denise remembers "la maison où j'habitais quand on s'est connus." She doesn't know the owners (A), nor does she want to buy the house (B) and there is no mention of wasting time (D).
25. **(A)** The husband says, "Cette maison-là ou une autre, ça m'est égal." He really doesn't care, so there is no enthusiasm there. Therefore, the other options do not apply.
26. **(A)** He is asking where the Michelin Guide is, which means he wants to check the map. No mention is made of asking elsewhere (B), looking for the owner of the house (C), or looking for a road sign (D).
27. **(A)** She goes to bed before ten o'clock every evening. She says that she doesn't sleep late now so (B) is incorrect. Jean-Claude says that she is very responsible, so (C) doesn't apply. There is no mention of her never having traveled, so (D) is incorrect
28. **(B)** Jean-Claude states, "Cela exige des heures de travail irrégulières." None of the other choices fit.
29. **(D)** Jean-Claude has been playing the piano since he was six years old.
30. **(D)** Liliane expects Jean-Claude to play with the symphony. She says, "C'est parfait pour toi," so when Jean-Claude says he wants to play in a rock group, it is evident that she will be surprised.
31. **(B)** She says to Maurice, "Tu as vraiment mauvaise mine. Tu es malade?" (A) would apply only in his dream; (C) is incorrect because he went to bed late; therefore, "il a dormi jusqu'à minuit" is wrong. And because he did do his homework, (D) doesn't apply.
32. **(B)** Maurice had a nightmare. Because he did his homework, (A) is incorrect. (C) is tempting, but the accident was in a dream, not in real life, and there is no mention at all about getting up early to study (D).
33. **(A)** In his dream, he tried to hit the brakes, but nothing happened. This is the only plausible answer.
34. **(B)** The person doesn't understand why he/she did not get the job. (A) means trial, (C) requires "cet" because the word begins with a vowel, and (D) is a false cognate. In French "degré" means step (hierarchy), degree (as in temperature), but never diploma.
35. **(B)** The idiom is "aller mieux." The three other choices would apply only as reflexive verbs.
36. **(C)** The person is sleepy because of lack of sleep the previous night. It is the only possible answer.

37. **(D)** Nadine is not supposed to watch television while doing her homework. (A) would be correct if not followed by "que," (B) requires a subjunctive, and (C) means however and is therefore incorrect.
38. **(A)** The word for "bachelor" in French is "célibataire." (B) is a false cognate and means a student who has a baccalaureate degree. (C) and (D) are not logical in this context.
39. **(A)** "Pareilles" means similar. In order to be correct, (B) would have to be preceded by "les." (C) means to gather together and (D) means reduced.
40. **(B)** "Se tenir bien" means to behave well. (A) as a reflexive, refers to health, and doesn't fit here. (C) as a reflexive means to be about, and (D) as a reflexive means answer oneself.
41. **(C)** The narrator's parents are proud of him/her for having won the race. (A) is tempting but cannot apply because it is followed by "de." (B) means worried, and (D) would apply as a reflexive verb in the present tense, and without the "de" afterward ("Mes parents se réjouissent parce que . . .").
42. **(D)** "Entreprendre" means to undertake. (A) is grammatically wrong here. (B) and (C) are not logical.
43. **(A)** In the negative form, "du" becomes "de." The other choices are grammatically incorrect.
44. **(C)** After "Il est utile que," the subjunctive is required.
45. **(B)** After the preposition "pour," a disjunctive (or stress) pronoun is required.
46. **(A)** Whereas in English one searches for something, in French there must be no preposition after the verb "chercher."
47. **(C)** "Une tasse à café" is a coffee cup, not to be mistaken with "une tasse de café" which means a cup *of* coffee. (A) is grammatically incorrect and so is (D).
48. **(A)** This is a comparative of superiority, and "pommes" is a feminine plural word; therefore, an adjective is required. (B), while being an adjective, is not a comparative; (C) is an adverb; and (D) would have to be followed by an adjective ("moins bonnes").
49. **(B)** The interrogative expression being the subject of the verb "se passer," it must be used with "qui." Because "se passer" means to happen, (A) meaning "who" is incorrect and the same goes for (C). (D) is wrong because it is the object of the verb.
50. **(D)** A price is requested, this is the only possible answer.
51. **(C)** An adjective is required here, so both (A) and (B) can be omitted. (D) is wrong because it is a comparative.
52. **(B)** (A), (C), and (D) are grammatically incorrect.
53. **(B)** The object pronoun "le" comes before "lui"; therefore, (A) is incorrect. It is masculine because it is referring to a telephone number, so (C) is incorrect. (D) is in the plural, so it too is incorrect.
54. **(C)** (A) and (B) would apply if followed by "d'." (D) is wrong because it is in the feminine, and "effort" is a masculine word.
55. **(A)** It is idiomatic ("tomber en panne").
56. **(C)** (A) is incorrect because it is a masculine word. (B) and (D) refer to a very large city street and a highway, not to a country road.
57. **(B)** The verb "essayer" requires "de" or "d'" before another verb in the infinitive.
58. **(A)** "Deviner" means to guess. (B) is incorrect because it is the past participle of the verb "avoir." (C) is the past participle of the verb "connaître," which means "to know a person or a place" and doesn't fit here. (D) is not logical in this context.
59. **(C)** This is a conditional sentence, the second part of which is in the past conditional (aurait su), therefore, the only possible answer is the pluperfect "avait su."
60. **(B)** The preposition "à" must be used before "l'examen," whereas in English one gets a grade on the exam. It is the only possible answer.
61. **(A)** She would have studied much "more" seriously. (B) would be correct if

not preceded by "beaucoup." (C) and (D) also cannot be used after "beaucoup."

62. **(D)** It is idiomatic; "passer son temps" means to spend one's time.
63. **(A)** After "Depuis que," when an action is completed in the past, one can only use the passé composé. (B) can only be correct for a repeated action in the present (as in "depuis que je vais à l'école," which means since you are still going to school). (C) can only apply if the action is not completed, and (D), being in the conditional, cannot be used after "depuis que."
64. **(D)** She is always "before" or "in front of" the television set. (A) "Avant" means before in time (as in "avant l'école"). (B) would imply that she is sitting on top of the television set, and (C) requires "de" after "près."
65. **(D)** The little brother calls "it" (meaning the television) a magic box. (A) would infer that it's the little brother who is the magic box. (B) is an indirect object pronoun and is therefore incorrect. (C) means calls you, so it is incorrect also.
66. **(B)** All of the other answers require "qu'."
67. **(C)** "Pleurer" means to cry. (A) means to rain. (B) means to shout. Because it is followed by "tristement" (sadly), it doesn't fit. (D) means to pity or feel sorry for someone.
68. **(A)** Television is tempting. (B), which means striking; (C), which means touching; and (D), which means stifling, do not apply here.
69. **(A)** Because a stress pronoun is needed here, it is the only possible answer. (C) is also a stress pronoun but it cannot be used here because it is feminine.
70. **(D)** The verb "coller" requires "à" afterward; therefore, it is the only possible answer.
71. **(B)** No mention is made of this watch's band.
72. **(A)** According to the context, you will be able to show off this watch at big events. The three other choices do not fit here.
73. **(C)** This watch is so sturdy that one can both work ("toutes sortes de tâches") and go out.
74. **(A)** You will not find it easy to choose among these artistic creations.
75. **(B)** She is almost hypnotized by the sea in front of her. The horizon is not mentioned (A), there is no mention of her hoping to find fish (C), and the sea breeze is not messing up her hair, but the passage doesn't mention her breathing in the sea breeze.
76. **(A)** When Thierry arrived, she did not hear him, so she jumped ("elle sursauta").
77. **(D)** She began to smile and answered softly; therefore, (A) doesn't apply. (B) means that she pretended to smile. (C) means that she smiled while talking, but in this case, the sentence could not include "un petit sourire" or it would be redundant.
78. **(A)** He laughed and asked if she had seen the Loch Ness monster. He did not criticize her (B), nor was he impatient (C). (D) "he understood" is incorrect. He really just found the situation funny.
79. **(D)** "Je reste avec toi. On attend les dauphins."
80. **(A)** It is the distance the train covered.
81. **(B)** The narrator does say, "pour une raison que je ne peux comprendre moi-même."
82. **(B)** He did not know anyone there, so he watched as the first passenger met his family who was obviously very excited to see him.
83. **(A)** The second passenger was expecting someone to be there, but there was no one, so he was disappointed ("il avait l'air déçu").
84. **(D)** She says to him, "J'ai eu une panne en chemin."
85. **(A)** The young woman was worried, but then says "heureusement que tu m'as attendue."
86. **(C)** The first sentence talks about insomnia. (A) is incorrect because it has nothing to do with people who have children. (B) is wrong because it isn't targeting doctors, and (D) is wrong because this is not mentioned at all.
87. **(D)** There is no mention of the durability of the mattress.

SAMPLE TEST III—FRENCH SUBJECT TEST

ANSWER KEY

1. B	**14.** C	**27.** A	**40.** C	**53.** D	**66.** A	**79.** A
2. D	**15.** C	**28.** B	**41.** A	**54.** B	**67.** C	**80.** D
3. B	**16.** D	**29.** C	**42.** C	**55.** B	**68.** B	**81.** C
4. A	**17.** C	**30.** D	**43.** A	**56.** A	**69.** D	**82.** A
5. B	**18.** A	**31.** A	**44.** B	**57.** C	**70.** D	**83.** B
6. A	**19.** B	**32.** C	**45.** B	**58.** B	**71.** C	**84.** D
7. C	**20.** B	**33.** D	**46.** A	**59.** B	**72.** A	**85.** A
8. C	**21.** B	**34.** A	**47.** C	**60.** D	**73.** B	
9. D	**22.** B	**35.** C	**48.** B	**61.** D	**74.** C	
10. C	**23.** D	**36.** A	**49.** C	**62.** A	**75.** B	
11. A	**24.** B	**37.** B	**50.** C	**63.** A	**76.** D	
12. D	**25.** C	**38.** C	**51.** D	**64.** B	**77.** B	
13. A	**26.** D	**39.** B	**52.** A	**65.** B	**78.** A	

1. **(B)** The second part of the sentence says that seeing the movie will help to understand it; therefore, the person is right ("avoir raison") to see it. (A) means wrong, (C) means to feel like, and (D) is grammatically incorrect (the expression is "avoir le droit," and it means to have the right to do something).
2. **(D)** All the other answers require either "à" or "au."
3. **(B)** The other choices all require "de."
4. **(A)** "Selon" means according to. (B) means after, (C) means towards, and (D) means during.
5. **(B)** Micheline's uncle is *truly* an extraordinary person. (A) means however and does not apply in this case. (C) is a false cognate; it means at the present time. (D) "couramment" can mean easily, fluently, or currently.
6. **(A)** The expression "aller bien à quelqu'un" means to suit someone as in "this sweater suits her" ("un chandail qui lui va bien"). What this person is wearing looks good on her. (B) is the verb "devenir" which means to become as in "he became tired." (C) means to follow and (D) means to look or to watch.
7. **(C)** She refuses to sing with the choir because she knows that she sings badly (chanter faux). (A) means well, (B) means easily, and (D) means often.
8. **(C)** He would like to buy a computer to do some research. (A) is a keyboard and doesn't help for research; (B) is a librarian, not a library (library in French is "bibliothèque"); and (D) is a screen.
9. **(D)** They waited for the train on the platform. (A) is a ceiling, (B) is a railroad car or a coach and, since the train was late, they couldn't have been waiting there. (C) is either a trolley or a cart.
10. **(C)** The person eats jam and bread for breakfast, not ice cream and bread (A), mustard and bread (B), or a spoon and bread (D).
11. **(A)** "Un séjour" is the period of time one spends somewhere away from home. (B) cannot apply because a departure doesn't take two weeks, (C) is a false cognate and means remainder, and (D) "how much does the amount cost" is incorrect.
12. **(D)** Before going to the theater, she is putting on her makeup. She cannot be in the process of going to bed because she is going out (A), nor can she be in the process of getting undressed (B). (C), when used in the reflexive form, must be followed by "à" and means to consent or to be open to a suggestion.

13. **(A)** The person is asking for a location ("un endroit"). (B) is a false cognate and means a rental; (C) is an investment or, as in "bureau de placement," an employment agency. (D) is tempting, but one cannot purchase something in a direction.
14. **(C)** To get married is "se marier." (A) is wrong because it means to marry off. (B) is tempting but, in order to be correct, it would have to be followed by a noun or a name referring to the person Corrine is going to marry. (D) is incorrect because they are already engaged.
15. **(C)** "Une enquête" is an investigation. (A) is a play or a room. (B) is incorrect because one doesn't "do" a discussion, one simply discusses. (D) is tempting but in this case the sentence is incomplete. It would be acceptable if it were "une série d'articles."
16. **(D)** To order is "commander." (A) is a false cognate; "ordonner" means to give an order or to put in the right order. (B) is to obtain, (C) is to receive, and they are incorrect in this context.
17. **(C)** The idiom is "faire une promenade." The other choices cannot be used with "une promenade."
18. **(A)** The idiom is "passer ses vacances." (B) means to spend money, (C) cannot be followed by "mes," and (D) cannot be used with "mes vacances."
19. **(B)** When it comes to shoes, the correct word for size is "pointure." Although "taille" (A) can mean size, it refers to the height of the body. Another meaning for "taille" is waist. (C) is incorrect because it is used in the singular. (D) means shape.
20. **(B)** A person is "à l'aise," meaning comfortable in English; however, the French word "confortable" only pertains to things ("ce fauteuil est confortable"). (C) meaning "refreshed" and (D) meaning "cured" do not fit here.
21. **(B)** The verb "parler" requires "de." When it is followed by "à," it means to speak to (A), which is incorrect here. (C) and (D) are incorrect because they are in the feminine, and "problème" is a masculine word.
22. **(B)** The "le" here doesn't refer to "cours" or to the person who is taking these courses, it refers to the whole feeling of being happy to be enrolled in these courses and can only be in the masculine singular. Therefore, the other choices are incorrect.
23. **(D)** Because "mangeant" is the present participle, it must be preceded by "en," meaning while. (A) and (C) cannot be used before a present participle. (B) meaning and doesn't work in this context.
24. **(B)** (A) would apply if the verb was conjugated in the future tense. "Il y a" and "ça fait" in answers (C) and (D) must be used with "que" and must be followed by the affirmative.
25. **(C)** The composition was poor because it was written in five minutes. (A) means five minutes from now and is therefore incorrect. (B) means for, and (D) means "during" and do not fit in this context.
26. **(D)** "Finir par" + infinitive means to end up + present participle. He ended up understanding what had been explained. (A) is grammatically incorrect. (B) is tempting but doesn't make sense with the verb "comprendre." (C) cannot be used with the verb "finir."
27. **(A)** The verb "écouter" does not require a preposition; therefore, all the other choices are incorrect.
28. **(B)** The expression "de bonne heure" means early. Only "de" can be used with it; therefore, the other answers are incorrect.
29. **(C)** The young woman of whom he was speaking lived in my part of town. (A) is grammatically incorrect with the verb "parler." (B) is in the masculine, and (D) would have to be followed by "qui."
30. **(D)** (A) must be used with a person, not a place. (B) cannot be used with the verb "aller." (C) means since.
31. **(A)** With the verb "espérer," the indicative is used. (B) is in the subjunctive, (C) is

in the infinitive, and (D) is the present participle.

32. **(C)** The subject of the verb is "Il," not "vous"; therefore, (A) is incorrect. (B) is incorrect for the same reason, as well as for the fact that the action is in the future, not in the present ("demain"). (D) is in the imperfect.
33. **(D)** It is the only choice that requires the subjunctive.
34. **(A)** A cup of tea is "une tasse de thé." (B) is incorrect (a cup with tea), (C) means a teacup, and (D) means that the cup is made of tea.
35. **(C)** The verb "entrer" unlike the verb "to enter" requires "dans"; therefore, (A) is wrong. (B) is also incorrect because there is "le" after. (D) cannot be used with "le" either.
36. **(A)** Only an infinitive can be used because there is another verb.
37. **(B)** A past participle is required here, and the only two past participles are (B) and (D). (D) doesn't fit in this context.
38. **(C)** Because there is no antecedent, it has to be an expression with "ce." The only two possibilities are (A) and (C). However, (A) cannot be used because the verb is "savoir," and "savoir" is not conjugated with "de."
39. **(B)** It is in the past tense; therefore, it must refer to a time in the past. "La veille" means the night before. (A) by itself doesn't imply time in the past, neither do the two other choices.
40. **(C)** The imperfect must be used because it happened in the past. (A) is in the present, (B) is in the future, and (D) is in the futur antérieur.
41. **(A)** Because the verb "savoir" is in the negative ("ne savait"), a negative must be used. Only (A) and (B) apply, and "aucun" must be used with a noun or must refer to a noun mentioned in the previous sentence. ("Aucun homme ne savait").
42. **(C)** The word "vol" is a masculine word so "her flight" must be "son vol." (A) is in the feminine, (B) is a demonstrative adjective, and (D) is masculine but must be used with a word beginning with a vowel.
43. **(A)** The flight was canceled, so the verb "annuler" must be used. (B) means omitted, (C) means filled, and (D) means broken.
44. **(B)** The flight was canceled because *of the* bad weather (de + le = du). (C) is incorrect because "le" must be included in the contraction, and (D) cannot be used with "à cause."
45. **(B)** "*According to* the weather forecast" is the correct answer, not "by" (A), or "for" (C), or "after" (D).
46. **(A)** It is the only possible answer after "plusieurs." There were several showers. (B), (C), and (D) cannot be used in the plural. They require another noun ("tempêtes de neige").
47. **(C)** When two verbs follow each other, the second one must be in the infinitive.
48. **(B)** The use of "au" before the missing word tells you that the word in question is used with the article "le." Only (B) applies.
49. **(C)** The expression is "de toute façon."
50. **(C)** The verb is "permettre à." Because it is followed by a preposition, an indirect pronoun is required. Only (A) and (C) are indirect, and because the subject is in the singular, only (C) can be used.
51. **(D)** "One more time" is "encore une fois." (A) could be used *after* "une fois" if preceded by "de" ("une fois de plus"). (B) and (C) are grammatically incorrect in this context.
52. **(A)** Genève is a city; therefore, "à" must be used. The only other preposition that can be used with a city name is "de" (D), but it means from, which doesn't apply in this context. (B) and (C) are used with names of countries.
53. **(D)** The verb "écrire" is always followed by the preposition "à", so it is the only possible choice.
54. **(B)** As ("comme") she wants to please her teacher, she wrote in French. (A) implies a conditional sentence, which

is not the case here. (C) means because of, and (D) is grammatically incorrect here.

55. **(B)** The expression is "faire plaisir *à*." (A) "heureuse" would have to be preceded by "la rendre," and (C) follows the same rule. (D) means happiness and doesn't fit in this context.
56. **(A)** The teacher will be "so" surprised. (B) cannot be used with an adjective. (C) means after, and (D) means as much.
57. **(C)** Don José knows that he is condemned, so he cannot use all of the cigars.
58. **(B)** He asks the visitor to request a mass for his soul. This shows that he is a religious man.
59. **(B)** The narrator says "à cause de vous."
60. **(D)** The prisoner wants to give it as a gift; therefore, it must be wrapped.
61. **(D)** "Il s'arrêta un instant pour maîtriser son émotion."
62. **(A)** The prisoner tells the narrator, "Vous direz que je suis mort, vous ne direz pas comment."
63. **(A)** He would have recognized Jules immediately "tant sa pensée m'était devenue familière."
64. **(B)** He had left for America. While he was in France he had "une mauvaise conduite," he behaved badly.
65. **(B)** Had Jules been wealthy, people would have smiled and called him "un noceur."
66. **(A)** It is the result of one's actions that determine the seriousness of this action—"les conséquences seules déterminent la gravité de l'acte."
67. **(C)** The three others are mentioned in the first sentence.
68. **(B)** People are jealous. The others are not mentioned at all.
69. **(D)** The train recaptured its ancient splendor in 1977 thanks to an American man.
70. **(D)** The color is decorated with a golden filigram.
71. **(C)** The cabins are "douillettes et confortables."
72. **(A)** "Une gamme complète de produits de toilette personnalisés."
73. **(B)** Each dining car has a different style.
74. **(C)** "Menus saisonniers" means that the menus, which comprise fresh products, depend on what is in season at the time.
75. **(B)** It was too windy, and she had to close the door immediately.
76. **(D)** The number was "minuscule."
77. **(B)** Emma, according to this passage, is "une passionnée de l'écologie."
78. **(A)** The word "frileusement" comes from the word "froid." We know that the wind is "glacial." Besides, Pierre is wearing an anorak.
79. **(A)** Pierre says that he didn't know Emma had "des talents de pâtissière." He is surprised.
80. **(D)** Emma's mother bought it at the corner pastry shop.
81. **(C)** Médiblanc was created with the "collaboration" of a team of dentists.
82. **(A)** The ad claims that the formula contains "une base qui respecte vos gencives, assurant ainsi un brossage sans douleur."
83. **(B)** The users of Médiblanc must ask the advice of their pharmacist or their doctor.
84. **(D)** The old lady asked the narrator how to fasten her safety belt.
85. **(A)** She was going to attend her grandson's wedding.

SAMPLE TEST III—FRENCH SUBJECT TEST WITH LISTENING

ANSWER KEY

1. A	**14.** C	**27.** A	**40.** B	**53.** B	**66.** C	**79.** B
2. A	**15.** A	**28.** D	**41.** D	**54.** C	**67.** B	**80.** A
3. B	**16.** B	**29.** C	**42.** C	**55.** B	**68.** A	**81.** B
4. B	**17.** A	**30.** C	**43.** A	**56.** A	**69.** D	**82.** D
5. D	**18.** C	**31.** D	**44.** A	**57.** C	**70.** C	**83.** C
6. C	**19.** B	**32.** A	**45.** B	**58.** B	**71.** C	**84.** A
7. A	**20.** C	**33.** A	**46.** C	**59.** C	**72.** C	**85.** C
8. B	**21.** A	**34.** A	**47.** B	**60.** B	**73.** B	**86.** D
9. C	**22.** C	**35.** C	**48.** B	**61.** D	**74.** A	**87.** A
10. A	**23.** B	**36.** A	**49.** A	**62.** A	**75.** C	
11. A	**24.** A	**37.** D	**50.** D	**63.** B	**76.** D	
12. B	**25.** C	**38.** C	**51.** B	**64.** D	**77.** A	
13. B	**26.** A	**39.** C	**52.** A	**65.** B	**78.** C	

1. **(A)** The women are talking. (B) is incorrect because the women aren't playing with the ball. The men are not swimming in the pool and only one man is sitting on the edge of the pool, so (C) and (D) are incorrect.
2. **(A)** The two children are listening to the music. The little boy is not playing the piano (B), the woman is not standing (C), and she is not looking at the books (D).
3. **(B)** The child seems to be either feeding or petting the animal so he must like animals. He is obviously not afraid (A), nor is he opening the gate (C). He is very close to the gate, so (D) is incorrect.
4. **(B)** The young man is making crepes. No one is eating (A), we don't see a table (C), and the oven door is not open (D).
5. **(D)** The man is a snake charmer. No one is playing the guitar (A). Although a woman looks like she is buying something, no man is buying souvenirs (B). (C) is also wrong because we don't see anyone selling a bicycle.
6. **(C)** The man has his back to the water, so he has probably just come out. (A) is incorrect because the man and the dog are on the beach, not in the ocean. We cannot see many children in the water, and the dog is not going into the water so (B) and (D) are incorrect.
7. **(A)** They are changing a tire, so they must have had a blowout. There is no mechanic here so (B) is wrong. (C) is also incorrect because we cannot see a steering wheel ("un volant"), and it doesn't look like they are out of gas (D).
8. **(B)** The pedestrians ("les piétons") are crossing the street. No one is taking a plane (A), the woman is not wearing an overcoat (C), and we cannot see a man driving a car (D).
9. **(C)** The baby is playing in the water, not in the sand (A). There are no other children so (B) is incorrect. Because the baby is not in a room, (D) is also incorrect.
10. **(A)** The stalls all have vegetables. (B) is incorrect because the vendors are not all sitting down. There is no man selling plants (C), and we cannot see a woman entering a building (D).
11. **(A)** He had already asked for this gift the previous year. Since the grandmother has asked what he wanted for his birthday, she isn't going to buy something else (B), and he hasn't written to his grandmother (C).
12. **(B)** His mother warns him that he has to take care of the dog. No mention is made of writing the grandmother (A), nor of taking the dog to school (C).

13. **(B)** The mechanic says that they have too much work ("débordés de travail") and that there are five cars to repair before Mr. Perrin's. (A) is incorrect because there is no mention of Mr. Perrin having too much work, and (C) is also incorrect because the mechanic says that the problem wasn't serious.
14. **(C)** The elevator is to the left of the perfume department. The stairs are farther away so (A) is incorrect. The lingerie department is in front of the stairs, so it is not too close to the elevator either (B).
15. **(A)** The customer says, "Je sais, je sais, j'y monte immédiatement"; she is impatient. Because she says that she knows, she isn't surprised (B) and her eagerness to get there proves that she isn't indifferent (C).
16. **(B)** Jean-Claudee says that they still have five days before he needs the book. (A) is incorrect because his sister refuses to lend him the book. (C) is also incorrect because he hasn't read the book.
17. **(A)** His sister refuses to lend him the book because she says he will not take good care of it. There is no mention of his sister thinking that he is not a good student (B) nor that he finds everything difficult (C).
18. **(C)** The lady has both proofs of identity. She does not have only a passport or a driver's license so (A) and (B) are incorrect.
19. **(B)** The airport employee tells the lady that the plane will leave "à l'heure prévue"; therefore, both (A) and (C) are incorrect.
20. **(C)** She saw the shoes in the store window so (B) is incorrect. She did not see them at a friend's house (she says that none of her friends has the same) so (A) is incorrect also.
21. **(A)** He says that he isn't sure if he still has a pair size 36; therefore, (B) and (C) are incorrect.
22. **(C)** Her friend says that her sister might be able to help her. The tennis teacher told her that she needed a new racket, so (A) is incorrect. There is no mention of Colette having a sister, so (B) is also incorrect.
23. **(B)** She promises to water Abena's plants while she is gone. The other choices aren't mentioned in the dialogue.
24. **(A)** "Je ne suis pas sûre." (B) is incorrect because Abena doesn't know what is the exact nature of her grandmother's illness. There is no mention of a hospital, so (C) is incorrect, and (D) assumes that Abena knows the details pertaining to her grandmother's illness, but she doesn't.
25. **(C)** She says that her cousins work in Dakar, in Senegal, that is why she hasn't seen them. The other answers are not mentioned in the dialogue.
26. **(A)** Abena says that, when she finished high school, her grandmother encouraged her to continue her studies in France. We don't know if she is married (B). She is going to see her grandmother, so (C) is incorrect, and since she went after high school, (D) is also incorrect.
27. **(A)** He watched a match on television. He wasn't ill (B); he did not know in advance that the teacher was ill ("J'ai appris il y a cinq minutes que monsieur Masson est malade"), so (C) is incorrect, and he did not play in a match (D).
28. **(D)** David is well prepared and says that he would not like to have to review again for the exam. He wants to pass the test today, so (A) is incorrect. He doesn't say anything on how he feels about having a substitute teacher (B) nor about going to see a match with Michel (C).
29. **(C)** She says that M. Masson had an appendectomy and that he'll be back soon, so the three other choices are incorrect.
30. **(C)** Michel did not prepare for the test, so he will be unhappy because the test will take place. The other three choices do not reflect his disappointment.
31. **(D)** "Je l'ai trouvé au fond d'une de mes classes, sur un banc." The other answers are therefore incorrect.
32. **(A)** The book is two weeks late. (B) is in the future, so it is incorrect; (C) "le jour

précédent" is also wrong; and (D) is twice the time mentioned.

33. **(A)** "Il aurait dû venir nous dire qu'il l'avait perdu." The other choices are not mentioned in this dialogue.
34. **(A)** It is the only thing that applies to a dress. (B) (stingy) cannot apply to a thing; (C) means exuberant.
35. **(C)** It is the only one of the four choices that can be used with a "d'" before the adjective.
36. **(A)** He translated the book into French. The three other choices do not make sense here.
37. **(D)** They spent their vacation in a chalet in the mountain. (A) means spring (as in springloaded), (B) is a horse drawn carriage, and (C) is a building.
38. **(C)** The package is very heavy. (A) and (B) are tempting, but the adjectives "énorme" and "immense" cannot be used with "très." (D) is wrong because the adjective "haut" cannot apply to a package. A building is high, but a package is not.
39. **(C)** The student is late for school, so he is told to hurry ("se dépêcher"). (A) is incorrect because, if he is late, he must not relax. (B) is incorrect because it is not a reflexive verb, and (D) means to straighten up (as in one's posture).
40. **(B)** "Suivre un cours" means to take a class. The verb "suivre" is therefore the only verb that can be used in connection with "un cours."
41. **(D)** The person took the wrong road, and they are now lost. The only verb that can be used in this context is "se tromper." The other verbs are not reflexive.
42. **(C)** They took their swimming suits to go to the beach. Of the four choices, it is the only place where one needs a swimming suit.
43. **(A)** The sentence is in the present tense; therefore, (A) is the only acceptable answer. (B) is in the imperfect, (C) in the passé simple, and (D) in the subjunctive.
44. **(A)** Whenever a reflexive verb is followed by a direct object representing a part of the body, the article has to be used, not the possessive adjective; therefore, (B) is incorrect. (C) is also incorrect because it means some and cannot be used with a reflexive before a body part. (D) means to the and is grammatically wrong.
45. **(B)** When two verbs follow each other, the second one is in the infinitive. Therefore, the other answers are incorrect.
46. **(C)** After the preposition "dans," if there is a masculine noun ("livre") afterward, the interrogative adjective "quel" must be used. (B) can only be used if the noun is omitted. (A) means what and doesn't apply here because there is a noun. (D) can only be used if followed by "de" and if "livre" is in the plural.
47. **(B)** It is the only preposition that can follow the verb "partir" if there is an article ("la") before the destination. (A) is wrong because the verb "partir" requires a preposition.
48. **(B)** The woman forgot her gloves, so she returned immediately to the stadium. (A) means often and is incorrect here, (C) means toward in an abstract sense, and (D) means toward in a physical sense.
49. **(A)** "Jusqu'à ce que" requires the subjunctive; of the four choices, (A) is the only subjunctive.
50. **(D)** (A) is grammatically incorrect because "les" must follow "nous." (B) is incorrect because "y" requires a location. (C) doesn't work unless the sentence begins with a form of "de" ("Des notes").
51. **(B)** Unlike English, when the second part of the sentence is in the future ("tu lui diras"), the part that follows "Quand" (when) must also be in the future tense. There are two future tenses here, but the only one that applies is (B). (D) is in the futur antérieur but doesn't work in this context because the person will say hello to the cousin when he sees him, not when he will have seen him.
52. **(A)** The old lady was walking slowly. The other three choices meaning evidently, gravely, and politely do not fit in this context.

53. **(B)** The verb "atteindre" (to reach) doesn't require a preposition, so it works here. The verbs "arriver" and "aller" are tempting, but they would have to be followed by a preposition. (C) means joining and does not apply here.
54. **(C)** "Avant de" must be followed by an infinitive. It is therefore the only possible choice here.
55. **(B)** "Une dizaine" must be followed by "de" or "d'." It is therefore the only possible choice here.
56. **(A)** The old lady was hesitating. (B) meaning to discuss, (C) meaning to reflect (like a mirror), and (D) meaning to bore do not fit in this context.
57. **(C)** The young boy rushed to help the lady. (A) is not a reflexive verb. (B) meaning to interfere and (D) meaning to get up do not apply in this context.
58. **(B)** This is part of the comparative "plus . . . que." It is therefore the only possible answer.
59. **(C)** The expression of emotion "heureuse que" requires a subjunctive. (C) is in the subjunctive and is therefore the correct answer. (A) is in the imperfect, (B) is the future, and (D) is in the passé composé.
60. **(B)** They crossed the street and reached the opposite sidewalk ("trottoir"). The other choices (A) "mur" (wall), (C) "chemin" (path or way), and (D) square (mathematical, not a city square) do not fit in this context.
61. **(D)** The verb "remercier" requires a direct object. Because the object is him, the sentence is "elle le remercia," (A) is therefore incorrect, (B) is indirect, and (C) the pronoun "y" refers to the name of a place. It means there.
62. **(A)** The adjective "confus" means embarrassed. The young boy is embarrassed because the lady kept thanking him. (B) means kissed, (C) means diverted, and (D) means blushed.
63. **(B)** This is a "si" clause, and the second part is in the past conditional. Therefore the first part must be in the pluperfect. (A) is in the passé composé, (C) is in the past conditional, and (D) is in the future perfect (futur antérieur).
64. **(D)** After the preposition "avec," a disjunctive or stress pronoun must be used. There are two stress pronouns here: "toi" and "nous." Since the narrator speaks to a person in the "vous" form, "toi" makes no sense (if you saw the play with you). (A) is a personal pronoun, and (C) is an indirect object pronoun.
65. **(B)** The expression "bien entendu" means of course. "Bien que" is an expression that has to be followed by a subject and a verb in the subjunctive, which isn't the case here in (A). (C) cannot be used with "bien." The word "tôt" is used as one word with "bien": "bientôt." It cannot be used as a separate word.
66. **(C)** It is the only possible choice here since Genève is a city and "à" is the only preposition that can be used with a city when it means in. (A) is incorrect because a preposition is required. (B) is used with feminine countries, and (D) meaning "by" cannot be used in this context.
67. **(B)** Because "y" represents a location (there), it is the only possible answer: we could not invite you there.
68. **(A)** Because there is no antecedent (we do not know what the subject of the verb is at this point), an expression with "ce" must be used. (B), (C), and (D) are incorrect because there is no preposition before.
69. **(D)** After an ordinal number (premier/première), "fois" is used to represent time (the first time). (A) meaning presentation, (B) meaning occasion, and (C) meaning partie do not fit in this context.
70. **(C)** The answer has to be in the passé composé because it is limited in time in the past. It is the only possible answer.
71. **(C)** "Avoir le coup de foudre" is idiomatic. You will fall in love at first sight with the Livarot. (A) means that you will buy this cheese, but not necessarily fall in love with it. (B) means that you will look for this cheese, which is a possibility, but it

doesn't mean you will love it. There is no mention of a comparison; therefore, (D) is incorrect also.

72. **(C)** "Le Livarot est né à la fin du Moyen Âge en basse Normandie."
73. **(B)** Lisieux is known for its holy places: "lieu des pélerinages."
74. **(A)** We know that the cheese has a cylindrical shape, that its consistency ("sa pâte") is soft, and that its taste is sharp ("saveur prononcée").
75. **(C)** "Rien qu'à l'idée de me savoir seule sur l'autoroute après le coucher du soleil la remplit d'inquiétude."
76. **(D)** It is the mother who is calmer since she bought a cellular phone for her daughter.
77. **(A)** The mother tells her daughter not to worry about waking her up, she will be waiting for the call, so we can assume she will not sleep until she gets that call.
78. **(C)** "J'avais fait une cinquantaine de kilomètres."
79. **(B)** "Tu as dû conduire comme une folle."
80. **(A)** She asks her mother for Laure's number. After that, her mother says that it is an excellent idea to spend the night at her sister's and brother-in-law's house.
81. **(B)** She will spend the night at her sister's.
82. **(D)** "Il te conduira au garage."
83. **(C)** The interviewer says that Alexandre Dumas was Le Gray's friend "pour un certain temps." This means that the friendship did not last very long.
84. **(A)** Gaëtane Dumont says that some people said that the friendship of Le Gray and Dumas contributed to the popularity of the book, but she disagrees: "C'était un admirable photographe, ne l'oublions pas!"
85. **(C)** She says that Le Gray was a complex character, that he traveled a lot, that he sent pictures to newspapers, but that he was a poor husband and father.
86. **(D)** He did paint ("Le Gray . . . se soit consacré pour un temps à la peinture"), he traveled a lot, and he invented "le négatif sur verre et le négatif sur papier ciré." The only correct answer is (D) because he did not write a book.
87. **(A)** Gaëtane Dumont tells her interviewer that, if he wants to know more about Le Gray, he needs to read her book.

SAMPLE TEST IV—FRENCH SUBJECT TEST

ANSWER KEY

1. B	**14.** A	**27.** B	**40.** B	**53.** D	**66.** D	**79.** B
2. C	**15.** D	**28.** D	**41.** C	**54.** B	**67.** A	**80.** C
3. A	**16.** A	**29.** B	**42.** B	**55.** B	**68.** D	**81.** D
4. C	**17.** C	**30.** C	**43.** C	**56.** B	**69.** A	**82.** A
5. B	**18.** B	**31.** D	**44.** C	**57.** C	**70.** B	**83.** A
6. C	**19.** D	**32.** A	**45.** D	**58.** B	**71.** D	**84.** B
7. B	**20.** B	**33.** B	**46.** A	**59.** A	**72.** B	**85.** C
8. A	**21.** C	**34.** C	**47.** C	**60.** B	**73.** A	
9. B	**22.** A	**35.** D	**48.** A	**61.** D	**74.** C	
10. A	**23.** B	**36.** A	**49.** B	**62.** C	**75.** A	
11. B	**24.** D	**37.** B	**50.** C	**63.** D	**76.** C	
12. D	**25.** C	**38.** A	**51.** A	**64.** A	**77.** A	
13. B	**26.** B	**39.** A	**52.** C	**65.** B	**78.** B	

1. **(B)** The company specializes in electronics. (A) is incorrect because "faisant" would have to be followed by "de." (C) is also incorrect for the same reason. (D) means researched or searched for and doesn't apply here.
2. **(C)** Because Daniel never studies, it means that he is lazy ("paresseux"). Therefore, (A) meaning generous, (B) meaning liar, and (D) meaning hard working do not apply here.
3. **(A)** "Une piste d'atterrissage" is a landing strip and is the correct answer. The other answers are incorrect because (B) is in the masculine, (C) means line, and (D) means race.
4. **(C)** The verb "attirer" means to attract and is the only one that fits in this context. (A) is incorrect because "emporter" means to take along or to carry away. (B) is incorrect because "amener" means to bring to or to lead to and must be followed by a destination ("amener au stade"). (D) means to offer and doesn't apply here.
5. **(B)** A theft has been committed. (A) meaning placed an order, (C) meaning learned, and (D) meaning unhitched are incorrect.
6. **(C)** The brother collects stamps because he is interested in geography. (A) meaning vases, (B) meaning drawings, and (D) meaning bottles do not relate to geography.
7. **(B)** After dinner, one pays the bill. The three other answers relate to foods and do not fit in this context.
8. **(A)** They made a date in front of the restaurant. "Se donner rendez-vous" is idiomatic. The other three answers are incorrect not only for that reason, but also because they are not reflexive verbs.
9. **(B)** She bought a blouse with short sleeves. (A) "collars," (C) "buttons," and (D) "pockets" cannot be used with the adjective "court."
10. **(A)** Before going out, Delphine put on her makeup. (B) is incorrect because it isn't a reflexive verb, (C) is a reflexive verb means to stand up straight and is therefore also incorrect, and (D) means that she called herself over the telephone.
11. **(B)** It is advisable to wear a helmet ("casque") when riding a motorcycle. (A) "hat," (C) "bicycle," and (D) "glove" are therefore all incorrect.
12. **(D)** This is an idiomatic phrase: to take a class is "suivre un cours." It is therefore the only possible answer. It is important to remember that "attendre" means to wait for, and that "assister" must be followed by the preposition "à."
13. **(B)** The question is, Are they truly here today? (A) is a false cognate and means

currently. (C) meaning before and (D) meaning sometimes do not fit in this context.

14. **(A)** The person missed ("manqué") the train and must wait for the next one. Therefore (B) "passed," (C) "bet," and (D) "taken" are incorrect.
15. **(D)** Jacques always thinks before taking action, he is therefore reasonable. (A) is a false cognate and means sensitive. (B) means considerate, (C) means active.
16. **(A)** A television program is "une émission." It cannot be (B) because it was watched on television. (C) means a mission and (D) is a discovery. These answers would be possible if the sentence was " j'ai vu une émission au sujet d'une mission/découverte au Pôle Nord."
17. **(C)** He put the suitcase in the trunk of the car. (A) means tree trunk, (B) means seat and cannot be used with "dans," and (D) means steering wheel.
18. **(B)** "Faire la grasse matinée" is idiomatic. None of the other answers apply here.
19. **(D)** The advice given here is: you should rest before the competition. None of the other answers are reflexive verbs.
20. **(B)** After dinner, the children did the dishes ("faire la vaisselle"). This is idiomatic. (A) is incorrect, (C) is not possible because you cook before dinner, not after, and (D) is also incorrect because it doesn't go with the verb "faire.
21. **(C)** One speaks **to** the teacher, therefore (A) is incorrect. (B) would be accurate if the sentence did not include "pour qu'il m'explique la leçon." (D) means "for" and doesn't apply here.
22. **(A)** The answers mentioned here are better than the others. We know it is a comparison because of the "que" that follows the blank. (B) cannot be used with "que." (C) is an adverb and doesn't work here, and (D) can only be used with an adjective (as in "Ces notes sont moins bonnes que les tiennes").
23. **(B)** The question is "What happened at the stadium?" (A) and (C) mean "who" and are therefore incorrect. (D) can only be used if followed by a subject and a verb, as in "Qu'est-ce que tu as fait au stade?"
24. **(D)** We know, by the answer ("20 kilos") that the question is "how much?" Therefore, "combien" is the only possible answer.
25. **(C)** An adjective is required here, and "mauvaise" and "meilleure" are the only adjectives. However, "meilleure" can only be used as a comparative, and there is no comparison in this sentence. The two other answers are adverbs.
26. **(B)** The verb here is "parler," and the necessary preposition in this case is "de." Because "frères" is a masculine noun, (B) is the only possible answer.
27. **(B)** The answer to the question refers to the whole question, not just to the adjective "fier"; therefore "le" must be used. The other answers are incorrect.
28. **(D)** Because the form following the blank is the present participle, the correct preposition is "en," forming a gerund ("gérondif"). (A) "by" and (B) "and" do not apply here. (C) cannot be used before a present participle.
29. **(B)** "Depuis combien d'années" means "for how many years." (C) and (D) mean the same but cannot be followed by an inversion ("sont-ils"). (A) means in and does not fit in this context.
30. **(C)** The speaker was so hungry that he/she ate the pastry in one minute. Although (A) also means in, when placed before a period of time, it means that a future action will take place. "Dans une minute" means one minute from now. The verb "manger" being in the past tense, indicates that the action took place beforehand. (B) "for" and (D) "before" do not apply here.
31. **(D)** "Finir par" means to end up by doing something. It is the only possible answer. (A) is incorrect because "finir" requires a preposition when placed before an infinitive. (B) is grammatically correct but means to finish as in "il a fini de manger." (C) cannot be used with "finir."
32. **(A)** Unlike the English verb "to listen," the verb "écouter" doe not take a

preposition before the noun. Therefore all the other answers are incorrect.

33. **(B)** "De bonne heure" is an idiomatic expression, meaning early.
34. **(C)** The expression "avoir envie" is always followed by the preposition "de," therefore only "dont" can be used. The other answers are incorrect.
35. **(D)** We are talking about an insect here (a bee), as explained later on in the paragraph. Nicole was stung. One is not hit by an insect (A) and (B), nor is one pushed by an insect (C).
36. **(A)** Nicole might have been stung by more than one insect; therefore, "plusieurs" is the correct answer. (B) is incorrect because it isn't preceded by "d'" nor followed by the word "insectes." (C) and (D) do not fit in this context.
37. **(B)** In this case, only (A) or (B) can be used, and because the blank is followed by a pronoun starting with a vowel, only (B) is correct. (C) "what" does not fit here and (D) is wrong because there is no antecedent or word that the "qu'" refers to; therefore, it has to be preceded by "ce."
38. **(A)** "Faire mal" means to hurt. (B) meaning to give and (C) meaning to cause or trigger cannot be followed by "mal" without "du." (D) means to hit.
39. **(A)** "Tout" can have the same value as "très" and is the only possible answer here. (B) meaning much is incorrect, (C) is a comparative, and (D) would only be correct if preceded by "un."
40. **(B)** The verb must be in the present because it is followed by "maintenant."
41. **(C)** "Tout de suite" is an idiomatic expression. It is the only possible answer here.
42. **(B)** After removing the sting, the mother took care of the place where Nicole was stung. "Ensuite" is therefore the only possible answer.
43. **(C)** The pluperfect must be used here because Nicole was stung before her mother took care of her; it is an action in the past that precedes another action in the past.
44. **(C)** The mother rubbed the place with some soap. (A) is incorrect because it is not preceded by "beaucoup" or "un peu." (B) would infer that there is only one soap in the world, and (D) is wrong because "savon" is a masculine noun.
45. **(D)** It is a remedy that grandmothers recommend (folk remedy). (A) meaning defect and (B) meaning doctor are incorrect. (C) is tempting, but "recette" is a feminine word, as shown in the next sentence.
46. **(A)** These remedies are old, since grandmothers recommend them. Therefore (B) "depressing," (C) "correct," and (D) "sorted" are incorrect.
47. **(C)** The verb "offrir" requires the preposition "à" before a noun representing a person ("offrir quelque chose à quelqu'un"). For this reason, the other answers are incorrect.
48. **(A)** Of the four possible answers, only "bon" can be used before the noun. Of course, (C) can be used before the noun, but in this case it means dear as in beloved or, in the case of an object precious.
49. **(B)** The direct object pronoun has to be used here. It pertains to a person; therefore, this is the only possible answer.
50. **(C)** She did not complain when she received the perfume. The verb "se plaindre" is followed by "de," so "en" was used after the reflexive pronoun. The other answers are not reflexive.
51. **(A)** "La veille" means the eve or the day before. This is obviously when the mother went shopping for a gift. (B) meaning celebration, (C) meaning presence, and (D) meaning holiday or celebration" do not fit in this context.
52. **(C)** None of the other answers fit because one cannot use "chez" before a location. It can only be used before a person.
53. **(D)** The mother chose a gift for the father at the jeweler's, she did not make a gift (A), nor did she sell it (B), nor did she offer the jeweler a present (C).

54. **(B)** She had something done on the gift. (A) is incorrect because it is a direct object. (C) "of it" and (D) "to them" do not apply here.
55. **(B)** She had the initials engraved on the gift. Because it is in the plural, (A) is incorrect. (C) meaning jewels and (D) meaning dates do not fit in this context.
56. **(B)** "Quant à moi" means as for me, and "Quant" is the only answer that can be used before "à moi."
57. **(C)** The painter was born in 1659 and received an award in 1682.
58. **(B)** "Voyage habituel effectué en Italie par les artistes."
59. **(A)** Le Brun advised him to "pratiquer l'art du portrait à Paris."
60. **(C)** There is no mention here about Rigaud painting sceneries.
61. **(D)** The last sentence says that there is a double portrait of Rigaud's mother in the Louvre museum.
62. **(C)** Although Carter discovered the tomb, the first man to die was Lord Carnavon, who had paid for the dig.
63. **(D)** The verb "disparaître" in this context means to die.
64. **(A)** By being opened, his tomb was violated; therefore, people began to believe that those members of the expedition who died were the victims of a curse.
65. **(B)** Lord Carnavon had paid for the dig.
66. **(D)** According to this article, Lord Carnavon's dog died at approximately the same time as his master.
67. **(A)** The text says that Lord Carnavon never saw the mummy.
68. **(D)** "Cette affirmation ne peut être corroborée par aucun document hiéroglyphique."
69. **(A)** It is believed today that the people who died already had pulmonary infections, probably because they inhaled the fungus ("les champignons") that were on the walls and on the victims (last sentence).
70. **(B)** Although the other equipment is mentioned, this is the only item that can be found in the room.
71. **(D)** The only meal accompanied by music, according to this ad, is dinner.
72. **(B)** "Veuillez consulter nos panneaux d'information."
73. **(A)** "Maman me l'avait apprise."
74. **(C)** Although the father sang badly, he sang "de tout son coeur."
75. **(A)** "Elles leur enseignent la poésie et le rythme."
76. **(C)** Little Yvette likes to postpone going to bed.
77. **(A)** The narrator sings the fairy tales for her daughter, although they are not in verse, which implies that it is difficult to put a tune to them.
78. **(B)** The mother forgets sometimes which tune goes with which fairy tale, but the little girl scolds her.
79. **(B)** The beach is not mentioned in this ad.
80. **(C)** "Prévoir certains travaux de rénovation."
81. **(D)** The text mentions "une ville toute ronde, et clôturée d'une barrière de bois."
82. **(A)** The inhabitants slept on the floor, on bark covered by animal skins.
83. **(A)** Jacques Cartier and the members of his expedition were "reçus amicalement et même avec enthousiasme."
84. **(B)** The newcomers were Jacques Cartier and the members of this expedition.
85. **(C)** Jacques Cartier, the discoverer of Hochelaga, "fit la connaissance des cultures de maïs."

SAMPLE TEST IV—FRENCH SUBJECT TEST WITH LISTENING

ANSWER KEY

1. B	**14.** B	**27.** B	**40.** A	**53.** C	**66.** B	**79.** C
2. C	**15.** B	**28.** C	**41.** C	**54.** B	**67.** A	**80.** D
3. B	**16.** A	**29.** A	**42.** A	**55.** B	**68.** D	**81.** B
4. A	**17.** A	**30.** A	**43.** D	**56.** C	**69.** C	**82.** A
5. C	**18.** C	**31.** D	**44.** A	**57.** A	**70.** D	**83.** C
6. A	**19.** B	**32.** A	**45.** B	**58.** B	**71.** C	**84.** B
7. D	**20.** A	**33.** D	**46.** D	**59.** A	**72.** D	**85.** C
8. B	**21.** B	**34.** A	**47.** D	**60.** D	**73.** B	
9. A	**22.** A	**35.** C	**48.** B	**61.** B	**74.** C	
10. C	**23.** D	**36.** B	**49.** A	**62.** A	**75.** D	
11. B	**24.** C	**37.** A	**50.** C	**63.** C	**76.** D	
12. A	**25.** A	**38.** A	**51.** B	**64.** C	**77.** A	
13. A	**26.** D	**39.** B	**52.** A	**65.** C	**78.** B	

1. **(B)** These people are not jogging (A), they are not wearing costumes (C), and they are not singing (D).
2. **(C)** Since they are in a boat, they must enjoy it. They are not all wearing caps (A), nor are they surfing (B). (D) is also incorrect since we do not see any fish.
3. **(B)** We can see some tourists near the statue. There are no flowers surrounding the statue (A), nor do we see children playing in front of the statue (C). The ladies that we see are not taking pictures of the statue (D).
4. **(A)** We do see many cars near the bus. (B) is incorrect; we do see the obelisk and the Eiffel Tower in the background, but they are not near the bus. (C) is incorrect because there aren't many pedestrians there, and (D) is also incorrect because we cannot see tourists in the bus.
5. **(C)** This is obviously a chateau, not a house (A), a tall building (B), or a small villa (D).
6. **(A)** The large poster is near the car. We cannot see many people in the street (B), and there is no line in front of the cafe (C). Finally, the couple that we see is walking, not sitting on the balcony (D).
7. **(D)** The lady is painting on a plate. She is not resting or putting flowers in a vase, nor is she picking flowers in the garden, so the other answers are incorrect.
8. **(B)** The child seems to be eating a hamburger. The other answers refer to a salad, chicken, and a cake, none of which apply.
9. **(A)** They are not on the same team, and hockey is not an outdoors sport so this is the only possible answer.
10. **(C)** She is using a laptop computer and seems to be writing. (A) is incorrect because she is not reading a brochure. She could be listening to music on her laptop, but she is not wearing earphones and is on a plane, so (B) is incorrect. (D) is also incorrect because she is not sleeping.
11. **(B)** Thomas says that he doesn't have his watch today. He tells his interlocutor to look at the clock that can be seen on the church.
12. **(A)** She says "Chouette! On pourra aller au restaurant avant la reeunion."
13. **(A)** He is asking the girl if she knows what the weather is supposed to be like the next day so they can go on a picnic.
14. **(B)** The weather forecast is that it is going to rain, and they won't be able to go on a picnic.
15. **(B)** Madame Cartier looks pale ("vous avez l'air toute pâle"). "Avoir mauvaise

mine" is idiomatic. The opposite is "avoir bonne mine."

16. **(A)** Madame Cartier's daughter had the flu ("la grippe") the previous week, she thinks that she caught it from her.
17. **(A)** The man requests a room far from the street noises; he wants a quiet room. He never mentions a good view (B), nor does he mention a room for two (C).
18. **(C)** Although the room is exactly what the gentleman asked for, it is on the third floor, and there is no elevator.
19. **(B)** Because the woman is trying to reserve a seat on an airplane, the man who is helping her must be an employee of the airline.
20. **(A)** The employee tells the lady that the flight she asked for, on January 17, is full. It is a direct flight; therefore, (B) is incorrect. There is no mention of her not having the time.
21. **(B)** She says, "Ne t'en fais pas, je n'ai rien commandé, j'ai préféré t'attendre."
22. **(A)** The woman says that she has already eaten at home and opts for some strawberry ice cream, whereas he is going to have orange juice and a sandwich because he is both thirsty and hungry.
23. **(D)** She says that she could not go to see the dentist because of work: "J'avais trop de choses à faire." None of the other answers are mentioned in the dialogue.
24. **(C)** She says "heureusement que quelqu'un avait annulé son rendez-vous." The dentist confirms by saying, "En effet, un client a téléphoné pour dire qu'il ne pouvait pas venir." She called the day before, not a week ago (B). She never talked to the doctor before now, so (A) is incorrect. (D) is also incorrect because the receptionist did not have an appointment with the dentist.
25. **(A)** She says that, during the night, her teeth hurt a lot, and this prevents her from sleeping well. There is no mention of the other choices.
26. **(D)** The dentist thinks that Mademoiselle Robinson's problem is caused by stress: she grinds her teeth in her sleep and "cette pression constante finit par causer des problèmes." He never talks of choice (A), nor does he talk about her lack of sleep (B). He also doesn't mention anything about her being on a diet (C).
27. **(B)** Josette and Pierre are standing in line waiting for tickets for a concert. They are not inside a theater (A), in front of a stadium (C), or inside an auditorium (D).
28. **(C)** Josette is complaining about the slowness of the line; she thinks that, at the rate they are going, "il nous fudra au moins cinq heures avant d'arriver au guichet pour acheter les billets." The other choices do not apply.
29. **(A)** Pierre says, "Regarde la queue derrière nous." He doesn't mention spending the day there (B). The only mention about ten steps is at the end, and it refers to their advancing by ten more steps, not that they only have ten steps to take to get to the ticket booth, so (C) is incorrect. (D) is incorrect because Josette mentioned that it isn't cold.
30. **(A)** Pierre is delighted because instead of a slow, one person at a time progress, they have been able to take ten more steps towards the ticket booth. They did not see the musicians (B), Josette was not right (C), and he is not wrong (D).
31. **(D)** Fabienne is concerned because she has read in the papers that there are some dangerous toys. There is no mention of the other choices.
32. **(A)** When the toy that Fabienne's niece had received was found to be dangerous "sa mère a tout de suite jeté le jouet."
33. **(D)** Solange suggests "un de ces bons vieux jouets, pas moderne, mais très solide." She is against "les jouets à la mode" because they have not been tested (A). There is no mention of wooden toys (B), nor of a little dog (C).
34. **(A)** None of the other answers can be preceded by "tout." "Tout à l'heure" is idiomatic and means in a little while or a little while ago, depending on the context.
35. **(C)** The story is moving. (A) can only be used to describe people in French and it

means conniving. A story cannot be "déçue," or disappointed, nor can it be "intéressée" or interested.

36. **(B)** The new computer has an enormous screen. (A) poll, (C) project, and (D) mail do not fit in this context.
37. **(A)** To walk to a location is "aller à pied." It is idiomatic. (B) is incorrect after "à," (C) would apply if preceded by "en," and the same goes for (D).
38. **(A)** "Raccrocher" is "to hang up." The person will have finished talking, so this is the only possible answer. (B) means to pick up the receiver, (C) is to turn off, and (D) is to put. They are all incorrect.
39. **(B)** The person is embarrassed, or ashamed because he/she forgot someone's birthday. The expression "avoir honte" is idiomatic and means to be ashamed. (A) means to feel like, (C) is to need, and (D) is to be cold. None of them apply.
40. **(A)** (B) would have to be reflexive and followed by "de" in order to fit. (C) means to work in the garden, and this must be done outside the house. (D) means to leave behind and cannot be used with a house ("I left my book behind").
41. **(C)** To avoid getting lost, one needs a map of the city ("un plan"). (A) is a location and is incorrect, (B) means a geographic map, not a city map, and (D) means a telephone directory.
42. **(A)** The person is lucky to have found his/her wallet. (B) would apply if followed by an exclamation point, and then the explanation: Tu as retrouvé ton portefeuille." (C) discovery and (D) value do not fit in this context.
43. **(D)** It is the only choice that is followed by the subjunctive; therefore, all the other answers are incorrect.
44. **(A)** Whereas in English, one looks *for* something, in French, the verb "chercher" is not followed by a preposition. (A) is the only possible answer.
45. **(B)** Only an infinitive can follow a conjugated verb. It is therefore the only possible answer.
46. **(D)** The expression "Il est important que" requires a subjunctive, and (D) is the only subjunctive here.
47. **(D)** The verb "défendre," when followed by an infinitive, requires the preposition "de" before that infinitive.
48. **(B)** The action will happen in the future because "ils vont aller" is the near future; therefore, (A) already is incorrect. (C) yesterday and (D) since are also incorrect because they refer to something that occurred in the past.
49. **(A)** Marie and "cousine" are girls. Because "s'amuser" is a reflexive verb, it must agree with the subject in the passé composé. It is the only possible answer.
50. **(C)** When pertaining to location in time or place, "où" is used. "The day where I saw him" is used in French rather than "the day when I saw him." (A) would be correct in English, but it is incorrect in French and so is (B). (D) cannot be used after an expression of time.
51. **(B)** Only a subjunctive can be used after "il regrette que."
52. **(A)** The verb "entrer" must be followed by "dans" before a noun representing a location. It is the only possible answer.
53. **(C)** After "pour" one must use the infinitive.
54. **(B)** The adverb "bien," in this context, means very. (A) is incorrect because "beaucoup" followed by "de" must be followed by a noun. (C) is tempting, but the sentence would be incomplete (the croissants are so hot that . . .). (D) "also" or "as" do not fit in this context.
55. **(B)** The baker greeted him with his usual smile. (A) "Magasin" means store, (C) "caissier" means cashier, and (D) "comptoir" means counter; they do not fit in this context.
56. **(C)** (A) means to know something by heart or to know a fact, which isn't the case here. (B) "reconnaissons" implies that they have been recognizing him every days for several years, and (D) would have to be preceded by "l'" to be correct.
57. **(A)** After "avant," one only uses "de" before an infinitive (as in "avant de

sortir"); therefore, (B) is incorrect. (C) is also incorrect because "avant que" precedes a verb conjugated in the subjunctive, and (D) "qui" cannot follow "avant."

58. **(B)** It is the only possible answer because, in this case, the "nous" that precedes it is the indirect object pronoun and "son père" is the subject (his father told us).
59. **(A)** When the name of a profession follows the verb "être" (in this case, they are all bakers), no article is used. Therefore, (B) and (C) are incorrect. (D) is also incorrect because it is a possessive adjective and doesn't fit in this context.
60. **(D)** They have been bakers for two centuries. (A) "Pour" used in this context would mean that they will be bakers for two centuries, then they will stop. (B) means two centuries from now. (C) would be correct if the sentence was rephrased: "Il y a deux siècles qu'ils sont boulangers."
61. **(B)** The key to their success is the correct answer, not the direction of their success (A), the road of their success, (C) or the end of their success (D).
62. **(A)** The narrator is convinced ("persuadé"), not convincing (B), specific (C), or happy (D).
63. **(C)** We know that the baker always welcomes people with a smile. (A) means lazy, (B) means diligent, and (D) means exuberant; they do not fit here. The baker smiles, he doesn't jump for joy, which is what exuberant would imply.
64. **(C)** After "avec," only two of these choices can be used: "qui" or "laquelle." "Qui" is wrong here because the antecedent is not a person, but a thing ("l'attitude"), so the only possible answer is "laquelle."
65. **(C)** The verb "venir de" means to have just. It is the only possible answer here.
66. **(B)** The negative form is indicated by "n'a recueilli"; therefore, we must look for the second part to the negative, and (A) is wrong. (C) is part of a negative but would have to come before the past participle "recueilli"; in this case, the blank space would have to be "de."
67. **(A)** "La sienne" means his. The candidate only had one vote: his own! (B) the same, (C) theirs, and (D) oneself are all incorrect.
68. **(D)** "Ce qui est amusant" means what is amusing. (A) is only correct if, after "amusant," the "c'est" is omitted. In this case, the verb that follows would also have to be in the subjunctive. (C) cannot be used as a subject in French. (B) followed by a noun would imply that this is a question.
69. **(C)** This man was not disappointed, having submitted his name only as a bet ("ayant posé sa candidature"). (A) and (D) cannot be used without a personal pronoun, a name, or a noun. (B) is in the infinitive and, if the context allowed it, could have been used after "après."
70. **(D)** He would dare to become a candidate. (A) is incorrect because there is no "de" after the blank. (B) is incorrect because there is no "à" after the blank. (C) is the verb "faire," which doesn't fit in this context.
71. **(C)** "Pour aller rendre visite à des amis."
72. **(D)** Uncle Basile had gone to America, but there is no reference to his becoming rich; therefore, (B) is wrong. There is no mention of military service, so (A) is wrong. No one had seen him since, so (C) is wrong. People made assumptions ("on se faisait toutes sortes d'idées") about what had happened to him; therefore, (D) is the correct answer.
73. **(B)** Since Louis XVI had been executed, when referring to his wife, the word "veuve" is used; therefore, a "veuve" (widow) is a woman whose husband died.
74. **(C)** In the second paragraph, we learn that "on reveille brutalement la reine." There is no mention of her being treated with dignity (A), with pity (B), or with scorn (C), although she might have been scorned.
75. **(D)** The people of Paris heard the rumor that the Austrian emperor (the queen's brother) had offered to exchange 20000 French prisoners for the queen. (A) is incorrect because there had been a royal

trial prior to this one; it was the trial of the king. (B) is never mentioned in the text. (C) is incorrect because the public had obviously seen the queen of France, but they did not "recognize" her during her trial because she had changed a lot.

76. **(D)** The public doesn't recognize the queen.
77. **(A)** "Aujourd'hui, celle qui était la coquette reine de France paraît deux fois son âge."
78. **(B)** They ask the queen her name, her age, and her address. She is therefore questioned like any other accused.
79. **(C)** There is no mention of her betraying her husband.
80. **(D)** The queen "continue à opposer un silence méprisant."
81. **(B)** He has gained some ten kilos, and for three years he hasn't been able to wear the suit because it is too tight.
82. **(A)** Bernard gained all that weight because he enjoyed desserts, ice cream, chocolates, etc.
83. **(C)** Gisèle tells her husband that she hadn't seen that suit in a while and that he looked good in it. Her statement is full of exclamation marks, which infers surprise.
84. **(B)** He found the pen when he felt something in the inside pocket of his jacket.
85. **(C)** Bernard had sent the suit to the cleaners and the pen was in it. The employee at the cleaners' was honest because he put the pen back after the suit was cleaned.

PART FIVE

VOCABULARY, FALSE COGNATES, AND IDIOMS

Abbreviations

adj.	*adjective*	*n.m.*	*masculine noun*
adv.	*adverb*	*pl.*	*plural*
n.f.	*feminine noun*	*v.*	*verb*

Professions—Les Professions

French nouns are either masculine or feminine. When it comes to professions, because in the past some professions were held only by men, the name of the profession will be in the masculine even if held by a woman.

un acteur/ une actrice	an actor/actress
un agent de police	a policeman
un architecte	an architect
un/une artiste	an artist
un avocat/une avocate	a lawyer
un chanteur/une chanteuse	a singer
un coiffeur/une coiffeuse	a hairdresser
un docteur	a doctor
un économiste	an economist
un écrivain.*	a writer
un/une élève	a pupil
une entreprise	a firm, undertaking, business concern
un étudiant/ une étudiante	a student
un infirmier/une infirmière	a nurse
un informaticien/ une informaticienne	a computer specialist
un ingénieur	an engineer
un juge	a judge
un médecin	a physician
un musicien/une musicienne	a musician
un ouvrier/une ouvrière	a factory worker
un pilote	a pilot
un professeur†	a teacher or professor
un programmeur/une programmeuse	a programmer (computer)
un/une secrétaire	a secretary
une société	a company, corporation
un vendeur/une vendeuse	a sales person

* In Canada, the feminine of "écrivain" is "écrivaine."

† When speaking, "la prof" is used to represent a female teacher.

School—L'école

l'accès *(n.m.)*	access (computer)
une agrafeuse	a stapler
un arrache-agrafes	a staple remover
une bibliothèque	a library
une bourse	a scholarship
brancher, connecter (se) *(v,)*	to connect
un campus	a campus
un casier	a locker
une chemise	a manila folder
un classeur	a binder
un clavier	a keyboard
cliquer *(v.)*	to click (the mouse)
un collège	a junior high school/middle school
le courrier électronique	the electronic mail
un cours	a class (le cours de maths)
une école primaire	an elementary school
un écran	a screen
email/courriel/mel *(n.m.)*	email
enseigner *(v.)*	to teach
un essai	essay
une faute d'orthographe	a spelling error
une gomme	an eraser
une imprimante	a printer
imprimer *(v.)*	to print
l' internet *(n.m.)*	the internet
l'allemand *(n.m.)*	German
l'anglais *(n.m.)*	English
l'art	art
l'éducation physique	physical education
l'espagnol *(n.m.)*	Spanish
l'histoire *(n.f.)*	history
l'informatique *(n.f.)*	computer science
l'italien *(n.m.)*	Italian
la biologie	biology
la chimie	chemistry
la géographie	geography
la littérature	literature
la musique	music
la philosophie	philosophy
la physique	physics
la sociologie	sociology
laboratoire *(n.m.)*/labo	laboratory/lab
le chinois	Chinese
le français	French
le japonais	Japanese

le latin	Latin
le russe	Russian
le Web/la toile	the web
les langues étrangères	foreign languages
les maths	math
une librairie	a bookstore
un lien	a link
le logiciel	the software
un lycée	a high school
le matériel	the hardware
la maternelle	the pre-school
la mémoire	the memory
un modem	a modem
un mot de passe	a password
un moteur de recherche	a search engine
naviguer *(v.)*	to browse (the web)
un ordinateur	a computer
une page d'accueil	a home page
passer un examen *(v.)*	to take a test
un pointeur	a cursor
une rédaction	a composition
réussir à un examen *(v.)*	to pass a test
sauvegarder *(v.)*	to save (on the computer)
le scotch	scotch tape
se connecter *(v.)*	to connect
sécher un cours *(v.)*	to skip a class
un serveur	a server
souligner *(v.)*	to underline
une souris	a mouse (computer as well as rodent)
un stade	a stadium
suivre un cours *(v.)*	to take a class
surligner *(v.)*	to highlight
un surligneur	a highlighter
télécharger *(v.)*	to download *and* to upload
un terrain de sport	a field (as in football field)
un trombone	a paper clip
une université	a university

Sports—Les Sports

un arbitre	a referee or umpire
le base-ball	baseball
la boxe	boxing
un but	a goal
un champion/une championne	a champion
un championnat	a championship

une course	a race
le cyclisme	bicycling
un entraîneur	a coach
une équipe	a team
l'équitation *(n.f.)*	horseback riding
faire du ski *(v.)*	to ski
un filet	a net (as in tennis)
le football	soccer
le football américain	football
un footballeur	a football player
un gardien de but	a goalee
le golf	golf
la gymnastique	gymnastics, P.E.
le hockey	hockey
le jogging	jogging
un joueur/une joueuse	a player
le karaté	karate
la lutte	wrestling
un match	a match
la musculation	body building
la natation	swimming
le patinage	skating
le patinage sur glace	ice skating
la plongée sous-marine	deep sea diving/scuba diving
le score	the score
le ski alpin	skiing
le ski de fond	cross-country ski
le ski nautique	water ski
skier *(v.)*	to ski
letennis	tennis
un tournoi	a tournament

The Weather—Le Temps

une averse	a thunderstorm
le climat	the climate
il fait beau	the weather is beautiful
il fait bon	it is nice
il fait chaud	it is hot
il fait doux	it is nice
il fait du soleil	it is sunny
il fait du vent	it is windy
il fait frais	it is cool
il fait froid	it is cold
il fait mauvais	the weather is bad
il neige	it is snowing

il pleut	it is raining
il y a des éclairs	there is lightning
il y a des nuages	it is cloudy
il y a du tonnerre	there is thunder
la météo	the weather forecast
la neige	the snow
un orage	a storm
la pluie	the rain
une journée ensoleillée	a sunny day
une journée pluvieuse	a rainy day
le verglas	sleet

The Automobile—La Voiture

accélérer *(v.)*	to accelerate
un accident	an accident
une amende	a fine
une assurance	an insurance
une autoroute	a highway
un carrefour	a crossroad
une ceinture de sécurité	a seatbelt
un chauffeur	a driver
un clignotant	a blinker
un coffre	a trunk
conduire *(v.)*	to drive
conduire vite	to drive fast
une contravention	a traffic ticket
démarrer *(v.)*	to take off
un embouteillage	a traffic jam/ a bottleneck
un essuie-glace	a windshield wiper
un excès de vitesse	speeding
freiner *(v.)*	to brake
un klaxon	a horn (in a car)
les freins *(n.m.)*	brakes
louer une voiture	to rent a car
le pare-brise	the windshield
un permis de conduire	a driver's license
les phares *(n.m.)*	the headlights
un piéton/une piétonne	a pedestrian
une place	a seat
une plaque d'immatriculation	a license plate
un pneu	a tire
une portière	a car door
un rétroviseur	a rearview mirror
une roue	a wheel (under the car)
rouler vite	to go fast

se garer *(v.)*	to park
le siège arrière	the back seat
le siège avant	the front seat
stationnement interdit *(n.m.)*	no parking
stationner *(v.)*	to park
tomber en panne	to have a breakdown
le volant	the steering wheel

Transportation—Les Transports

une auto /une voiture	an automobile
un autobus	a city bus
un autocar	a bus used for travel
un avion	a plane
un bateau	a boat
une bicyclette/un vélo	a bicycle
un camion	a truck
le métro	the subway
une moto (motocyclette)	a motorcycle
un taxi	a taxi
un train	a train

Note: When you are in a vehicle you say "en" (en avion, en train, etc.) but when you are on top of a vehicle, you say "à" (à bicyclette, à cheval).

Sizes—Les Dimensions

court, courte *(adj.)*	short
élargir *(v.)*	to widen
grand de taille	tall
grand, grande *(adj.)*	big
gros, grosse *(adj.)*	fat
grossir *(v.)*	to get fat
haut, haute *(adj.)*	tall, high
immense *(adj)*	immense
long, longue *(adj.)*	long
lourd, lourde *(adj.)*	heavy
maigre *(adj.)*	skinny
maigrir *(v.)*	to lose weight
mince *(adj.)*	thin
peser *(v.)*	to weigh
petit, petite *(adj.)*	small
la pointure	the shoe size
rapetisser *(v.)*	to get smaller
retrécir *(v.)*	to shrink
la taille	the size

The Media—Les Media

une radio	a radio
une émission	program (television or radio)
un auditeur, une auditrice	a listener
une station de radio	a radio station
un téléviseur	a television set
un poste de télévision	a television set
la télé	television
une chaîne de télévision	a television station
une antenne	an antenna
les informations *(n.f.pl.)*	the news
les infos	short for "les informations"
un journal	a newspaper
un quotidien	a daily newspaper
un hebdomadaire	a weekly newspaper or magazine
la publicité (la pub)	publicity, advertisements
un magazine féminin	a magazine for women
un lecteur, une lectrice	a reader
s'abonner *(v.)*	to subscribe
une rubrique	a feature or column
un exemplaire	a copy (of a publication)
un numéro	an issue (of a publication)
un reporter	a news reporter
un/une journaliste	a journalist
un abonné/une abonnée	a subscriber
un fait-divers	a news item

COMMONLY USED CONVERSATIONAL EXPRESSIONS

à + day of the week (à lundi)	see you . . . (see you Monday)
à bientôt	see you soon
à demain	see you tomorow
à tout à l'heure	see you soon
au revoir	good-bye
bonjour	good morning
bonne nuit	good night
bonsoir	good evening/good night
ça va!	all is well
ça va?	how is it going?
pardon	excuse-me
salut	Hi
salut	so long!

FALSE COGNATES

French		English	
actuellement	now, at the present time	actually	vraiment
assister à	to attend (an event)	to assist	aider
attirer	to attract	to attire	vêtir, habiller
blesser	to wound	to bless	bénir
caractère *(n.m.)*	temperament, temper	character	personnage *(n.m.)*
conducteur *(n.m.)*	driver	conductor	chef d'orchestre
confus *(adj.)*	embarrassed	confused	embrouillé
course *(n.f.)*	race (running, car, etc.)	course	cours *(n.m.)*
crier *(v.)*	to yell	to cry	pleurer
éditeur *(n.m.)*	publisher	editor	rédacteur/rédactrice
expérience *(n.f)*	experiment or experience	experience	expérience *(n.f.)*
issue *(n.f.)*	exit, conclusion	issue	question
journal *(n.m.)*	newspaper or diary	journal	revue littéraire *(n.f.)*
journée *(n.f)*	day	journey	voyage *(n.m.)*
lecture *(n.f.)*	reading	lecture	conférence*(n.f.)*, sermon *(n.m.)*
librairie *(n.f.)*	bookstore	library	bibliothèque *(n.f.)*
parents *(n.m pl.)*	family, relatives	parents	mère et père
réviser *(v.)*	to review	revise	corriger, modifier
revue *(n.f.)*	specialized magazine	review	révision *(n.f.)* compte-rendu *(n.m)*
sensible *(adj.)*	sensitive	sensible	reasonable
supporter *(v.)*	to bear	to support	soutenir
veste *(n.f.)*	jacket	vest	gilet *(n.m.)*

IDIOMS

Aller

aller à + quelqu'un	to suit someone (ex: ta robe te va bien)
aller à pied	to walk to
aller bien	to be well (in good health)
aller en voiture	to drive to
aller mal	to be sick
aller tout droit	to go straight ahead
aller vite	to do something quickly
allons donc!	come on now (showing disbelief)
allons-y	let us go

Avoir

avoir . . . ans	to be . . . old (age)
avoir besoin de	to need
avoir chaud	to feel warm (for a person)
avoir de la chance	to be lucky
avoir envie de	to want, to feel like having something
avoir faim	to be hungry
avoir froid	to be cold (for a person)
avoir hâte	to be in a hurry
avoir honte	to be ashamed
avoir l'air	to seem
avoir l'habitude de	to be used to
avoir le coup de foudre	to fall in love at first sight
avoir le temps de	to have the time to
avoir lieu	to take place
avoir mal à	to have a pain in
avoir peur	to be afraid
avoir raison	to be right
avoir sommeil	to be sleepy
avoir tort	to be wrong
avoir soif	to be thirsty

Être

être à + a person	to belong to (the disjunctive pronoun is used after être à: *le livre est à moi*)
être à l'heure	to be on time
être à bout de souffle	to be out of breath
être au courant	to be aware
être en retard	to be late
être en train de	to be in the process of doing something
être hors de soi	to be beside oneself
être de bonne humeur	to be in a good mood
être de mauvaise humeur	to be in a bad mood
être dans la lune	to be daydreaming
être dans les nuages	to have one's head in the clouds

Donner

donner des soucis à quelqu'un	to worry someone
donner l'exemple	to set an example
donner rendez-vous à	to make an appointment with
donner un coup de fil à	to give a call to
donner un coup de téléphone à	to give a call to
donner un coup de main à	to lend a helping hand

Faire

faire attention	to pay attention
faire de son mieux	to do one's best
faire les courses	to go grocery shopping
faire des courses	to run errands
faire exprès	to do something on purpose
faire l'impossible	to do the impossible
faire la connaissance de	to make the acquaintance of
faire la cuisine	to cook
faire la grasse matinée	to sleep late
faire la queue	to stand in line
faire la vaisselle	to do the dishes
faire le marché	to buy groceries
faire le ménage	to do the housework
faire peur à + a person	to scare someone
faire plaisir a quelqu'un	to make someone happy, to please someone
faire semblant	to pretend
faire un voyage	to take a trip
faire une promenade	to take a walk
il fait beau	the weather is beautiful
il fait chaud	it is hot/warm
il fait du soleil	it is sunny
il fait du vent	it is windy
il fait frais	it is cool
il fait froid	it is cold
il fait humide	it is humid
il fait jour	it is daylight
il fait mauvais	the weather is bad
il fait nuit	it is dark

Prendre

prendre au sérieux	to take seriously
prendre des risques	to take risks
prendre des vacances	to take a vacation
prendre du poids	to gain weight
prendre froid	to catch a cold
prendre rendez-vous	to make an appointment
prendre sa retraite	to retire
prendre une décision	to make a decision
Qu'est-ce qui te prend?	What is the matter with you?

Proverbs

A bon chat, bon rat.	To a good cat, a good rat (when the one who attacks meets an opponent who can fight back well).
A coeur vaillant, rien d'impossible.	With courage, everything is possible.
Bien mal acquis ne profite jamais.	One cannot enjoy in peace something that has been acquired illegally.
Les bons comptes font les bons amis.	When one pays one's debts, one remains on friendly terms.
Comme on fait son lit, on se couche.	You made your bed, now lie in it.
Deux avis valent mieux qu'un.	It is better to get two opinions (two heads are better than one).
La fin justifie les moyens.	The end justifies the means.
L'habit ne fait pas le moine.	The clothes don't make the monk. (You can't judge a book by its cover.)
Il n'est point de sot métier.	There is no job that is silly. (All jobs are good.)
Mains froides, coeur chaud.	Cold hands mean warm heart.
Mieux vaut tard que jamais.	Better late than never.
La nuit porte conseil.	Night helps to reflect. (Sleep on it.)
Qui ne dit mot consent.	He who doesn't object agrees.
Santé passe richesse.	Health is more important than wealth.
Un tiens vaut mieux que deux tu l'auras.	One "here it is" is better than two "you will get it." (A bird in the hand is worth two in the bush.)

PART SIX

GLOSSARY

Abbreviations

adj.	*adjective*
adv.	*adverb*
conj.	*conjunction*
f.	*feminine*
m.	*masculine*
n.	*noun*
pl.	*plural*
prep.	*preposition*
refl.	*reflexive*
v.	*verb*

a

à *prep.* at

à contrecoeur *adv. phrase* unwillingly, reluctantly, grudgingly

à travers through something

abîmé *past participle;* **abîmer** *v.* to spoil, to damage, to injure

aboutis *present,* **aboutir** *v.* to end at, in; to lead to something, to converge on something

absorbé *past participle;* **absorber** *v.* to absorb, to consume, to drink, to take

accommodé *past participle;* **accommoder** *v.* to make comfortable, to cook, to prepare (food)

accompagner *v.* to accompany

actuellement *adv.* at present, at the present time

adhérer *v.* to adhere, to hold (to an opinion), to stick

adorable *adj.* adorable, charming, delightful

adoucissant *present participle;* **adoucir** *v.* to soften

affaire *n.f.* business, concern

affamé *adj.* hungry, starving

affamé *past participle;* **affamer** *v.* to starve

affiché *past participle;* **afficher** *v.* to post (up), to stick

afin de + *inf.* in order to

afin de *adv.* to, in order to, so as to (do something)

aigre *adj.* sour, sharp, acid, tart

ainsi que *conj.* as well as

alentours *n.m.pl.* the vicinity of a town; **aux alentours** in the vicinity of

amateur *n.m.* amateur, lover of

annulé *past participle;* **annuler** *v.* to cancel, to annul, to void, to render

appartenait *imperfect;* **appartenir à** *v.* to belong, to be owned

approcher *v.* to bring near; **s'approcher de** *refl. v.* to approach, to draw near

appuie-tête *n.m.* headrest

arborer *v.* to raise, to erect, to wear with ostentation

as beau *present;* **avoir beau** *v.* to do something in vain

ascenseur *n.m.* elevator

atterrissage *n.m.* landing (of a plane)

au bout de after, at the end of

au fond fundamentally, basically

au fond de at the bottom of

au fond du trou at the bottom of the hole

auberge *n.f.* inn

auditeur, auditrice *n.* listener; **auditeurs** *n.* the audience

aurait du mal *conditional;* **avoir du mal à faire quelque chose** *v.* to have difficulties doing something

aussitôt *adv.* at once, immediately; *aussitôt que* as soon as

autant de . . . que as many as

autant que *adv.* as much as, so much, as many

autrefois *adv.* in the past, long ago

avais peur *imperfect;* **avoir peur** *v.* to be frightened

avait honte *imperfect;* **avoir honte** *v.* to be, feel ashamed to do something, of doing something

avez honte *present;* **avoir honte** *v.* to be, feel ashamed to do something, of doing something

b

balbutia *preterite;* **balbutier** *v.* to stutter, to stammer, to mumble

banlieue *n.f.* suburbs, outskirts (of a city)

banquette rabattable *n.f.* fold down seat or bench

barbe *n.f.* beard

barreau *n.m.* bar association (law)

bâti *past participle;* **bâtir** *v.* to build, to construct

bavardage *n.m.* chattering, talkativeness

bavarder *v.* to chat, to chatter, to prattle

bénéfice *n.m.* profit, gain

bénéficier de *v.* to benefit from
benzine *n.f.* benzine
besoin *n.m.* need; **avoir besoin de** to need, to have need of
beurre de cacao *n.m.* cocoa butter
bientôt *adv.* soon
billet *n.m.* note (money), ticket
billet-doux *n.m.* love note, love letter
blague *n.f.* joke
bloqué *past participle;* **bloquer** *v.* to stop, to block, to freeze, to obstruct
boitier *n.m.* case, casing
bonne femme *n.f.* a simple, good-natured (old) woman
botte *n.f.* boot
boucle *n.f.* buckle, curl
bout *n.m.* end, extremity
bouton *n.m.* button, knob, pimple
bouton d'alarme *n.m.* alarm switch
bref, brève *adj.* short, brief
brièvement *adv.* briefly, in short
brise *n.f.* breeze
brossage *n.m.* brushing
bûche *n.f.* log

c

cacher *v.* to hide something; **se cacher** *v.* to hide oneself
cachot *n.m.* solitary confinement, jail, prison
calmant *adj.* calming, soothing, tranquillizing, sedative
campagnard, -arde *adj.* country (man, woman), rustic
canot ***n.m.*** rowing boat, dinghy
car *conj.* for, because
carie *n.f.* dental decay, cavity
carrosserie *n.f.* coachbuilding, body, coachwork (of a car)
carte d'embarquement *n.f.* boarding pass
cause *n.f.* cause; à cause de because of
causer *v.* to talk, to chat
cela m'était égal it was all the same to me, I didn't mind, I couldn't care less
chariot *n.m.* wagon, cart
chiffon *n.m.* rag, duster
cinéaste *n.m.* film producer, film director, movie maker
collier *n.m.* necklace
commencer à + inf. *v.* to begin + inf.
comptoir *n.m.* counter
concessionnaire *n.m.* dealer
concours *n.m.* competition, contest
conduite *n.f.* conducting, leading; **mauvaise conduite** misbehavior
confiture *n.f.* jam, marmalade
conquérant *adj. & n.m.* conquering, conqueror
consacré *past participle;* **consacrer** *v.* to dedicate, to consecrate
convaincre *v.* to convince
convoitise *n.f.* greed, desire, lust
copieux, copieuse *adj.* copious, hearty, square (meal), generous (portion)
côté *n.m.* side
coton *n.m.* cotton
couche *n.f.* layer
coup *n.m.* knock, blow
coup de foudre *idiom* love at first sight
coupable *n.m.* guilty
créér *v.* to create
creusait *imperfect;* **creuser** *v.* to dig
creusant *present participle* digging
crevassé *past participle;* **crevasser** *v.* to crack, to make cracks, fissures
crier *v.* to shout, to call out
croisée *n.f.* casement window
cuir *n.m.* leather

d

d'ailleurs *adv.* moreover, incidentally
d'après *prep.* according to
davantage *adv.* more (at the end of a phrase)
dé *n.m.* die, dice, thimble
déborder *v.* to overflow
déboucher *v.* to uncork
décollage *n.m.* take-off (of a plane)
décolle *present;* **décoller** *v.* to take off
déçu *past participle;* **décevoir** *v.* to deceive, to disappoint
déçu, déçue *adj.* deceived, disappointed
dédie *present;* **dédier** *v.* to dedicate, to consecrate
défi *n.m.* challenge
dégat *n.m.* damage
déjà *adv.* already
démarré *past participle;* **démarrer** *v.* to start off, to start a car

démasquer *v.* to unmask, to expose
demeure *n.f.* home, house
dent *n.f.* tooth
dentifrice *n.m.* toothpaste
dentiste *n.m.* dentist
déposer plainte *v.* to lodge a complaint
dérangeant *present participle;* **déranger** *v.* to disarrange, to disturb, to trouble
dès *prep.* as of
dessous *prep. adv.* under; **par-dessous** below, underneath
deviné *past participle;* **deviner** *v.* to guess
diminué *past participle;* **diminuer** *v.* to lessen, to diminish, to reduce, to shorten
dinde *n.f.* turkey hen
dindon *n.m.* turkey
doigt *n.m.* finger
drôle de façon a strange way

e

échange *n.m.* exchange
échapper *v.* to escape something; **s'échapper** *refl. v.* to escape
échelle *n.f.* ladder
éclair *n.m.* lightning
éclairer *v.* to lighten
école maternelle *n.f.* kindergarten, nursery school
écran *n.m.* screen
effrayant *present participle;* **effrayer** *v.* to frighten, to scare
effusion *n.f.* effusion, outpouring, overflowing
embarras du choix *n.m.* to have far too much to choose from
embarrasser *v.* to obstruct, to encumber; to put someone in an embarrassing situation
embrasure *n.f.* embrasure, window or door recess
empreinte *n.f.* (an) imprint, an impression; **empreinte digitale** fingerprint
emprunte *present;* **emprunter** *v.* to borrow
ému *adj.* affected (by emotion), moved
en grande tenue in full dress
en vente for sale
en voie de (to be well) on the way to
encadré *past participle;* **encadrer** *v.* to frame
enduisez *imperative;* **enduire** *v.* to smear, to coat, to cover
enfance *n.f.* childhood
enfin *adv.* at last, finally, in short, in a word
engouement *n.m.* infatuation, craze
engouffré *past participle;* **engouffrer** *v.* to engulf; **s'engouffrer** *refl. v.* to disappear into
entreprise *n.f.* company, industry
entreprit *preterite;* **entreprendre** *v.* to undertake, to take (something) in hand
envahit *preterite;* **envahir** *v.* to invade, to overrun
environ *adv.* approximately
environs *n.m.* suburbs, outskirts of a city
épargne *present;* **épargner** *v.* to save (up), to economize, to spare
éparpillait *imperfect;* **éparpiller** *v.* to disperse, to scatter, to spread
épave *n.f.* wreck (of a ship)
épistolaire *adj.* epistolary, associated with letters or letter writing
épouse *n.f.* wife
épouvantable *adj.* dreadful, frightful, appalling
époux *n.m.* husband
espérer *v.* to hope
espoir *n.m.* hope
esquissa *preterite;* **esquisser** *v.* to sketch, to outline; **esquisser un sourire** to give a slight smile
essuyé *past participle;* **essuyer** *v.* to dry, to wipe
estimez *present;* **estimer** *v.* to estimate, to value, to appraise, to assess
étage *n.m.* floor of a building
étaler *v.* to spread out, to lay out
étendu *past participle;* **étendre** *v.* to spread, to extend, to stretch
étoufferait *conditional;* **étouffer** *v.* to suffocate, to choke, to smother someone
être à bout de souffle *idiom* to be winded, out of breath
être au courant to be aware, to know about
être aux prises avec to struggle with
être d'accord avec quelqu'un *v.* to agree with someone
étroit *adj.* narrow, confined
évasion *n.f.* escape
éviter *v.* to avoid, to keep out of (someone's way)

f

façon *n.f.* way, manner
faïencerie *n.f.* china shop, pottery (work), crockery, earthenware
faire fondre *v.* to melt
fait attention à *present;* **faire attention à** *v.* to pay attention to, to watch out for
fané *past participle;* **faner** *v.* to fade, to wilt
fauteuil *n.m.* armchair
faux, fausse *adj.* false, wrong
festin *n.m.* feast, banquet
fiabilité *n.f.* reliability
fiable *adj.* reliable
fier, fière *adj.* proud
fierté *n.f.* pride
figure *n.f.* face
figurer *v.* to figure in, to be included in
fil *n.m.* thread, yarn
finition *n.f.* finish, finishing
flambeau *n.m.* torch
fléau *n.m.* scourge, plague, curse, pest, bane
flèche *n.f.* arrow
flétrir *v.* to shrivel, to fade, to wilt
fleuve *n.m.* river
fluor *n.m.* fluoride
fond *n.m.* bottom
fort extremely, very
fourré *past participle;* **fourrer** *v.* to cover, to line, to stuff
freinage *n.m.* braking
froid de canard *n.m. idiom* very, very cold weather
front *n.m.* forehead

g

galon *n.m.* braid (in a uniform)
gant *n.m.* glove
gare *n.f.* railway station
garer *v.* to park
garnir *v.* to garnish
gaspiller *v.* to squander, to waste
gâter *v.* to spoil
géant, géante *n.* giant
gêne *n.f.* poverty, discomfort, constraint, embarrassment
gêné *past participle;* **gêner** *v.* to inconvenience, to embarrass
gens *n.m.* people
géôlier *n.m.* jailer
glaçage *n.m.* icing of a cake
glace *n.f.* ice cream, mirror
glisser *v.* to slip, to slide
gorge *n.f.* throat, neck
gourmand, gourmande *n.* gourmand, gourmet, lover of good food
goûter *n.m.* afternoon snack
goûter *v.* to taste
grâce *n.f.* grace, gracefulness, charm
grâce à thanks to, owing to
grand'chose *in the negative* not many things
gravité *n.f.* severity, seriousness
gronder *v.* to scold
gueux, gueuse *n.* beggar, tramp

h

habile *adj.* competent, clever
haleine *n.f.* breath
hausser les épaules *v.* to shrug (one's shoulders)
haut, haute *adj.* high, tall
heurter *v.* to hit
historique *adj.* historical
honte *n.f.* shame; **avoir honte** to be ashamed
hôpital *n.m.* hospital
hôtesse *n.f.* hostess
humé *past participle;* **humer** *v.* to inhale, to breathe in

i

ici *adv.* here
il va sans dire que *idiom* it goes without saying that
immeuble *n.m.* building
immigré, -ée *n.* immigrant
imiter *v.* to imitate
impensable *adj.* unthinkable
imprévisible *adj.* unforeseable
inaccessible *adj.* inaccessible, unreachable
incalculable *adj.* incalculable, countless number
incendie *n.m.* fire (in a building)
infestaient *imperfect;* **infester** *v.* to infest, to overrun
inconnu (e) *adj.* unknown
inconnu (e) *n.* stranger

ingénieur *n.m.* engineer
inoubliable *adj.* unforgettable
inquiet, inquiète *adj.* anxious, apprehensive, uneasy, worried
inspirer confiance *v.* to inspire confidence, faith, trust
instruis-toi *imperative;* **s'instruire** *refl. v.* to educate oneself

j

jaloux, jalouse *adj.* jealous
jamais *adv.* never; **à jamais** forever
jambon *n.m.* ham
jardin *n.m.* garden
jardinage *n.m.* gardening
jardinier, jardinière *n.* gardener
jetée *n.f.* pier, jetty
jeunesse *n.f.* youth
joindre *v.* to join, to bring together
journée *n.f.* day (interval between dawn and dusk)
jumelage *n.m.* coupling, pairing, twinning (of towns)
jusqu'à *prep.* as far as, until, up to

l

la plupart *n.f.* most, the greatest part, the greater number
léchant *present participle;* **lécher** *v.* to lick
leur propre their very own
lèvres *n.f.* lips
lieu *n.m.* place, location; **avoir lieu** to take place
lisse *adj.* smooth
location *n.f.* rental
logis *n.m.* home, house, dwelling
loin *adv.* far
lointain(e) *adj.* remote
lors *adv.* at the time of, then
loué *past participle;* **louer** *v.* to rent, to book (a seat), to praise, to commend
loupe *n.f.* lens, magnifying glass
lourd(e) *adj.* heavy

m

m'attarder *infinitive;* **s'attarder** *refl. v.* to stay (up) late to do something, to linger, to dawdle
maître *n.m.* master, (title given to member of legal profession), school teacher
manie *n.f.* mania, craze, habit
maquillage *n.m.* makeup
marchand(e) *n.* merchant
marchand de sable *n.m.* the sandman
marier *v.* to marry off; **se marier** to get married
massez *imperative;* **masser** *v.* to massage
matelas *n.m.* mattress
me débrouille *present;* **se débrouiller** *refl. v.* to figure it out for oneself, to manage
me débrouille *present;* **se débrouiller** *refl. v.* to manage, to extricate oneself (from difficulties)
me détourne *present;* **se détourner** *refl. v.* to turn away, to turn aside
médaille *n.f.* medal
méditer *v.* to meditate, to contemplate
meubles *n.m.* furniture
moelleux, moelleuse *adj.* soft, velvety (to the touch)
mondialement *adv.* throughout the world, universally
monnaie *n.f.* change (money)
mordre *v.* to bite
mouche *n.f.* fly
mouillé *adj.* damp, moist, wet
mouillé *past participle;* **mouiller** *v.* to wet, to moisten, to dampen
muni *past participle;* **munir** *v.* to supply, to fit, to equip, to provide, to furnish

n

nappage *n.m.* coating with a sauce
naviguer *v.* to navigate, to surf the web
navire *n.m.* ship
navrait *imperfect;* **navrer** *v.* to cause grief, to break (someone's) heart
néerlandais, néerlandaise *n. & adj.* of the Netherlands, Dutch
négatif *n.m.* negative, blue-print
net, nette *adj.* clean, precise
netteté *n.f.* cleanliness, precision
noceur, -euse *n.* reveller, boisterer

non seulement *adv.* not only
nonagénaire *n.m. & adj.* nonagenarian
notablement *adv.* notably, appreciably
notamment *adv.* particularly
nourrir *v.* to nourish, to feed
noyer *v.* to drown someone **se noyer** to drown
nuage *n.m.* cloud
nuit *n.f.* night
nul, nulle *adj.* no one, not any one, worthless, empty
nulle part nowhere

o

obliger *v.* to oblige
obscur(e) *adj.* dark, obscure
occasion *n.f.* opportunity
offrir *v.* to offer; **s'offrir** *refl. v.* to offer each other something; to buy oneself something
ongle *n.m.* fingernail
or *conj.* now then
or *n.m.* gold
ordure *n.f.* garbage
oreille *n.f.* ear
originaire *adj.* originating from, native
outil *n.m.* tool

p

panne *n.f.* mechanical breakdown (as in a car); **panne d'électricité** electrical breakdown
panoplie *n.f.* panoply
papier ciré *n.m.* waxed paper
parce que *conj.* because
parcours *n.m.* distance covered
pareil, pareille *adj.* like, alike, similar
paresseux, paresseuse *adj.* lazy
pâte *n.f.* pastry, mixture, dough
pâte molle *n.f.* soft dough (as in cheese)
pâtissier, pâtissière *n.* pastry cook, pastry chef, pastry shop owner
pavé *past participle;* **paver** *v.* to pave, to cobble (street)
pavoisé *past participle;* **pavoiser** *v.* to rejoice, to decorate a ship, to put out the flags
pénible *adj.* painful, tiresome
pente *n.f.* slope
perfide *adj.* treacherous, perfidious, false-hearted
perruque *n.f.* wig
personnage *n.m.* character (in a play)
pleuvoir des cordes *idiom v.* to rain cats and dogs, to come down in buckets
plongé *past participle;* **plonger** *v.* to plunge, to dive, to become immersed
plume *n.f.* feather
poignard *n.m.* dagger
portefeuille *n.m.* wallet
potier *n.m.* potter
poumon *n.m.* lung
précipité *past participle;* **se précipiter** *v.* to dash, to rush
proches *n.pl.* close, near, relatives
provenant *present participle;* **provenir de** *v.* to result from, to come from, to originate from
puiser *v.* to draw water, to take or to get (an idea)
puissants *n.pl.* the powerful, the mighty (ones)
puits *n.m.* well

q

quant à, quant au *conj.* as for
que de fois how many times
quelque chose something, anything
quelque part somewhere
quelquefois *adv.* sometimes
queue *n.f.* line of people (in front of a booth), tail
quoique *conj.* although
quotidien, -ienne *adj.* daily, everyday

r

rabais *n.m.* rebate, discount
rabaisser *v.* to lower, to reduce (price)
raffiné *adj.* refined, subtle, delicate, polished, nice
râterez *future;* **râter** *v.* to miss, to fail
râtez *present;* **râter** *v.* to miss, to fail
ravi *past participle;* **ravir** *v.* to delight, to rob someone of something, to ravish
ravi, ravie *adj.* delighted
réconfortant *present participle;* **réconforter** *v.* to strengthen, to comfort
redingote *n.f.* frock coat, (woman's) fitted coat

refroidir *v.* to cool, to chill
rehaussé *past participle;* **rehausser** *v.* to improve, to make higher, to enhance, to set off (color, complexion)
réhydrater *v.* to rehydrate
remettez *present;* **remettre** *v.* to put back,
remuant *present participle;* **remuer** *v.* to move, to shift (furniture), to turn up (the ground), to stir (sauce)
rendre *v.* to return (something), to render, to make; **se rendre** *refl. v.* to go somewhere, to surrender
répandait *imperfect;* **répandre** *v.* to pour out, to spill, to drop, to diffuse, to scatter
resplendissent *present;* **resplendir** *v.* to be resplendent, to shine, to glitter
reste *n.m.* rest, remainder, remains
rester *v.* to remain, to stay
retiré *past participle;* **retirer** *v.* to pull, to draw, to withdraw, to take out
réviser *v.* to review
ride *n.f.* wrinkle
rien qu'à only, merely
rigoler *v.* to laugh (familiar)
robe *n.f.* dress
roule *present;* **rouler** *v.* to roll; **la voiture roule vite** the car goes fast
rude *adj.* rugged
rugueux, rugueuse *adj.* rugose, rugged, rough

S

s'adonnait *imperfect;* **s'adonner** *refl. v.* to give oneself up to something, to devote oneself to
s'appuyant *present participle;* **s'appuyer** *refl. v.* to lean, to rest on, against something
s'arrachait *imperfect;* **s'arracher** *refl. v.* to tear off something from oneself (**s'arracher les cheveux** = to pull out one's hair)
s'arrangera *future;* **s'arranger** *refl. v.* to manage
s'éclaira *preterite;* **s'éclairer** *refl. v.* to light up, to brighten; **son visage s'éclaira** his face lit up
s'empare *present;* **s'emparer** *refl. v.* to take hold of, to lay hands on
s'impatienter *refl. v.* to lose patience, to get impatient
sable *n.m.* sand
sain, saine *adj.* healthy, sound, clear, wholesome (food)
saisonnier *n.m.* seasonal worker
saisonnier, saisonnière *adj.* seasonal
salut *n.m.* salutation, hello, salvation
sauf *prep.* except
sauf, sauve *adj.* safe
sautant *present participle;* **sauter** *v.* to jump, to leap
scintillaient *imperfect;* **scintiller** *v.* to scintillate, to sparkle, to twinkle
se cognait *imperfect;* **se cogner à** *refl. v.* to hit oneself against something
se comporter *refl. v.* to behave
se dépêcher *refl. v.* to hurry, to be quick
se joindre à *refl. v.* to join
se plient *present;* **se plier** *refl. v.* to yield, to bow, to submit, to conform, to discipline
se précipiter *refl. v.* to rush
se rendent compte *present;* **se rendre compte** *refl. v.* to realize, to understand
secouant *present participle;* **secouer** *v.* to shake
secours *n.m.* help, relief, aid, assistance
séduire *v.* to seduce, to appeal to
semblable *adj.* similar
sensible *adj.* sensitive
siècle *n.m.* century
siège *n.m.* seat
sifflement *n.m.* whistling, hissing, wheezing
soie *n.f.* silk
soigneusement *adv.* carefully
somnifère *n.m.* sleeping medication
soupçonnait *imperfect;* **soupçonner** *v.* to suspect
soupesa *preterite;* **soupeser** *v.* to try the weight of (something), to weigh (something) in the hand, to evaluate the weight of something
souple *adj.* supple, flexible
soutenant *present participle;* **soutenir** *v.* to support, to hold
subi *past participle;* **subir** *v.* to undergo, to suffer
succulent *adj.* succulent, tasty
sueur *n.f.* sweat, perspiration
sujet *n.m.* subject; **au sujet de** about, concerning
sursauta *preterite;* **sursauter** *v.* to start (involuntarily), to jump (from surprise)

t

tant *adv.* so, so much, so many
tant pis! it can't be helped! too bad!
tapis *n.m.* carpet
tas *n.m.* pile
te moques *present;* **se moquer** *refl. v.* to make fun of, to laugh at
téléphone portable *n.m.* cell phone
teneur *n.f.* amount, content, percentage
tiroir *n.m.* drawer
tisane *n.f.* infusion, decoction, herb tea
tombé amoureux *past participle;* **tomber amoureux, -euse de** *idiom v.* to fall in love with
tomber *v.* to fall
tonnerre *n.m.* thunder
tôt *adv.* early, soon
tousser *v.* to cough
tout à coup suddenly
toux *n.f.* cough
trentaine (la trentaine) *n.f.* thirty something
trou *n.m.* hole

u

unir *v.* to unite
universel, universelle *adj.* universal

v

vaisseau *n.m.* vessel, ship
veille *n.f.* eve, evening or day before
veillé *past participle;* **veiller** *v.* to stay up, to keep awake
velours *n.m.* velvet
vers *n.m.* verse (poetry)
vers *prep.* toward
veuf *n.m.* widower
veuve *n.f.* widow
vie quotidienne *n.f.* everyday life
vieille *f.adj.* old
vieux *m.adj.* old
voilé *adj.* veiled, dim, obscure (meaning)
voilé *past participle;* **voiler** *v.* to veil, to obscure, to dim, to muffle, to shade
volontiers *adv.* willingly, gladly, with pleasure
vu le jour *past participle;* **voir le jour** *v.* to be born

INDEX

NOTES

NOTES

NOTES

NOTES

NOTES

NOTES

NOTES

NOTES

NOTES